超ヤバい経済学

Super Freakonomics

スティーヴン・D・レヴィット
スティーヴン・J・ダブナー
望月衛 訳

東洋経済新報社

Original Title
SUPERFREAKONOMICS: GLOBAL COOLING, PATRIOTIC PROSTITUTES, AND WHY SUICIDE BOMBERS SHOULD BUY LIFE INSURANCE
by Steven D. Levitt and Stephen J. Dubner

Japanese translation rights arranged with Steven D. Levitt and Stephen J. Dubner c/o William Morris Endeavor Entertainment, LLC, New York, through Tuttle-Mori Agency, Inc., Tokyo.

An Explanatory Note

説明のためのノート

ついにそのときがやってきました。ざんげするときです。ぼくたち、最初の本でウソついてました。2回も。

一つ目のウソは序章に出てくる。この本には「一貫したテーマなんてものはない」ってところだ。話はこんなふうだ。ぼくらの本を出した出版社の人たち――感じがよくて、頭のいい人たちだ――は、本の最初の原稿を読んで目を丸くして叫んだ。「この本には一貫したテーマがないじゃないか！」実際にその原稿は、インチキする先生だの自分のことしか考えない不動産屋さんだのママから離れられないヤクの売人だの、そんな話を脈絡もなく詰めこんだだけだった。全体を流れるステキな理論の土台があり、出てくる話がそんな土台の上に全部積み上がり、奇跡みたいにつじつまが合って、部分部分の合計よりもずっと大きい全体が完成する、そういうことにはなってなかった。

出版社の人たちがさらに目を丸くしたのは、ぼくたちがそんな寄せ集めの本のタイトルを提案したときだった：『ヤバい経済学《フリーコノミクス》』だ。電話の向こうだっていうのに、手のひらでおでこを叩く音がこっちまで聞こえた。ここなアホどもが、一貫したテーマもない原稿よこしやがって、そのうえ意味もないバカみたいなでっちあげのタイトルつけさせろってか！

そうしてぼくたちは正式に宣告を受けた。最初のところで、つまり序章で、この本には一貫したテーマなんてありませんと告白しろと言われたのだ。それで、和平（と本の手付金）を失わないために、言うとおりにすることにした。

でも本当は、あの本にはちゃんと一貫したテーマがあったのだ。そりゃいつもいつもはっきり見えているわけじゃなかった。ぼくたち自身にとってさえそうだった。どうしてもって言うなら、テーマは7文字に煎じ詰めることができる：人は誘因で動く。もっと長くていいならこんな感じ：人はインセンティヴ（誘因）に反応する。ただし、思ったとおりの反応ではなかったり、一目でわかるような反応ではなかったりもする。だから、意図せざる結果の法則は宇宙で一番強力な法則の一つである。学校の先生にも不動産屋さんにもクラックの売人にも、それに妊娠中のお母さん、相撲の力士、ベイグル屋さん、ク・クラックス・クランにだって、この法則は当てはまる。

一方、タイトルのほうは、まだ決着していなかった。何カ月か経ち、その間にいろんな案が出た。『反通念』（微妙）、『そうでもないかもね』（あいたたた）、『Eレイ・ヴィジョン』（聞かないでください）。で、結局、出版社のほうでも、『ヤバい経済学』ってタイトルはそんなにひどくないかもしれないってことになった。というか、もっと正確に言うと、あんまりひどいんで逆にいいかもしれないってことになった。

ひょっとするともう、彼らの心が折れてしまっただけかもしれないけど。

序章のタイトルは「あらゆるものの裏側」を探検するって言っている。これが2個目のウソだ。ぼくたちは、分別のある人ならそんなもん誇大広告だってわかってくれるにちがいないと思ってた。でも、文字通りの意味だと思った読者もいて、ぼくたちの本は雑多な話を集めただけでぜんぜん「あらゆるもの」じゃあないじゃないかと苦情をいただいた。そういうわけで序章のタイトルは、わざとウソついたわけじゃないけど、結局ウソになってしまった。ごめんなさい。

でも、最初の本で「あらゆるもの」を扱えなかったおかげで、それ自体が意図せざる結果を招いた。2冊目を書かないといけなくなったのだ。でもはっきり書いておこう。この2冊目と1冊目の題材を合わせても、まだ文字通りの意味で「あらゆるもの」にはなりません。

ぼくたち2人は一緒に仕事をするようになってからもう数年になる。ぼくたちの1人（作家でジャーナリストのダブナー）がもう1人（レヴィット、こっちは経済学者）のことを記事に書いたときに、共同作業は始まった。最初はちょっとギスギスしていた。まあ下品にならない程度に、だったけど。協力しあうようになったのは、やっと、本を書いたらこれだけ払うよと、結構な額の印税をご提案くださる出版社が出始めてからだった（思い出してください。人はインセンティヴに反応する、でしたね。それから、みんなそう思っちゃいないみたいだけど、経済学者もジャーナリストも人なんですよ）。

印税をどう分けるか話し合ったときもそうだった。話し合いを始めたとたんに前に進まなくなった。2人とも60－40で分けるべきだと言って譲らない。でも、お互い相手が60取るべきだって考えてるのがわかって、この共同作業はきっとうまく行くと思った。で、取り分は50－50で手を打ち、仕事に取り掛かったのだ。

1冊目を書いているとき、あんまりプレッシャーは感じなかった。読む人なんてほとんどいないだろうと本気で思ってたからだ。（レヴィットのお父さんもまったくだって言ってた。彼によると、こんなので手付金なんて受け取るのは1セントだって「破廉恥」だそうだ）。ぜんぜん期待されてなかったおかげで、ぼくたちはどんなことでもなんのことでも書こうと思うことならどうにでも書けた。そんなわけで、とても楽しめたのだった。

本がヒットしたので、ぼくたちは驚き、喜んだ。これぐらい売れると、手っ取り早く続編が出るところなんだろうけど――『バカでもわかるヤバい経済学』とか『こころのチキンスープ　愛の奇跡のヤバい経済学』とか――ぼくたちは、十分なリサーチをやって、もう書きたくて書きたくてどうしようもなくなるまで待った。そうして4年以上が経ち、ついに、余裕で1冊目よりずっといいって胸を張って言える2冊目を、ここにお届けする。もちろん、ほんとにそうかどうかを決めるのはぼくたちじゃなくて皆さんだ。なんなら、1冊目と同じぐらいひどいかどうかってことでもいい。

少なくとも、出版社の人たちはぼくたちのあくまでもひどい趣味にもうさじを投げたみたいだった。新しい本のタイトルはこれでいきましょうって言っても、もう瞬き一つしなかった。人呼んで『超《スーパー》ヤバい経済学《フリーコノミクス》』だ。

この本にちょっとでも気に入るところがあったら、そのときはぜひ、ご自分にも感謝してくださいね。人とのやりとりがこんなにも安くて簡単に行える時代に本を書けてよかったと思うことの一つは、読み手の皆さんから書き手が直接にご意見をいただけることだ。それもものすごい数の声が大音響ではっきりと届く。いい反響というのはなかなか聞けないもので、とてもとてもありがたい。ぼくたちは、書いたことについて意見をもらえただけじゃなく、次はこんなことを書いてはどうだというご提案までたくさんいただいた。eメールで考えを聞かせてくれた人の中には、ご自分の考えがこの本で使われているのに気づく人もいるだろうと思う。どうもありがとう。

『ヤバい経済学』が当たったおかげで、一つとてもおかしなオマケをもらってしまった。ありとあらゆる人の集まりに、講演をしてくれとしょっちゅう招かれるようになった。2人一緒に呼ばれることもあるし、どっちか1人のこともある。そういうところへ出かけていくと、よく「専門家」だといって紹介される。『ヤバい経済学』で専門家には気をつけたほうがいいよと書いた、まさしくその専門家にされてしまったのだ。つまり、情報の点で優位に立ち、それを利用して人を出し抜こうとするインセンティヴを持った人たちである。（そりゃもう全力で、ぼくたちが何かの専門家だなんて考えは金輪際捨ててもらおうってがんばりましたよ）。

そういう場での出会いも、それからの仕事の題材を提供してくれた。ＵＣＬＡでの講演で、ぼくたちの1人（ダブナー）が、みんな自分で言うほどトイレの後に手を洗ってないって話をした。講演が終わった後、演台に1人の紳士がやってきて握手を求めてきた。泌尿器科のお医者さんだと言う。この自己紹介にはあんまり食欲が湧かなかったけど、このお医者さんはとても大きなものがかかっている場所、つまり彼の働く病院でも、みんなどれだけ手を洗わないか、それに、そんな問題を独創的なやり方でどうやって解消したか、すばらしい話を聞かせてくれた。彼の話もこの本に入っている。それに、大昔、やはり不潔な手と戦ったもう1人のお医者さんの武勇伝も登場する。

ベンチャー・キャピタルの人たち相手の別の講演で、レヴィットがスディール・ヴェンカテッシュとやっている新しい調査の話をした。『ヤバい経済学』にも登場してもらった、ヤクの売人ギャングとつるんで冒険した社会学者だ。新しい調査では、シカゴの通りに立つ売春婦のお姉さんたちに張り付いて、彼女たちの活動を調べた。来ていたベンチャー・キャピタルの人（ジョンと呼ぶことにしよう）が、その晩遅くに1時間300ドルの売春婦（この人はアリーって名前でお仕事をしている）とデートした。アリーのアパートにやってきたジョンは、コーヒー・テーブルに『ヤバい経済学』が載っているのを見つけた。

「あれ、どこで見つけたの?」とジョンは尋ねた。

アリーは、やっぱり「このお仕事」をしている友だちが送ってくれたんだと言った。

アリーの歓心を買おうと——オトコの本能というやつはどうしようもなく強力で、もうセックスすることに決まっていて、お金も払った後だというのに、それでもまだ女の人の歓心を買おうとする——ジョンは、ちょうど今日、その本を書いた1人の講演を聴いたんだよと話した。それだけじゃまだ偶然が十分じゃないとでもいうように、その日レヴィットは、売春の調査をしているってネタを語ったのだ。

数日後、こんなeメールがレヴィットの受信箱に届いた。

あなたと私の共通の知り合いから、あなたが売春の経済学について論文を書いてるって聞きました。本当ですか？　本気でやってらっしゃる研究なのか、それとも私にそう言った人が私をかついだだけなのか、ほんとのところわからないので、ぜひお役に立てればと思っていることをお知らせしたく、とりあえずこんな形でご連絡してみました。

よろしく、アリー

一つ難しい問題が残った。レヴィットは奥さんと4人の子どもたちに、今度の土曜の朝は家にいられない、売春婦のお姉さんとブランチを食べに行くって説明しないといけないことになったからだ。大事なことなんだ、彼はそう言い張った。直接会って、彼女の需要曲線がどんな形かじっくり吟味しないといけないからね。どういうわけか、みんなそれで納得してくれた。

そんなわけで、この本にはアリーも登場する。

いろんな出来事が積み重なって、彼女の話がこの本に載ることになったのは、経済学者が累積的優位と呼ぶもののせいかもしれない。つまり、1冊目の本が有名になったおかげで、2冊目の本を書くときになって、他の書き手では手の届かない、いろんな有利な点が生まれたのかもしれない。そんな有利なところをうまく利用できていればいい、ぼくたちは心からそう願っている。

最後に、この本を書いている間、ぼくたちはできるだけ経済学の専門用語を直接には出さないように努めた。だから、アリーの一件のことも、累積的優位がどうのなんて考える代わりに、こう言おう……そう、ヤバい。

CONTENTS　SuperFreakonomics

第3章 身勝手と思いやりの信じられない話

第4章 お悩み解決いたします――安く簡単に

カバーデザイン　重原　隆

Introduction　Putting the Freak in Economics

序章　経済学が「ヤバい」とは

　人生の判断っていうのはだいたいが難しい。どんな仕事を選ぼう？　年老いたお母さんを老人ホームに入れたほうがいいか？　あなたとつれあいにはもうお子さんが2人いる。3人目を作ろうか？

　そういう判断が難しいのにはたくさん理由がある。たとえば、かかっているものは大きい。それに、先行きは不確かでどんなことになるかもわからない。そして何よりも、そういう判断をしないといけないことはそんなにない。だから、一大決心をする練習なんてそんなに積めない。あなたもたぶん、食べ物を買うのはとても上手なんだろう。いつもやってることだし。でも、初めて家を買うのはまったく別の話だ。

　一方、ものすごくものすごく簡単な判断もある。

　友だちが家でパーティを開くってんで、出かけていったと思ってほしい。彼の家はほんの1マイルのところだ。ワインを4杯飲んだせいか、とてもいい気分だ。さて、パーティもう終わりだ。あなたは最後の1杯を飲み干しながら、車のキーを引っ張り出す。急に、これはいけないって気がする。家まで車を運転できる状態じゃない。

過去数十年、ぼくたちは、酔っ払って運転するのがどれだけ危ないか、さんざん教育されてきた。酔っ払って車を運転すると、しらふのときの13倍も事故を起こしやすい。それなのに、いまだに酔っ払って車に乗る人がたくさんいる。アメリカでは、死亡事故全体のうち30％以上は少なくとも1人、酔っ払い運転が絡んでいる。お酒を飲んだ人がとても多くなる真夜中では、この割合は60％近くにまで高まる。全体では、車が140マイル走ればそのうち1マイルは酔っ払い運転であり、1年間では酔っ払い運転は210億マイルに達する。

お酒を飲んでハンドルを握る人がこんなに多いのはどうしてだろう？　それはひょっとすると、酔っ払い運転なんてめったに捕まらないからかもしれない。酔いがさめるような統計データがある。酔っ払い運転2万7000マイル当たり、逮捕は1件だけだ。つまり、ビールをぐびぐびやりながらアメリカを車で横断し、それから逆戻りして、それからあと3回往復して、やっと停まりなさいって言われるぐらいだ。ほとんどの悪行と同じように、何かとても強いインセンティヴが制度化されていれば、酔っ払い運転だってたぶん完全になくなっていただろう。たとえばでたらめに検問所を作って、酔っ払って運転してる人をその場で死刑にするとか。でも、たぶんぼくらの社会は、そういうのは好きじゃないだろう。

友だちのパーティに話を戻そう。あなたは歴史上これほど簡単な判断はなかったってぐらい簡単そうな判断をした。車で家に帰る代わりに歩くことにした。なんだかんだ言ってもたったの１マイルだ。友だちを探し出して、パーティに呼んでくれてありがとうと言い、歩いて帰ることにしたよと伝える。友だちも、それがいいよって心から感心してくれる。

でも、ほんとに感心していいんだろうか？　酔っ払い運転がとても危ないのは誰でも知ってるけど、それじゃ千鳥足で歩くほうはどうだろう？　この判断はほんとにそんなに簡単なんだろうか？

ちょっと数字を見てみよう。毎年、千鳥足の人が１０００人以上交通事故で亡くなっている。酔っ払いは歩道から車道へ出てしまったり、田舎道のど真ん中で寝てしまったりする。車がびゅんびゅん走ってるハイウェイをトチ狂ったように走って横切ったりもする。酔っ払い運転絡みで毎年１万３０００人ほどの人が亡くなっているのに比べると、千鳥足で亡くなる人の数はどっちかっていうと少ない。でも、自分で歩くか車に乗るかを選ぶとしたら、大事なのは合計で何人亡くなったかって数字じゃあない。考えないといけない疑問はこうだ。１マイル当たりで比べると、酔っ払って運転するのと酔っ払って歩くのとでは、危ないのはどっち？

アメリカ人が家や職場の外で歩く距離は、平均で１日半マイルほどだ。アメリカには16歳以上の人がだいたい2億３７００万人いる。つまり、車を運転できる歳の人全体で、歩行距離は４３０億マイルだ。酔っ払い運転の割合に合わせて、１４０マイル当たり１マイルは酔っ払って歩くと仮定すると、千鳥足は毎年３億７０００万マイルということになる。

計算してみると、１マイル当たりでは、酔っ払って歩くと酔っ払って運転するのに比べて死ぬ可能性は8倍もの高さになる。

この数字には一つ、注意しないといけないことがある。千鳥足で歩いても死ぬのは自分だけで、他の人を傷つけたり殺したりしてしまう可能性は低い。酔っ払い運転だとそうはいかない。お酒の絡む死亡事故で、犠牲者の36%は同乗者や歩行者、あるいは他の車を運転していた人だ。でも、そんな無実の人たちの命を計算に入れてもなお、酔っ払って歩くほうが酔っ払って車を運転するのよりも、1マイル当たり5倍も命にかかわることになる。

さて、友だちのパーティから帰ろうというとき、どうするのがいいか、もうはっきりした。車のほうが歩くより安全だ。(もちろん、お酒は控えめにするとかタクシーを呼ぶとかのほうがもっと安全だろう)。今度パーティでワインを4杯飲んだら、あなたの判断はちょっと違ってくるかもしれない。あるいは、あなたが飲みすぎてたら、友だちがあなたのために正しい判断をしてくれるかもしれない。だって、友だちだったら友だちを酔っ払い歩きなんてさせない、でしょう?

今日、生まれる場所を世界のどこでも好きなところから選べるとしたら、インドが一番ってわけにはいかないかもしれない。世界経済の主力プレイヤーとあがめられるところまで発展した今日でも、インドは国全体が耐えがたい貧しさに苦しんでいる。平均寿命も識字率も低い。汚染も汚職もひどい。人口の3分の2以上が住む農村部では、電気が来ている家はぎりぎり半分、トイレのある家はたった4軒に1軒だ。

女に生まれるのはとくに運が悪い。インドの親御さんたちには強い「男児選好」があるからだ。男の子が2人いるインドのご家族のうち、もう1人子どもがほしいというご家族はたった10%、一方女の子が2人だともう1回試そうというご家族は40%近い。男の子を授かるのは401（k）の退職年金を授かるようなものだ。大きくなって仕事をするようになれば年老いたご両親を養ってくれるし、その時が来ればお葬式を出してくれるのも男の子だ。一方、女の子を授かると、退職年金は持参金にすり替わる。持参金という慣習はずいぶん前から批判されているのに、いまだに花嫁の両親は花婿かその家族に、お金や車、不動産なんかを贈るのが普通だ。それから、結婚式の費用も花嫁の実家が支払うのが一般的だ。

アメリカの慈善団体スマイル・トレインは、世界中の貧しい子どもたちに、口唇裂や口蓋裂の再建手術を提供している。彼らは最近、インドのチェンナイに滞在した。とある地元の人に子どもは何人いますかと訪ねたら、彼の答えは「1人」だった。後になって彼らは、その人には確かに息子さんが1人いるけれど、他にも娘さんが5人いるのを知った。どう見ても、娘さんたちのほうは語るに及ばないということだろう。また彼らは、生まれたのが女の子で、口唇裂や口蓋裂を患っている場合、チェンナイでは2・50ドルで助産婦さんがその子を間引きするのを知った。そこでスマイル・トレインは、インセンティヴをうまく使い、助産婦さんが女の子を病院に連れて行って再建手術を受けさせれば女の子1人当たり10ドル支払うことにした。

インドでは女の子はとても過小評価されている。そのため、人口を見ると女性は男性よりもだいたい3500万人も少ない。経済学者のアマルティア・センは足りない分の女の人たちを「喪われた女性たち」と呼ぶ。彼女たちのほとんどは、間接的なやり方（ご両親が、ひょっとすると男の子のほうばかりかまって、女の子にはごはんを食べさせなかったり医者に連れて行かなかったり）でか、直接的な危害（女の子が生まれたら助産婦さんか親御さんが殺すとか）でか、たぶん殺されている。最近では生まれる前に処理してしまうというやり方も増えている。インドでは、電気もほとんど来ていないしきれいな水もなかなか手に入らないようなとても小さい村でさえ、妊娠した女性は専門家にお金を払っておなかを超音波で検診してもらえる。そしておなかの赤ん坊が女の子だったら中絶するのだ。近年、性別を選んで中絶するというやり方が広まり、インドでも、中国やなんかの男児をありがたがる他の国でも、男性と女性の割合はいっそう偏ってきている。

　赤ん坊時代を生き延びて大人になっても、インドの女の子たちはほとんどどっちを向いても不公平に行き当たる。男よりも稼ぎは少なく、医療も教育も劣悪で、たぶん毎日むごい扱いを受ける。国民健康調査によると、インド人の男性の51％は、場合によっては妻を殴ってもいいと考えている。それよりも驚きなのは54％の女性もそのとおりって言っていることだ。たとえば、晩ごはんを黒こげにしてしまったとか、許可なく外出したとかという場合である。毎年10万人を超える若い女性がインドで焼き殺されている。その多くが「嫁焼き」その他の家庭内暴力だ。

　インドの女性は望まない妊娠をしたり性病に罹ったりするリスクもとても高い。ＨＩＶ／ＡＩＤＳの感染率もとても高いのである。原因の一つとして、インドではコンドームがうまく機能しないケースが15％を超えている点が挙げられる。なんでこんなにもうまくいかないんだろう？　インド医学研究評議会によると、インド人男性の約60％はペニスが小さく、世界保健機関の規格で作られたコンドームが合わない。これは、科学者たちが2年をかけて1000人を超えるインド人男性のペニスを測り、写真に撮って行った研究の結論である。「コンドームは」と研究者の1人が宣言している。「インド向けに最適化されてはいない」。

そんなふうにいろんな問題が重なっている中で、インドの女性の人生をどうやったらよりよくできるだろう？　とくに、地方に住んでいる大多数の女の人たちを、どうすればいいんだろう？

なんとかしなければと、政府も持参金や産み分けのための中絶を禁止したけれど、そういう法律はほとんど無視されてしまった。インドの女性を資金面で支援しようという介入もたくさん実施された。そんな一つに「アプニ・ベティ、アプナ・ダン」（Apni Beti, Apna Dhan「私の娘、私の宝」）がある。女の子を授かって中絶しなかった農村の女性にお金を払う仕組みだ。女性の小規模事業に融資を行うマイクロクレジットの一大業界もできた。そのうえ、いろんな国際援助団体が慈善プログラムをやまほど作った。そういう援助団体の略称を集めればほんとにアルファベット・スープができるんじゃないかってぐらいだ。

インド政府も小さいサイズのコンドームをもっと手に入りやすいようにすると公約した。

残念ながら、そういう作戦のほとんどは複雑すぎたりお金がかかりすぎたりしたし、ひいき目に言っても本当に成功したとは言いがたかった。

一方、別の種類の介入はちゃんと効き目があった。こっちの介入は超音波診断装置と同じようにハイテクを駆使している。でも、本来は女の人たちのため云々とはほとんど関係がないし、子作りに至ってはなおさら関係のない介入だった。それに、インド政府や国際支援団体が仕切っていたわけでもない。だいたい、誰かを助けようなんてもくろみで作られたものじゃなかった。少なくとも、「助ける」って言ってぼくたちが普通に思い浮かべる意味では、そういうものじゃなかった。それは昔ながらの単純な企業活動だった。テレビって呼ばれている。

　国営のテレビ局は何十年も前からあったけど、映りは悪いわ番組はつまらないわで、あんまり誰も見ようとはしなかった。それが最近は機材や配信にかかるコストが大幅に下がったおかげで、インドでも広い地域に回線が張り巡らされ、ケーブルテレビや衛星テレビが見られるようになった。2001年から2006年の間にインドで1億5000万人ほどの人が初めて回線を家に引き、彼らの村は急に最新のゲーム番組や昼ドラ、ニュース番組や刑事ドラマで盛り上がるようになった。そういう番組がインドの都会や外国から配信されるのだ。テレビのおかげで、インドの地方に住む人たちは、生まれて初めて外の世界をじっくり見渡せるようになった。

　でも、どの村でもケーブルテレビが見られるようになったわけじゃない。それに、あっちこっちの村に一度にケーブルが引かれてみんながいっぺんに見られるようになったわけじゃない。まずこの村、次はあの村と順繰りにケーブルが引かれた。そのおかげで、経済学者が大好きな類のデータが生まれた。自然にできたステキな実験だ。ここでいう経済学者は、エミリー・オスターとロバート・ジェンセンという2人の若者だ。彼らは、いろんな村に起きた変化を、それぞれの村にケーブルテレビが来ているかどうか（それに、いつ来たか）を切り口に計測し、テレビがインドの女性たちにどんな影響を及ぼしたかを抽出するのに成功した。

　彼らは2700軒の家計を対象に政府が行った調査のデータを調べた。ほとんどは農村地帯の家計だ。政府の調査は、15歳以上の女性に、自分のライフスタイルや好み、家庭内の関係について尋ねている。調べてみると、ごく最近ケーブルテレビが見られるようになった女性では、夫に暴力を振るわれても耐え忍ぶべきだと思う人の割合は大幅に減り、自分には男児選好があると認める人の割合も減少し、一方、自分の意志で行動するという人の割合は高まっていた。政府の介入では成し遂げられなかった、女性の社会的地位の向上が、どういうわけかテレビで実現できるみたいだ。

どうしてそんな変化が起きたんだろう？　インドの農村の女性たちは、テレビで都会の様子を——好きなように装い、自分で財布を握り、誰かの持ち物でも子どもを産む機械でもない女の人たちを——見て、自立心が高まったんだろうか。それとも、テレビ番組を見た農村の女の人たちは、政府の調査員に聞かれたとき、自分がひどい扱いを受けていると認めるのが恥ずかしくなったんだろうか。

アンケート調査のデータは疑ってかかるべきだ。人が自分はどんなふうに振る舞うと言うかと、実際にどんなふうに振る舞うか（経済学者の符丁では、それぞれ表明選好と顕示選好という）の間には、深くて広い溝がある。さらに、ちょっとでまかせを言ってもほとんど何も失うものはないときは——たとえば、こういう政府のアンケート調査の場合がそうだ——けっこうなでまかせが混じると思っといたほうがいい。そういうでまかせには無意識のうちに出たものさえあるかもしれない。聞かれた人は単に、調査員が聞きたいと思ってるだろうと思うことを口にしているだけかもしれない。

でも、顕示選好や、あるいは実際の行動を測れるなら、いい線いけるかもしれない。で、オスターとジェンセンがほんとに変化が起きているって証拠を見つけたのはそういうところだった。テレビを手に入れたインドの農村のご家族は、手に入れていないご家族に比べて出産率が低い。（インドみたいな国では、出産率が低いということは、一般的に女性の自立性が高まり、健康上のリスクが低下していることを意味する）。テレビのあるご家庭は、娘さんを学校に通わせている割合が高い。つまり、女の子を高く評価し、少なくとも男の子と同じ扱いをしてしかるべきだと考えていると推測できる。(一方、男の子の就学率は変わってないのが目を引く)。こういうはっきりした数字があれば、自己中告のアンケートもずっと信用できるものになる。どうやら、ケーブルテレビのおかげでインドの農村の女性たちは本当に地位が向上したようだ。それこそ、もう家庭内暴力を我慢しなくなるところまで。あるいはひょっとすると、だんなさんたちはクリケットを見るのに忙しく、奥さん殴ってる暇もないってだけかもしれない。

世界が近代へと足を踏み入れるころ、人口は大きく、かつ急速に増加した。そうした人口の増加はロンドン、パリ、ニューヨーク、シカゴといった都市圏の中心で起きた。アメリカだけを見ても、19世紀中に都市の人口は3000万人増加し、その増加の半分は最後の20年の間に実現した。

しかし、人間の群れ自体やモノが一つの場所から別の場所へと移動するのに伴って、問題が発生した。主な輸送の手段が大きな副作用を生んだのである。具体的には、交通渋滞や保険料の高騰、多数に上る交通事故による死亡者などが挙げられる。そうした副作用を経済学者は負の外部性と呼んでいる。家庭で夕食のテーブルに載っているべき穀物がエネルギーに転用される例もしばしば見られ、食糧価格の高騰や食糧不足が発生した。さらに、大気は汚染され、有害物質が排出されて、個人の健康のみならず環境も危機にさらされた。

車の話だよね、でしょう?

違うんだな、これが。馬の話なのだ。

古の時代から、馬はいろんなことに使える強力な助っ人だった。近代都市が拡大するにつれて、馬はさらにさまざまな仕事に使われるようになった。乗合馬車や自家用馬車を引き、建設資材を運び、船や電車から積荷を降ろし、さらに、家具やロープ、ビール、それに服なんかを量産する機械の動力にまで使われた。あなたの幼いお嬢さんが重い病に罹ったら、お医者さんがあなたの家に急ぐのに乗るのは馬の背だった。火事が起きれば、ポンプを積んだ台車を引いた馬が通りを駆け抜ける。20世紀に入るころ、ニューヨーク市には20万頭ほどの馬がいて、それぞれ仕事をこなしていた。人間17人当たり1頭の計算だ。

ああ、でも、馬が起こす面倒事ときたら！

荷馬車は交通の大変な妨げになったし、馬が怪我をすると、その場で処分されることがよくあった。おかげで交通はさらに滞った。ずっと馬を飼っている人は保険に入っていた。そういう保険の契約書には、保険会社が詐欺に引っかからないように、馬の安楽死は第三者に行わせなければならないと書いてあった。ということは、警察か獣医、なんなら動物虐待防止協会が来るまで待たないといけないということだ。馬が死んでもまだ交通渋滞は終わらない。「馬の死骸は非常に扱いにくい」と輸送の研究者であるエリック・モリスが書いている。「その結果、街路清掃の人たちは、よく、死骸が腐るまで放置した。そのほうがばらばらに切断して運びやすいからだ」。

荷馬車の鉄の車輪や馬の蹄鉄が出す騒音はすさまじく、そのせいで神経を病んで頭がおかしくなった、なんて話がよくあった。病院やなんかがあって気を使うべき場所を馬が通るのを禁止している街もあった。

そして、馬や馬車は怖くなるぐらい簡単に人を轢いた。どちらも、映画で見るほど乗るのは簡単じゃないのだ。滑りやすく、しかも混雑した街の通りならなおさらだ。１９００年、馬の交通事故で命を奪われたニューヨーカーは２００人だった。住人１万７０００人に１人の計算だ。一方、２００７年に自動車事故で亡くなったニューヨーカーは２７４人だった。こっちは住人3万人に１人の計算だ。つまりニューヨークでは、いまどき車の交通事故で死ぬ可能性よりも１９００年に馬の交通事故で死ぬ可能性のほうが2倍近くも高かったということだ。（残念ながら、酔っ払って馬に乗る人の統計は残っていないが、顔をしかめたくなるぐらい高い割合だったと思っていいんじゃないかと思う）。

そして何よりも最悪なのがウンコだ。馬は１日に平均で24ポンドのウンコをする。馬が20万頭いれば５００万ポンド近い馬のウンコだ。それも1日で。そんなウンコはどこへ行っていたんだろう？

当時をさかのぼること数十年、馬がそれほど街にいなかったころ、ウンコには市場があってうまく回っていた。農家の人がウンコを買って車（もちろん馬が引く）で畑へ持って帰っていたのだ。でも、都会の馬の数が爆発的に増えるにつれて、ウンコがやまほど余るようになった。空き地には馬のウンコが積み上げられ、その高さは60フィートにもなった。通りにもウンコが雪みたいに積み重なっていた。夏になるとウンコの臭いが天まで高く立ち上った。雨が降れば馬のウンコがドロドロに溶けた水が横断歩道にあふれ、通り沿いの家の地下室にまで染み出した。今日のニューヨークで、褐色砂岩《ブラウン・ストーン》を張り、階段を上がった2階に入口がある優雅な古い家を見てすばらしいと思ったら、あれは仕方なくそういうデザインになったってことを思い出してほしい。家に住む人がウンコの海に沈まないためには、ああしないとしょうがなかったのだ。

そしてウンコは恐ろしく有害だった。ウンコはハエの培地となって、大変な数のハエが発生し、深刻な伝染病を媒介した。ネズミや他の害獣がウンコの山に群がって、消化されなかったカラス麦やなんかの飼料をあさった。また、そういう穀物は、馬の飼料としての需要が高まって、人間の消費に回される分も値段が上がった。当時、地球の温暖化を心配する人はいなかった。でも、もしいたら、馬は社会の敵No．1になっていただろう。ウンコはメタンを出すからだ。強力な温室効果ガスである。

1898年にニューヨークで、初めての国際的な都市計画カンファレンスが開かれた。議題は圧倒的に馬のウンコが多かった。世界中の都市が同じ危機に見舞われていたからだ。でも解決は見つからなかった。「危機に打つ手が見つからず」とエリック・モリスは書いている。「都市計画カンファレンスは、もはや自分たちのやっていることは不毛だと宣言し、予定されていた10日を待たず、3日で散会した」。

大都市は馬がいなくては生き延びられず、でも馬がいては生き延びられない、世界はそんなところへ行き当たってしまったようだった。

そしてそれから、問題は消えてしまった。何か政令が出たわけでも神様の聖なる介入があったわけでもない。都会に住む人たちがみんなして、世のため人のためとか自制しないとか思い始め、便利な馬の力を全部あきらめたわけでもない。問題が解決したのは技術的な発明のおかげだ。いや、ウンコしない動物が発明されたってことじゃなくて。馬は路面電車や自動車に道を譲ったのだ。どちらも馬よりずっと清潔で効率的だった。自動車は馬の引く車より、持つのも乗るのも安く済み、「環境の救世主」と呼ばれた。世界中の都市がほっと——やっと鼻をつままずに——一息ついて、また進歩の歩みを始めた。

　残念ながら、話はそこで終わらない。20世紀を救った解決が21世紀を危険にさらしている。自動車も電車も、それぞれに負の外部性を抱えていたからだ。10億台を超える車や1000カ所以上に及ぶ石炭火力発電所が20世紀中に排出した二酸化炭素で、地球の大気圏の温度はより高くなった。かつて馬が文明を踏みつぶすかに見えたのと同じように、今では人間が文明を踏みつぶしそうな勢いだ。ハーヴァード大学の経済学者マーティン・ワイツマンは、「私たちの知っている地球を実質的に破壊するに十分なところまで」地球の気温が上がる可能性を計算するとだいたい5%になると言っている。それと同じ理屈でさらに強硬な運命論があちこちに横行している。たとえばマスコミがそうだ。ヤツらときたら、終末論が語れるならどんなネタでも大喜びで飛びつく。

　そういうのは別に驚くほどのことでもないのかもしれない。何か問題があるとき、ぼくたちは、目の前に解決をぶら下げてもらわないと、解決なんてできないと簡単に思い込んでしまう。でも歴史は、繰り返し繰り返し、そんなのは間違った思い込みだと証明してきた。

　別にこの世は完璧にうまくいくようにできているなんて言ってるわけじゃない。進歩だって、どれもこれもいいもんだってわけでもない。社会に幅広く恩恵をもたらす進歩だって、おかげで損をする人が一部に出るのは避けられない。だからこそヨーゼフ・シュンペーターは、資本主義の仕組みを「創造的破壊」と呼んだのだ。

　でも人類には、一見手に負えなさそうな問題を技術で解決する方法を見つけてくるすばらしい能力がある。地球の温暖化にも、どうやらそれが当てはまるみたいだ。問題は大きくないかもってことじゃない。適切なインセンティヴがあれば、人の創造力は大きくなるものだってことだ。さらに心強いのは、技術的な解決は、悲観的な人たちが思っているよりも、だいたいがとても簡単で、だからとても安く済むことだ。実際、この本の最後の章には改宗した工学者たちが出てくる。彼らは地球の温暖化を解決する方法を、一つばかりか三つも開発した。どれも、キーンランド（訳注：サラブレッドの育成・競売と競馬で有名な会社）がケンタッキーで毎年開く、サラブレッドの競売で動くお金よりずっと安くでまかなえる。

ちなみに、馬のウンコの価値は底を打って上昇した。最近、マサチューセッツの農場の持ち主が、隣の人が自分のところから馬のウンコをくすねていると警察に電話したほどだ。隣の人は、それは誤解で、農場の前の持ち主に許可をもらっていると言い返した。今の持ち主は引き下がらず、ウンコの代金として600ドル払えと要求している。

このウンコ大好きな隣の人ってどんな人だろう？　他の誰でもない、マーティン・ワイツマンだ。地球の温暖化について暗い予測を出した経済学者である。

「おめでとう」。事件が新聞の紙面に躍ったとき、彼の同僚の1人がワイツマンに書いてよこした。「私の知ってる経済学者のほとんどはクソの純輸出者だが、どうやら君は純輸入者のようだ」。

馬のウンコの克服……ケーブル・テレビの意図せざる結果……千鳥足の危なさ。こういうののどこがどう経済学だって？

こういうのを「経済学」だと考える代わりに、こういうのは「経済学的アプローチ」を描き出したものとして考えたほうがいい。「経済学的アプローチ」はゲイリー・ベッカーが広めた言葉だ。シカゴ大学の経済学者で1992年のノーベル経済学賞受賞者である。受賞講演で彼はこう説明している。経済学的アプローチは「個人が利己主義や利得を動機としてのみ動くと仮定してはいない。経済学的アプローチは分析の方法なのであり、具体的な動機に関する仮定ではない…（中略）…行動を左右するのは、それよりはるかに雑多な価値や選好の集合である」。

ベッカーの研究生活は、普通は経済学者があんまり寄り付かない題材で始まった。犯罪と刑罰、麻薬中毒、時間の配分、結婚・子育て・離婚の費用と便益、そういった題材だ。同僚のほとんどはそういうネタの周りには決して寄り付かない。「ずいぶん長い間」とベッカーは思い出を語っている。「第一線の経済学者のほとんどは、私がやる類の研究を無視するか、心から嫌うかのどちらかだった。私はヘンなやつで、たぶん、やってることもぜんぜん経済学じゃないって思われていた」。

ははぁ。ゲイリー・ベッカーがやっていたのが「ぜんぜん経済学じゃない」んなら、ぼくたちはぜひそういうのがやりたい。実を言うと、ベッカーがやっていたのはヤバい経済学――経済学的アプローチを、悪ガキみたいにヤバい好奇心に掛け合わせる――だった。でも、そんな呼び名はまだできてなかった。

ノーベル経済学賞の受賞講演でベッカーは、経済学的アプローチは研究の題材ではなく、「経済」を説明するための数学的な道具でもないと言った。むしろ、世界をちょっと違った目で調べようという決意だ。人がどうやって判断するか、人はどんなふうに気が変わるか、それを描き出す体系的な方法なのである。誰を好きになり、誰と結婚するか、あるいは、誰を嫌いになり、ひょっとして殺すか。

お金の山に出くわして、それを盗むか、ほうっておくか、ひょっとしてお金を山に積み増すか。人が何かを怖がり、その何かとほんの少ししか違わない別の何かを心から願うのはどうしてか。ある種類の行動には罰を、同じような別の行動には報いを与えるのはなぜか。

経済学者はそんな判断をどう描くのだろう？　普通、彼らはまずデータをやまほど集める。データは、意図的に集められたものもあるし、偶然で残ったものもある。いいデータの塊があって、それに正しい疑問をぶつければ、人間の行動をけっこううまく描き出せたりする。この本でぼくたちがやろうとしているのは、そんな正しい疑問を立てることだ。そうすれば、たとえば典型的なガン専門のお医者さんやテロリスト、大学生が、与えられた状況の下でどんな行動をするか、またそれはなぜかが描き出せる。

予想もつかないはずの人間の行動を、冷たい数字で表現された可能性に落とし込むのに不安を感じる人もいるかもしれない。自分は「典型的」な人間ですなんて言いたい人がいるだろうか？　たとえば、この惑星に住む男女をみんな足し合わせると、平均では、おとなの人間はおっぱい1つと金玉1個を持っている。でも、それにぴったり合った人間なんてどれだけいるだろう？　あなたの愛する人が酔っ払い運転の事故に巻き込まれて亡くなったとする。酔っ払って歩くほうが危ないって聞いてなにか慰めになるだろうか？　あなたがインドの若い花嫁だとする。夫にぶちのめされてるとして、ケーブルテレビは典型的なインドの花嫁に力を与えていると聞いて励まされるだろうか？

そんな異論は正しいしもっともだ。でも、どんな法則にも例外があるにせよ、法則を知っておいて損はないだろう。人が数え切れないぐらいいろんな点で非典型的である複雑な世界でも、基本を見つけることには大きな価値がある。それに、平均的に起きることを知っておくといい出発点になる。そうすることで、ぼくたちは、考えごとをするときのクセにとらわれないようになる。日々の判断や法律や営みを考えるとき、現実よりも例外や変形に目が行ってしまいがちなぼくたちのクセと手を切れるのだ。

ちょっとの間、時間をさかのぼって2001年の夏に眼を向けよう。アメリカではサメの夏として知られるようになった時期だ。マスコミはサメが人を襲って殺す事件が頻発していると、身の毛もよだつ話をふれ回っていた。いつも使われる例がジェシー・アーボガストの話だ。彼はフロリダ州ペンサコーラの、温かく浅い湾岸の波で遊んでいた。そこへオオメジロザメが襲い掛かり、彼の右腕を食いちぎり、ふとももの大部分もかじりとってしまった。『タイム』にはサメの襲撃を扱ったカバーストーリーが躍った。目玉記事のサワリはこんな感じだ。

サメは静かに、何の前触れもなくやってくる。サメの攻撃は3通りだ。当て逃げ、体当たりと噛み付き、それに奇襲攻撃だ。中でも当て逃げが一番多い。サメが泳いでいる人の足の裏を見て魚だと思い、いつもの餌とは違うと気づく前に噛みついてしまうのだ。

怖くなりました？

分別のある人なら二度と海には近づかないかもしれない。でもあの年、サメの襲撃事件は実際のところ何件起きたと思います？

こんなもんだろって数字を思い浮かべてください――それから、その数字を半分にして、また半分にして、もう何回か半分にしてくださいな。2001年を通じて、世界中で起きたサメの襲撃はたった68件だ。そのうち人死にが出たのは4件である。

こうした数字はマスコミがキーキー騒いで匂わせていたのよりずっと少ないし、それだけじゃない。それまでの年と比べても、それからの年と比べても、別に多くもなんともないのだ。1995年から2005年を見ると、世界中で起きたサメの襲撃は平均で1年に60・3件であり、一番多かった年が79件、一番少なかった年が46件である。死者は年平均で5・9人であり、一番多かった年が11件、一番少なかった年が3件だ。言い換えると、2001年の夏、マスコミに躍る見出しはこんなふうでもよかった。「サメの襲撃、今年は平年並み」。でもたぶん、そんな見出しじゃ雑誌はあんまり売れない。

そんなわけで、しばらくの間、かわいそうなジェシー・アーボガストと彼や彼の家族に降りかかった悲劇のことを考える代わりに、こんなことを考えてみよう。60億人の人間がいる世界で、2001年にサメの襲撃で亡くなった人はたったの4人だ。たぶんテレビの中継車のほうが毎年もっとたくさんの人を轢き殺している。

一方、ゾウは毎年少なくとも200人の命を奪っている。それじゃなんで、ぼくたちはゾウを見てもぞうっとしないんだろう？　たぶんそれは、犠牲になる人たちが世界のマスコミの総本山から遠いところに住んでるからだろう。それに、映画に植えつけられた思い込みもあるかもしれない。人懐こくって愉快なゾウはお子様向け映画の定番だ（ババールとかダンボとかを考えてみてくださいよ）。で、サメはというとどうしようもなく悪漢がはまり役だ。サメに弁護士方面のお友だちがいたら、彼らはぜったい『ジョーズ』の差し止め命令を求めて訴えを起こしていただろう。

それなのに、2001年の夏、サメの恐怖は情け容赦なく声高に吹聴され続け、収まったのはやっと、9月11日に世界貿易センタービルと国防省がテロ攻撃を受けたときだった。あの日、3000人近い人が亡くなった。記録に残るサメの襲撃で一番古いのは16世紀の終わりであり、それ以来サメの襲撃で亡くなった人を全部合わせたよりも、約2500人も多くの人があのとき亡くなったのだ。

そんなわけで、いろいろ欠点はあるものの、典型的な姿を見てものを考えるのにはそれなりにいいところがある。だからぼくたちはこの本で、個別の逸話やハデで目立つ例外的な事例、個人的な意見、感情の爆発、道徳的によさそうなこと、そういったものより、溜めたデータに頼って話を進めるべく、できるだけのことをした。統計なんてどんなことだって言える、どう見ても間違ってる結論だって押し通せるような統計データが作れるじゃないか、あんなもんお得意のでまかせだろ、そう言う人もいるかもしれない。でも、経済学的アプローチがやろうとしているのはそれとはまったく逆のことなのである。数字にものを語らせ、与えられたネタを恐れることもかばうこともなく論じようというのだ。ぼくたちはどれかの立場に味方したりはしない。たとえば、テレビが導入されてインドの田舎の女性たちはものすごく助けられた。でも、だからといってぼくたちは、テレビの力はすばらしいことばっかりだなんて言わない。第3章で見るように、テレビが導入されて、アメリカの社会には壊滅的な変化が起きた。

経済学的アプローチは、ぼくたちそれぞれの頭の中にある、世の中がどうあってほしいかとか、どうだと思って恐がっているかとか、あるいはどうなってほしいかとかを描き出そうというものではない。経済学的アプローチが描き出すのは、世の中が実際にはどうなっているかだ。ぼくたちはだいたい、何らかの形で世の中を直したいとか変えたいとかと思っている。でも、世の中を変えるにはまず世の中がどうなっているかわからないといけない。

このあたりを書いている今は、アメリカのサブプライム住宅ローン祭りで始まってものすごくうつりやすい伝染病みたく世界中に広まった金融危機からだいたい1年だ。この題材を扱う本はこれから何百冊も、ひょっとすると何千冊も出るだろう。

これはそういう本じゃありません。

なして？　マクロ経済や、膨大にあって複雑な動きをするマクロ経済の要素なんて、ぼくたちの土俵にはぜんぜん乗ってないからっていうのが大きな理由だ。最近の事件を見ると、マクロ経済が自分の土俵だって言える経済の専門家なんて1人でもいるんだろうかって気さえする。世間が出くわす経済の専門家のほとんどは、うっとりするような自信に満ちた語り口で、株式市場やインフレや金利がどっちへ向かっているか教えてくれる神官の装いで現れる。でも最近わかったとおり、彼らの予測なんてだいたいはなんの価値もない。経済の専門家たちは過去を説明するのにも四苦八苦しているし、ましてや未来なんてそれどころの騒ぎじゃない。（彼らときたら、フランクリン・デラノ・ルーズベルトの政策は大恐慌を和らげたかひどくしたか、いまだに言い争っているのだ！）。もちろん、予測ができないのは彼らだけじゃない。どうやら、自分の予測能力を信じてしまうのは、人間の性の一つみたいだ。それに、自分の予測がどれだけひどい外れ方をしたか、すぐに忘れてしまうのも。

だからぼくたちはこの本で、みんなが「経済」って呼んでるものに関しては、実際のところまったくなんにも語れない。せいぜいこんな言い訳（なかなか納得してはもらえないだろうけど）しかできない：ぼくたちが語れる題材は、直接には「経済」に関係してないけど、そういう題材から、実際の人間の行動についてなにかわかるかもしれない。あなたが信じようが信じまいが、学校の先生や相撲の力士がインチキするインセンティヴがわかれば、サブプライム住宅ローン・バブルが起きたのはどうしてか、ちゃんとわかるのだ。

この本に登場する話は、学界のお高くとまった廊下から薄汚れた街角まで、いろんなところへ飛ぶ。話の多くはレヴィットの最近の学術研究に基づいている。それ以外にも、他の経済学者や工学者、天体物理学者、頭のおかしい人殺しにＥＲ（救急医療室）のお医者さん、アマチュア歴史家に性転換が専門の神経科学者といった人たちに触発された話もある（注：この本に出てくる題材の裏付けとなる研究はぜんぶ巻末の付注にまとめてある）。登場する話のほとんどは二つに分類できる。みんながずっと知ってるつもりで実は知らなかったこと、それに、知りたいと思ってるなんて自分でも知らなかったけど知りたかったことだ。

ぼくたちの発見はだいたい、あんまり使えるネタだったりはしないかもしれないし、ちゃんと結論が出てさえいないかもしれない。でも、それでいいのだ。ぼくたちは話を始めようとしてるんで、話を締めくくろうとしてるわけじゃない。だから、これからあなたが読む話には、そりゃ違うだろってものもあるかもしれない。

実際のところ、そういうのがなかったら、ちょっと残念だな。

Chapter 1

第1章

立ちんぼやってる売春婦、デパートのサンタとどうしておんなじ?

How is a Street Prostitute Like a Department-Store Santa?

そう昔でもない夏の終わりの、ありがたくも涼しい日の午後、女の人が1人、シカゴのサウスサイドにある公営団地のディアボーン・ホームズで、SUVのボンネットに座っていた。29歳で名前はラシーナだ。彼女の目つきは疲れ果てた感じだったが、それ以外は若々しく、かわいらしい顔にストレート・パーマの髪をしていた。ダブダブで黒と赤のジャージのいでたちだ。子どものころからそんな格好をしている。両親が貧乏で、新しい服なんてめったに買えず、いとこの男の子のお下がりをよくもらっていた。そのころの習慣が染み付いてしまったのだ。

ラシーナはどうやって糊口をしのいでいるか説明しているところだ。主な収入源は四つだという。ブースト、ルースト、髪切り、それに春売りだ。

彼女によると、「ブースト」っていうのは万引きして盗んだものを売りさばくことだ。「ルースト」っていうのはヤクを売ってる地回りのギャングのために見張りをすることだ。それから、彼女は男の子を8ドル、大人の男を12ドルで散髪する。

四つの中で最悪なのはどれ？

「春売りだね」。彼女はためらうことなくそう言った。

どうして？

「男ってほんとは好きじゃないんだ。だから精神的に疲れるんだと思う」。

それじゃ、売春の仕事料が2倍になったら？

「もっとやるかって？」と彼女。「もち！」

歴史を通じて、男はいつも女より楽をしてきた。はいはい、話を一般化しすぎてますよ、はいはい、例外もありますね。でも、大事なところでは、いつも女は男より辛い思いをしてきた。戦争や狩りや力仕事のほとんどは男がやっていたというのに、それでも女のほうが平均寿命は短かった。不条理な殺され方をした人たちもいる。13世紀から19世紀までのヨーロッパでは、だいたいは貧しく、未亡人であった女の人たちが、魔女だといって１００万人も殺された。作物を台無しにしたひどい天候の罪を着せられたのだ。

出産にかかわる医療がずいぶんよくなって、やっと女性の平均寿命は男性を上回った。でも、21世紀になってもまだ、女性であることが深刻な足かせである国はたくさんある。カメルーンの若い女の人たちは、胸に「アイロン」をかけられる。木のすりこぎや熱したココナッツの殻で、胸を叩いたりマッサージしたりして、女としてあまり魅力的にならないようにするのだ。中国では纏足《てんそく》が（だいたい1000年ぐらい続いた挙句）やっと廃《すた》れたけれど、生まれてから捨てられたり、文字が読めなかったり自殺したりする割合は、今でも女性のほうが男性よりずっと高い。すでに書いたように、インドの農村に住む女性は、もうほとんどどっちを向いても差別に行き当たる。

でも、とくに世界中の先進国では女性の日常は劇的によくなった。21世紀のアメリカやイギリスや日本の女の子の将来は、1〜2世紀前の女の子たちとは比べ物にならない。どの分野を見ても――教育、法律上の権利、選挙権、仕事、その他――歴史のどの時代と比べても、女やるなら今のほうがずっといい。もっとも古い1872年の統計を見ると、アメリカの大学生のうち女性は21％だった。今日ではそれが58％であり、さらに増えている。まさに日の出の勢いだ。

それでもなお、女性であることの経済的な代償はとても大きい。25歳以上のアメリカ女性、かつ大卒以上で正社員として働いている人たちでは、全国の所得の中央値はだいたい4万7000ドルだ。一方、同じような男性では6万6000ドルを超える。40％の割り増しだ。全国でもエリートの大学に通った女性でさえ事情は同じだ。経済学者のクラウディア・ゴールディンとローレンス・カッツは、ハーヴァードを出た女性の稼ぎは平均的なハーヴァード出の男性の半分にも満たないのを発見した。正規雇用で通年で働く人だけにデータを絞り、大学での専攻や仕事、その他の変数を調整しても、ハーヴァード出の女性は同じ条件の男性よりも、なお約30％稼ぎが少なかった。

お給料にこんなに大きな格差がついたのを、どう説明すればいいんだろう？

要因はいろいろある。女性は家族を育てるために、仕事を離れたり楽な仕事に移ったりする可能性が男性より高い。医療や法曹といった稼ぎの大きい仕事でさえ、女性は相対的に稼ぎの少ない専門分野（たとえば一般医とか企業の法務部とか）で働く傾向がある。そして、いまだにけっこう差別に遭う可能性が高い。差別は、あからさまなものから――男でないからっていうだけの理由で昇進できなかったりする――陰湿で狡猾なものまでさまざまだ。太った女性は太った男性よりもお給料に受ける悪影響が大きい。歯並びの悪い女性にも同じことが言える。

それに加えて、生物学的な決定打がある。経済学者のアンドレア・イチノとエンリコ・モレッティはイタリアの大手銀行員のデータを分析し、45歳未満の女性の行員は一貫して28日周期で仕事を休みがちであるのを発見した。行員のそうした休みの日数と彼らの生産性の指標をグラフで比べた2人は、生理による休みで、その銀行における男女の賃金格差の14％が説明できると結論づけている。

あるいは、1972年にできたタイトルⅨとして知られているアメリカの法律を考えてみればいい。タイトルⅨは教育の場での性差別を幅広く禁じるべく作られた法律だが、同時に、高校と大学の女性スポーツを男性スポーツと同じ水準まで引き上げるよう定めている。それを受けて、若い女性が何百万人も新しい部活に参加した。ベッツィ・スティーヴンソンは、高校でスポーツをやっていた女の子は大学に進み、いい仕事に就く可能性が高いのを発見した。とくに、伝統的に男が牛耳ってきた、高い技能が必要ないくつかの分野でそうした傾向が見られた。これはいいニュースだ。

でも、タイトルⅨは女の人たちにとって悪いニュースも運んできた。法案が可決された当時、大学の女性スポーツ・チームのヘッドコーチは90％以上が女の人だった。タイトルⅨのおかげでそういう仕事の魅力は高まった。お給料も上がり、世間への露出度も高まり、大いに盛り上がった。田舎くさくてイケてない料理が食い物業界の大物に「発見」され、急に道端の屋台から高級レストランに移っていくみたいに、この仕事はすぐに、新しい種類のお客にかっさらわれるようになった：男どもだ。最近では、大学の女性スポーツでコーチが女の人であるチームはかろうじて40％にすぎない。女性スポーツのコーチで一番目立つのはプロバスケットボールのＷＮＢＡだ。男のプロバスケットボール・リーグであるＮＢＡに対応するものとして、13年前の１９９６年に発足した。ここを書いている今、ＷＮＢＡには13チームあって、そのうちコーチが女の人なのは６チームだけである。ここでもやっぱり50％を下回っている。実は、この数字は創立10周年の年から改善している。その年、女性がコーチなのは14チーム中でたったの３チームだった。

21世紀の労働市場で女性は大きな進歩を遂げた。でも典型的な女の人は、ただ男に生まれてくるだけの先見の明があれば、それだけでずっとずっと得をしていたはずなのだ。

◇◇◇◇◇◇◇◇◇◇◇◇◇◇◇◇◇◇◇◇

女の人たちがずっと牛耳ってきた労働市場も一つちゃんとある。売春市場だ。

売春のビジネスモデルは単純な前提の上に成り立っている。有史以前から、世界中どこでも、男はタダで手に入る以上のセックスを求めてきた。そんな中で当然のように現れるのは、値段さえ折り合うならそういう需要を満たそうという女性の供給である。

今日のアメリカでは、売春は一般的に法に反する。まあ、例外はいくつかあるし、法を執行する人たちの姿勢はまったく首尾一貫していないけど。この国ができたはじめのころ、売春は、聞けばみんな顔をしかめたけれど、犯罪ではなかった。そんな甘い態度が改まったのは、やっと、だいたい

1890年代から1920年代の革新主義時代になってからのことだった。「白人奴隷《ホワイト・スレヴリ》」に対する世間の批判が高まったのである。監禁されて無理やり売春させられている女の人が何千人もいると言われていた。

ふたを開けてみると、白人奴隷なんて大げさもいいところだった。というか、現実はもっと恐ろしかった。女の人たちは無理やり売春させられているのではなく、自分の意志で売春の道を選んでいた。1910年代の初め、司法省は26州、310都市にわたる調査を行って、アメリカに売春婦がどれだけいるか集計した。「我々は、保守的な推定として、常習的に売春を行う女性は約20万人であるとの結論に達した」。

当時、アメリカの人口のうち15歳から44歳の女性は2200万人だった。司法省の推定を信じるなら、この年齢層の女性110人に1人は売春婦だったことになる。でも売春婦のだいたい85%、つまりほとんどは20代だ。この年齢層ではアメリカの女性50人に1人が売春婦だったということだ。

売春市場はとくにシカゴで隆盛を誇っていた。わかっているだけで1000軒を超える売春宿が営業していた。市長はお高くとまった人たちからなる売春委員会を作った。委員は宗教団体や市民団体の指導者、それに教育、法曹、医療といった業界の権威たちだ。そんな善良な人たちが、ひとたび汚れ仕事に手を染めてみて思い知ったのは、自分たちが相手にしているのはセックスに輪をかけて汚らわしい敵だということだった：経済の仕組みだ。

「手仕事で週にたった6ドルしかもらえない女子が」と委員会は言い放っている。「自分の身体に需要があり、週に25ドル稼げ、男はそんな金を喜んで払うと知ったとき、魔が差したとしてもなんの不思議があるだろうか？」

当時の売り子の週給が6ドルだったとしたら、今日のお金に換算すると年収はたったの６５００ドルだ。同じ女の人が売春に鞍替えして週に25ドル稼いだとすると、今日のお金では年に2万５０００ドル稼いでいることになる。しかし、売春委員会は、週25ドルというのはシカゴの売春婦の稼ぎとしては一番少ないほうだと認識していた。「1ドルショップ（訳注：百均）」（売春宿にはたったの50セントのところもあったし、5ドルとか10ドルとかのところもあった）で働く女の人は平均で週給70ドルであり、これは今のお金でいえば年収7万６０００ドルにあたる。

売春宿が延々軒を連ねていたサウスサイドの界隈であるレヴィーの中心にはエヴァリー・クラブがあった。売春委員会が「全国でもっとも有名であり、もっとも高級」と呼んだ売春宿である。お客には財界の大物、政治家、スポーツ選手、芸人、それに、売春反対運動の活動家まで何人か含まれていた。エヴァリーの売春婦たちは「蝶《バタフライ・ガール》」と呼ばれていた。魅力的で健康で信用できるだけでなく、話し上手だった。それがお客の紳士の好みなら、古典の詩を引用したりもした。『第二の都市の罪悪』でカレン・アボットは、エヴァリーは他のところではメニューに載っていないプレイも提供していたと書いている。たとえば「フランス流」がそうだ。いまどきの世間ではフェラチオと呼ばれている。いい晩ごはんが今日のお金に換算して12ドルぐらいで食べられた時代に、エヴァリーのお客は、店に入るだけで２５０ドル、シャンパン1本に３７０ドルに相当するお金を喜んで出した。それに比べればセックス自体は相対的にけっこう安かった。約１２５０ドルだ。

この売春宿を経営していたアダとミンナのエヴァリー姉妹は自分たちの財産を注意深く守っていた。

蝶たちには、健康的な食事、入念な健康管理、充実した教育、それに最高のお給料を提供した。お給料は週に400ドルにものぼった。これは今日のお金でいえば年43万ドルに相当する。

まあ確かに、エヴァリーの蝶たちのお給料は並外れている。でも、100年前のシカゴでは、並の売春婦でさえがっぽり稼げたのはどうしてなんだろう？

お給料はほとんど需要と供給の法則で決まる、というのが一番いい答えだ。この法則は、だいたいの場合、議員の先生たちが作る法律よりも強力である。

政治と経済学はアメリカではとくに相性が悪い。政治家はありとあらゆる理由をつけて、ありとあらゆる法律を作るけれど、彼らがどれだけいいことをしたつもりでも、彼らの作る法律は本物の人びとが本物の世界でインセンティヴにどう反応するかがてんでわかってない。

アメリカで売春が法律で禁止されると、取締りの労力の大部分はお客よりも売春婦に向けられた。これはまったくよくあるやり口だ。他の違法行為の市場と同じように——麻薬の取引や銃の闇市場を考えてほしい——政府はだいたい、モノやサービスを消費する人たちよりも供給する人たちを罰するのを好む。

でも、供給する側を牢屋に放り込めば希少性が生じ、必然的に価格は高くなり、供給する側になろうという人がもっと市場に参入してくる。アメリカの「麻薬撲滅戦争」はどちらかといえばうまくいかなかった。それはまさしく、買う人じゃなくて売る人を標的にしたからだ。麻薬を買う人はどう考えても売る人より多い。それなのに、麻薬関係の罪の懲役は、のべ年数で測って90%は売人が食らっている。

どうして世間は消費者のほうを罰するのを支持しないんだろう？　どうしようもなくなって悪事に手を染めた小物を捕まえるなんてフェアじゃないって思うかもしれない。一方、売る側を悪者扱いするのはとっても簡単だ。

でも、もしも政府が非合法な財やサービスの市場を本当にぶっ潰したいなら、ほしがる人を追いかけたほうがいいだろう。たとえば、売春婦を買った男は去勢に処す、なんてことになったら、市場は一気に縮むだろう。

１００年ほど前のシカゴでは、罰を受けるリスクはほとんど全部、売春婦のほうが背負っていた。いつ逮捕されてもおかしくないのに加え、売春婦は世間からとてもさげすまれていた。たぶん一番ひどい罰は、売春に手を染めた女の人はステキなお婿さんを見つけるなんてもう絶対にできなくなることだった。そういうもろもろをあわせれば、売春婦のお給料は、強い需要を満たせるだけの女の人を呼び寄せられるほど高くなければならなかったのがわかるだろう。

もちろん一番がっぽり儲けたのは、売春ピラミッドの頂点に立つ女の人たちだった。エヴァリー・クラブが店じまいしたとき――シカゴ売春委員会もやっと使命を果たしたのだ――アダとミンナのエヴァリー姉妹は、今日のお金で２２００万ドルも貯めこんでいた。

エヴァリー・クラブがあった豪邸はずいぶん昔になくなった。レヴィー地区も今はもうない。エヴァリーがあった街角は１９６０年代になくなり、高層団地が建てられた。

でも、その場所がシカゴのサウスサイドであることに変わりはなく、売春婦たちは相変わらずそこで仕事に精を出している。ラシーナも黒と赤のジャージを着てがんばってる。まあ、彼女たちは、ギリシャの詩を吟じてくれたりは絶対にしないだろうけど。

ラシーナはスディール・ヴェンカテッシュが最近知り合ったたくさんの売春婦の1人だ。ヴェンカテッシュはニューヨークにあるコロンビア大学の社会学者で、院生時代をシカゴですごし、今も調査のためにシカゴへしょっちゅう帰っている。

シカゴにやってきたころ、彼は過保護で甘っちょろくてグレイトフル・デッドが大好きなガキだった。おおらかなカリフォルニアで育った彼は、人種間で、とくに黒人と白人が激しくやりあう大都会の熱気を真っ向から受け止めようと、やる気まんまんだった。黒人でもなければ白人でもないことがヴェンカテッシュにとって好都合だった（彼はインド生まれなのだ）。そのおかげで、彼は学界（こっちは圧倒的にシロい）でもサウスサイドのゲットー（こっちはものすごくクロい）でも、戦線の向こうにもぐりこむことができた。そう経たないうちに、彼は界隈を取り仕切り、主にクラック・コカインを売りさばいて稼いでいる街のギャングに入り込んでいた。（そうです。『ヤバい経済学』のヤクの売人の章では、ヴェンカテッシュの調査を大きく取り上げました。この度、彼にもう一回助けてもらうことにします）。そうしているうちに、彼は界隈の闇経済の権威になった。ヤクの売人の調査が終わり、彼は売春婦の世界に移ったのだ。

でも、ラシーナみたいな女の人を1人か2人インタビューしても、わかることはそんなにない。売春市場を本当にわかりたければ、本物のデータを溜め込まないといけない。

そういうのは、言うのは簡単だけどやるのはそうでもない。営み自体がご法度なわけだから、普通のデータ元（国勢調査とか確定申告とか）では役に立たない。それまでの調査は、売春婦に直接インタビューした場合でさえ、インタビューが行われるのはだいたいがお仕事が済んでからずいぶん経ってからだったし、誰か（たとえばヤク中の更正施設とか駆け込み寺とか）の仲介で行われていた。そういうことでは、偏りのない結果はなかなか引き出しにくい。

さらに、人目をはばかる営みのことを尋ねられると、人は自分のかかわり方を小さめに言ったり大きめに語ったりする。どちらになるかは、答えに何がかかってるかとか、誰に尋ねられたかで変わる。

メキシコの福祉制度、オポチュニダデスを見てみよう。この制度では、生活保護を受けたい人は持っている財産や家財道具を並べあげて申告しないといけない。生活保護が認められると、福祉関係の役人が訪ねてきて、申込用紙に書いてあったことが本当かどうか、調べられる。

チェザール・マルティネッリとスーザン・W・パーカーはともに経済学者である。２人は10万人を超えるオポチュニダデスの対象者のデータを分析した。彼らは、生活保護を申し込む人たちがある種のモノについてしょっちゅう実際より過少に申告しているのを発見した。乗用車やトラック、ヴィデオ録画機、衛星テレビ、洗濯機なんかがそうだ。でも、これに驚く人はいないだろう。生活保護を受けたい人たちには、自分は実際よりももっと貧乏だってフリをするインセンティヴが働く。でも、マルティネッリとパーカーの発見によると、そういう人たちはその他のモノに関しては過大に申告していた。家の中にトイレがあるとか水道が来てるとかガス・ストーヴがあるとか床はコンクリートだとか、そういうことだ。生活保護を受けようって人たちが、いったいなんで、生活に必要なそういう設備のことになると、持ってもいないのに持ってるなんて嘘をつきたいんだろう？

マルティネッリとパーカーは恥ずかしいからだという。どう見ても、生活保護を受けないといけないほど貧しい人でさえ、ウチの床は地べたですとかウチにはトイレもないですとか、福祉関係の役人に言いたくないってことだ。

売春みたいな人目をはばかるネタの場合、標準的なアンケートのやり方では信用できる結果は得られないのがヴェンカテッシュにはわかっていた。そこで彼は別のやり方を試すことにした。リアルタイムかつ現場でデータを集めるのだ。追跡担当を何人か雇い、通りの角っこに立たせたり売春宿でお姉さんたちに張り付かせたりして、彼女たちの取引のやり方を観察させ、また、お客が帰ってすぐに、微に入り細を穿《うが》つさらに詳しい取引の内容をお姉さんたちから聞き出させた。

追跡担当に雇った人たちのほとんどは元売春婦だった。そういう女の人のほうが正直な回答をもらえる可能性が高いから、これはとても重要な資格だ。それから、ヴェンカテッシュは調査に参加してくれた売春婦にもお金を払った。お金のためにセックスしようって人たちなら、お金のためにセックスの話だってしてくれるに違いないとヴェンカテッシュは考えたのだ。で、もちろんそのとおりだった。2年近い調査の間、ヴェンカテッシュは、サウスサイドにある三つ別々の界隈で、160人ほどの売春婦と2200件に及ぶセックスの取引データを集めた。

調査票にはほんとにいろんなデータが記録された。たとえばこんなのだ。

- セックスの具体的な内容とかかった時間の長さ
- 仕事をした場所（車の中、野外、室内）

- 受け取った現金の額
- 受け取ったヤクの量
- お客の人種
- お客のだいたいの年齢
- お客の魅力（10＝イケてる、１＝キモい）
- コンドームを使ったかどうか
- お客はご新規さんかなじみか
- わかるなら、お客は結婚しているか。働いているか。ギャングの関係者か。その界隈の人か
- お客から何か盗んだか
- お客は問題を起こしたか。暴力を振るったか、他の問題か
- セックスでお金を取ったか、それとも「タダマン」か

さて、それじゃデータはどんなことを語っているだろう？

稼ぎから始めよう。調べてみると、シカゴで立ちんぼしている典型的な売春婦は週に13時間働き、その間に仕事でセックスを10回行い、時給はだいたい27ドルだ。だから、売春婦のお姉さんは週にだいたい350ドル稼いでいることになる。これには彼女たちがお客から盗む平均20ドルも含まれている。また、売春婦によっては現金の代わりにヤクで支払いを受けることもあり、それも含む。そういうときのヤクは普通はクラック・コカインかヘロインで、だいたいは割安にカウントされる。ヴェン

カテッシュの調査に加わった女の人たちのうち、83％はヤク中だった。

ラシーナもそうだけれど、こういう女の人たちの多くは、売春以外にも仕事を持っている。ヴェンカテッシュはそっちのほうも追跡した。売春の稼ぎは他の仕事の4倍も割りがいい。でも、稼ぎがそれだけよくても、この仕事に付きまとう悪い面のほうも考えないといけない。ヴェンカテッシュの調査に加わった典型的な売春婦は、1年の間に何度も暴力沙汰の被害に遭う。参加した売春婦160人のうち、少なくとも3人は調査の期間中に亡くなった。「お客が暴力を振るうのは、ほとんどが何かの原因でイけなかったとか立たなかったとかいう場合だ」とヴェンカテッシュは言う。「で、恥ずかしくなる――『オレはお前なんかにゃもったいなすぎるな』とか『こんな女じゃ立たねえよ！』なんて言う。で、金返せとくる。男が男として役に立たなかったときに、そいつと何か交渉するなんてのは、誰だって絶対に止めといたほうがいい」。

さらに、お姉さんたちは今もそれなりに稼いじゃいるけど、100年前は一番安手の女郎でさえ今の皆さんとは比べ物にならないぐらい稼いでいた。昔の皆さんに比べれば、ラシーナみたいな人たちはタダ同然で働いている。

売春婦の稼ぎがこんなに減ったのはどうしてだろう？

需要が大幅に減ったからだ。いや、セ`ッ`ク`ス`の需要がってことじゃなくて。そっちは今でも根強いですから。でも売春は、どんな業界でもそうだけど、競争に大きく左右される。

売春婦に一番激しく競争を挑んでいるのは誰だろう？　単純だ。タダで男とセックスしようって女の人なら誰だって商売敵だ。

ここ数十年で性風俗がずいぶん変わったのは誰でも知っている。「行きずりのセックス」なんて言葉は1世紀前にはなかった（「セフレ」なんてもちろんなかった）。結婚せずにセックスだけするのはいまどきに比べてずっと難しかったし、受ける罰もずっと大きかった。

若い男を思い浮かべてほしい。大学を出たばっかりでまだ落ち着く気はない。で、セックスしたくなったとする。何十年も前だと、売春婦のお姉さんのお世話になるっていうのがたぶん彼のやることだった。売春は違法だったけど、売春やってる人を見つけるのは難しくなかったし、お縄になる可能性は微々たるものだった。目先で考えるとけっこうお金がかかったが、長い目で見ると売春はいい取引だった。ほしくもないのに子どもができたり、結婚するなんて約束させられたりする心配がなかった。１９３３年から１９４２年の間に生まれたアメリカ人の男のうち、少なくとも20％はプロのお姉さんで童貞を捨てている。

さて、同じ若い男が20年後にいたらどうだったか考えてみよう。性風俗は変わり、お金を払わなくてもヤれるセックスの供給はずっと大きくなった。この世代だと、プロ相手に童貞を捨てる男の割合はたったの5％だ。これは、この男の子やその友だちが、童貞は結婚まで大切に取っとこうなんて思ったからじゃない。彼らの世代では男の70％以上が結婚前に初体験を済ませている。20年前の世代だとたったの33％だ。

そんなわけで、婚外セックスは売春に取って代われる選択肢になった。有料セックスの需要が減るにしたがって、供給する人たちの稼ぎも減ったのだ。

売春業界が典型的な産業なら、ロビイストを雇って婚外セックスで権利を侵害されたと騒ぐかもしれない。婚外セックスを禁止しろとか、最低でも重い税金をかけろなんて運動を始めるかもしれない。アメリカの鉄鋼メーカーや砂糖農家は、競争のあおりを受けて——メキシコや中国やブラジルから安い製品が入ってきたときに——自分たちの国内製品を保護するべく輸入品に関税をかけさせた。

そういう保護主義の手口は決して新しいものではない。150年以上も前、フランスの経済学者フレデリック・バスティアは、『ろうそく職人の陳情書』で、「ろうそく、テーブル・キャンドル、ちょうちん、ろうそく立て、街灯、芯切りばさみ、ろうそく消しの製造者」、加えて「獣脂、石油、松脂、アルコール、および明かりにかかわるあらゆるもの一般の生産者」の利益を代表して陳情すると書いている。

バスティアの陳情によれば、これらの産業は「国外の敵との壊滅的な競争に苦しんでいる。敵はわが国における明かりの生産に比して明らかに有利な条件の下で活動しており、信じがたい低価格でわが国市場を自分の製品であふれさせている」。

この卑劣なる国外の敵とは？

「他でもない、太陽である」とバスティアは書いている。彼は、全国民が家に日光を入れるのを禁じる法律を作るようフランス政府に嘆願している。（ええそうです。バスティアの陳情書は風刺です。経済学者の連中は、こういうのをワルノリとかいって喜ぶのだ）。

ああ、売春業界にバスティアみたいな熱心な味方はいない。冗談でも味方をしてくれる人がいるかどうかさえ怪しい。そして砂糖や鉄の業界と違い、ワシントンの権力の回廊で幅を利かせてもいない。ただ、一応言っておくと、政府のえらいさんにおともだちはたくさんいるんだけどね。そんなわけだから、この業界の命運は、自由な市場の風をモロに受けて激しく揺れ動く。

他の犯罪に比べ、売春は地域の面で集中している。シカゴにおける売春絡みの逮捕は全件数のうち半分近くが、街全体の１％の３分の１にも満たない区画で起きている。そういう区画に共通する特徴ってなんだろう？　鉄道の駅や幹線道路に近く（売春婦はお客が見つけてくれやすいところにいないといけないから）、貧しい人がたくさん住んでいて、でも、貧しい地域のほとんどとは違い、女の人が世帯主の家計が圧倒的に多くはない、そんなところだ。

地域が集中しているので、ヴェンカテッシュのデータをシカゴ市警の市全体にわたる逮捕データと合わせれば、シカゴ全体で行われる売春の規模を推測することができる。結論：毎週だいたい４４００人の女の人がシカゴのどこかで立ちんぼしている。１年を通じると、１７万５０００人の男が合わせて１６０万回彼女たちのお世話になっている。売春というお仕事をしている女の人の数は１００年前のシカゴと同じぐらいだ。あれから街の人口は30％増えたことを考えると、住人１人当たりの売春婦の数は大幅に減ったことになる。変わっていないものを一つ挙げよう。少なくともお客にとって、売春はぎりぎりのところでご法度という程度だってことだ。データによれば、立ちんぼのお姉さんのお世話になる男がお縄になる可能性は１２００回に1回である。

ヴェンカテッシュは三つの地域で働く売春婦を調査対象にしている。ウェストプルマン、ローズランド、そしてワシントンパークだ。これらの界隈に住んでいるのはほとんどがアフリカ系アメリカ人だ。調査に参加した売春婦たちのほとんどもそうである。ウェストプルマンとローズランドは隣り合っていて、ウェストサイドにある労働者階級の住む界隈だ。昔はほとんど白人しか住んでいなかった（ウェストプルマンはプルマン列車工場の周りにできた街である）。ワシントンパークは何十年も前から貧しい黒人の住む界隈だ。これら三つの地域は、どこも、いろんな人種のお客が売春婦のお世話になりに来る。

売春婦にとって、1週間のうちダントツで暇なのは月曜日の晩だ。一番忙しいのは金曜日だけれど、彼女たちの稼ぎは典型的に土曜日の晩のほうが金曜日よりも20％ほど多い。

一番忙しい晩が一番稼げる晩でないのはどうしてだろう？

売春婦の値段を決める一番大きな要因はプレイの具体的な内容だ。どうしてかはいろいろなんだろうけど、土曜日のお客はいつもより高めのプレイを選ぶ。売春婦たちが普段やっているプレイ四つを考えてみよう。それぞれの値札はこんなふうだ。

〈プレイの内容〉	〈平均価格〉
手コキ	$26・70
フェラチオ	$37・26
本番	$80・05
アナル	$94・13

時とともに、他の「定番」の性行為に比べてフェラチオの値段が大きく下がっているのは興味深い。

エヴァリー・クラブの時代、男どもはフェラチオに2倍、3倍のお金を喜んで出した。それが今じゃ本番の半分もいかない。なんでだろう？

確かに、売春婦にとってフェラチオのコストは低い。妊娠する心配がないし、性病をうつされるリスクも下がる。（それからフェラチオには、とある公衆衛生学者が「脱出の容易さ」と呼ぶ特性もある。売春婦が警官とか怖い客とかからさっさと逃げられるからだ）。でも、フェラチオにそういういいところがあるのは前からずっとそうだった。昔むかしフェラチオの値段がそんなにも高かったのはどうしてなんだろう？

フェラチオの値段にはタブー税が含まれていたっていうのが一番的を射た答えだ。あの当時、フェラチオはヘンタイのすることだと思われていた。とくに信心深い人たちはそう思っていた。生殖の要件を満たすことなく性欲だけを満たす行いだったからだ。当然エヴァリー・クラブはそんなタブーに便乗し、喜んでお金儲けに精を出した。実際、クラブのかかりつけのお医者さんもフェラチオを熱心に勧めていた。経営陣は儲かるし、蝶たちもそのほうが疲れないからだ。

でも社会の風潮が変わり、フェラチオの価格は新しい現実を映して下がった。そんな好みの変化は売春に限った話ではない。アメリカのティーンエイジャーの間では、フェラチオがはやる一方、本番のセックスや妊娠の件数は減っている。偶然だよって言う人（や、もっとひどいことを言う人）もいるけれど、ぼくたちは経済の仕組みが働いているんだって言う。

売春婦の間でフェラチオの価格が下がり、おかげで需要は増えた。シカゴの売春婦が提供するプレイそれぞれの市場シェアはこんなふうだ。

〈プレイの内容〉	〈全プレイに占めるシェア〉
フェラチオ	55%
本番	17%
手コキ	15%
アナル	9%
その他	4%

「その他」のカテゴリーには、ストリップとか「お話しするだけ」（本当にめったにないことで、2000件を超える取引のうちほんの数件だった）とか、「お話しするだけ」とは正反対のいろんなプレイとかが含まれる。それこそ、想像力がものすごく豊かな読者の皆さんでさえなかなか思いつかないような突拍子もないプレイまである。なんにせよ、基本的にはそういうのがあるからこそ、いくらでもタダでセックスできるご時世に、売春市場は今も盛況なのだ。つまり、男どもはガールフレンドや奥さんがぜったいしてくれないことを売春婦のお姉さんにしてもらうのである。（ただ、一つ言っとかないといけない。ここで使っているサンプルの中でも並外れてヘンタイなプレイのいくつかは、家族のメンバーも一緒だった。それこそ、性別から世代から、ありとあらゆる組み合わせが全部あった）。

　売春婦はどのお客からも同じ料金を取るわけではない。たとえば黒人のお客は白人のお客に比べて、平均で9ドルぐらい安い。ヒスパニック系のお客はその中間だ。経済学者は、同じモノでも異なる価格で売るやり方に名前をつけている。価格差別化だ。

ビジネスの世界では、いつでも価格の差別化ができるわけではない。少なくとも次の二つの条件が揃わないといけない。

- もっと払ってもいいって思ってる種類に属することがはっきりわかる特徴をもったお客がいること。（はっきりわかるって点でいえば、肌が黒いか白いかというのはとてもはっきりした特徴だ）。
- 売り物が転売され、鞘を抜かれてしまうのを、売り手は食い止められること。（売春に関しては、転売は現実に不可能だ）。

こうした条件が揃えば、ほとんどの企業はいつだって価格差別化を行って儲けようとする。よく仕事で出張する人なら詳しいだろう。直前に押さえた航空券が、隣に座った観光客の払った代金の3倍もした、なんてことはよくある。美容院で髪の毛を切ってもらう女の人もよく知っている。男の人とほとんど同じような髪型なのに、料金は2倍もしてたりするからだ。あるいは、ドクター・レオナルドのオンライン・ヘルスケア・カタログを考えてみよう。このサイトではバーバー・マジックという散髪器を12・99ドルで売っている。また、サイトをウロウロしてみると、バーバー・マジック・トリム・ア・ペットは7・99ドルなのがわかる。二つの製品は同じものみたいに見える。ドクター・レオナルドは、ペットの毛を刈るよりも自分の髪の毛を刈るほうに人はお金をかけると考えているみたいだ。

シカゴの通りに立つ売春婦たちはどうやって価格を差別化しているんだろう？　ヴェンカテッシュは、お客が白人のときと黒人のときでは料金の決め方が違うのに気づいた。黒人のお客を相手にするとき、売春婦たちは普通、交渉の余地がなさそうな値段を提示する。（ヴェンカテッシュの観察によると、黒人のお客は白人のお客より値切ってくる可能性が高い。黒人たちのほうが界隈の事情に詳しく、だから相場をよく知っているからだと彼は考えている）。一方、白人のお客を相手に商売するときは、売春婦たちは相手に値段を提示させる。気前のいい支払いを期待してそうするのだ。データにはお客が黒人か白人かで価格に違いが見られる。彼女たちの作戦は成功しているようだ。

シカゴの売春婦にお客が払う料金を引き下げる要素には、他にたとえば次のようなものがある。


〈平均値引き幅〉

現金の代わりに麻薬で支払いを受ける場合	$7・00
野外プレイの場合	$6・50
お客がコンドームを使った場合	$2・00

麻薬で支払えば値引きしてもらえるのはそんなに驚きではない。売春婦はだいたい麻薬中毒だからだ。野外プレイでの値引きは、ある意味、時間給分の値引きとも言える。野外プレイは短い時間で終わることが多いからだ。でも、室内でのプレイの料金が高いのは他にも理由があって、普通、場所代

は売春婦が払わないといけないからである。誰かに家のベッドルームを貸してもらったり、家の地下室に布団を敷いたりしている女の人もいる。安いモーテルや、晩は店を閉めている１ドルショップを借りる人もいる。

驚きなのは、コンドームを使えば小幅ながらも値引きしてもらえることだ。もっと驚きなのは、コンドームを使う人がとても少ないことだ。本番とアナル・セックスだけで見ても、コンドームが使われるのは25％に満たない。（ご新規のお客はなじみのお客よりコンドームを使う可能性が高い。黒人のお客は他の人種のお客よりコンドームを使わない可能性が高い）。シカゴの典型的な売春婦は年に約３００回、生でセックスをしている。グッド・ニュースは、これまでの調査によると、街で売春婦を買う男のうちＨＩＶの感染者の割合は３％未満と、驚くほど低いことだ。（売春夫を買う男性客の場合はそうは言えない。割合は35％を超える）。

そんなふうに、売春婦の値段はいろんなことに左右される。プレイそのもの、いくつかの点でお客の特徴、それに場所まで、いろんなことだ。

でも驚いたことに、場所が同じなら、この売春婦もあの売春婦もみんな料金は実質的に同じだ。きれいなお姉さんならそれなりのお姉さんよりも料金は高いんじゃないかと思うかもしれない。でも、そういうことはめったにない。どうしてだろう？

ほとんどのお客は彼女たちを、経済学者が言うところの完全代替財と見ているというのが唯一気の利いた説明だ。つまり商品であって、どれをとっても同じようなものだということだ。食料品店で買い物をする人にとってバナナ１房はどれもほとんど同じだろう。売春市場によく来る男にとっても同

売春婦が	週給	1週間の平均プレイ回数
1人で働く場合	$325	7.8
ポン引き付きで働く場合	$410	6.2

じ原則が成り立っているようである。

　お客が大幅に値引きをしてもらおうと思ったら、間違いなく効く手はポン引きを通さずに直接売春婦を雇うことだ。そうすれば同じプレイでもだいたい16ドル安くなる。

　この計算はローズランドとウェストプルマンの売春婦から集めたデータに基づいている。この二つの界隈は隣どうしで、ほとんどの点で同じである。でも、ウェストプルマンの売春婦はポン引きを使い、一方ローズランドの売春婦は使わない。ウェストプルマンのほうがちょっと住宅街の色合いが強い。だから売春婦を通りから締め出そうという地域社会からの圧力がある。一方、ローズランドはギャングの活動が活発だ。シカゴのギャングは典型的にポン引きはやらない。自分たちが闇経済の活動に精を出している周りで他人がウロチョロしているのはイヤなのだ。

　この決定的な違いのおかげで、ぼくたちはポン引きが売春に与えるインパクトを測ることができる（ポン引き《pimp》のインパクト《impact》だから、以下ピンパクト《pimpact》と呼ぶ）。でもまず、大事な疑問を一つ：二つの地域の売春婦の母集団を比べていいなんてどうしてわかる？　ひょっとするとポン引きがついてる売春婦はついてない売春婦とは特徴が異なっているかもしれない。もしかすると、ポン引きがついてる人たちのほうが抜け目ないかもしれないし、ヤク中が少ないかもしれない。もしそうなら、ぼくたちが測っているのはピンパクトじゃなくて二つの地域の売春婦がどう違っているかにすぎないことになる。

でも調べてみると、ヴェンカテッシュの調査に加わった女の人の多くが二つの界隈を行ったり来たりしていた。ときによってはポン引きと一緒に、ときによっては１人で仕事をしていたのだ。おかげでぼくたちは、データを分析してピンパクトを抽出できた。

さっき書いたように、ポン引きの世話になるとお客が払う料金は16ドルほど高くなる。同時に、ポン引きを使うお客は高めのサービスを買う傾向がある。その手の紳士の皆さんは手コキしてくれなんて言わない。おかげで、売春婦の受け取る代金はいっそう高くなる。だから、ポン引きが取る典型的には25％の手数料を差っぴいても、売春婦は、より少ないプレイでより多く稼げている。

ポン引きで成功するには、売春婦が自分で捕まえられるのとは違う種類のお客を追いかけるといい。ヴェンカテッシュが調べたところによると、ウェストプルマンのポン引きは客引きにとても時間をかけている。ダウンタウンのストリップ・クラブや、隣のインディアナでやっている川船のカジノまで出かけて、だいたいは白人のお客を捕まえようと営業に励む。

でも、データが示すように、ポン引きは売春婦の稼ぎを引き上げる以外にもいろんな面で貢献している。ポン引きと仕事をする売春婦はお客に殴られることも少ないし、ギャングのメンバーにタダマンさせられることも少ない。

そんなわけで、あなたがシカゴの通りで立ちんぼやるなら、こんなにいいところばっかりのポン引きを使わない手はない、そんなふうに思える。手数料を払った後でさえ、ほとんどの面でも条件が改善している。他の業種の代理人たちもそれぐらい価値ある連中だったらどんなによかっただろう。

春以外のものを売る状況を考えてみよう。住宅用不動産だ。自分の身体を売るのにポン引きの手を借りることもできるし借りずに済ませることもできる。同じように、家を売るのに不動産屋さんの手を借りることもできるし借りずに済ませることもできる。不動産屋さんが取る手数料率はポン引きに比べてずっと低い。ポン引きなら25％、対する不動産屋さんは5％だ。でも、不動産屋さんの取り分は、普通、取引1件で何万ドルにもなる。

それじゃ、不動産屋さんは稼ぎの分だけ働いてくれてるんだろうか？

最近、3人の経済学者がウィスコンシン州マディソンの住宅の取引データを分析した。この街では、持ち主自身が売りに出す（for sale by owner で略してFSBO、フィズボと読む）市場が栄えている。FSBOMadison.com というウェブサイトがその中心で、家の持ち主は150ドルで売り広告が出せて、家が売れても追加の手数料はかからない。マディソンでFSBOが売った家と不動産屋さんが売った家をいくつかの切り口――価格、家や界隈の特徴、売りに出ていた時間の長さなど――で比べて、経済学者たちは不動産屋さん（realtor）が与えるインパクト（先ほどと同じ線でリンパクト《rimpact》と呼ぼう）を測った。

何がわかっただろう？

FSBOMadison.com で売れた家は典型的に、不動産屋さんが売った家とだいたい同じぐらいの値段だった。不動産屋さんにとってあんまり見栄えのいい話ではない。不動産屋さんを使って40万ドルの家を売ると、手数料はだいたい2万ドルだ。一方、FSBOMadison.com ならたった150ドルである。（最近行われた別の調査によると、典型的には約500ドルの固定手数料で仕事をする不動産屋さんで家を売りに出しても、売却価格の一定割合を取る普通の不動産屋さんと、やっぱりだいたい同じ価格だった）。

でも、ここには注意しないといけない大事なことがいくつかある。5％の手数料を支払えば、誰か他の人があなたの仕事を全部やってくれる。人によっては、家を売りたいときにこれは十分にお値打ちの取引だ。また、マディソンの結果が他の街にも当てはまるかどうかはわからない。さらに、調査が行われたのは住宅市場が強い時期だった。たぶん持ち主が自分で家を売りやすい環境だ。加えて、不動産屋さんを使わずに家を売ろうって人は、そもそも商売感覚が優れている類の人かもしれない。最後に、FSBOで売れた家は不動産屋さんで売れた家と平均では同じ値段だったが、売れるまでにかかった日数は20日長かった。でもまあ、ほとんどの人は、もう20日古い家に住んで2万ドル浮くなら喜んでそうするだろう。

不動産屋さんとポン引きが提供するサービスは基本的に同じだ。あなたの売り物を見込み客に売り込んでくれる。この調査でも示されているように、インターネットは不動産屋さんの強力な競争相手だ。でも、売るのがセックスなら、売り手を買い手に出会わせようというとき、インターネットはあんまりいい手ではない――少なくとも、今はまだだってことだけど。

そんなわけで、2種類の代理人それぞれが提供する価値を考えると、ポン引きのサービスは不動産屋さんのサービスよりもずっとありがたいことがわかる。結論は数学的に示せって人向けにはこうなる。

ピンパクト ∨ リンパクト

ヴェンカテッシュが調査をしていた期間、ウェストプルマンの売春を仕切るポン引きは6人いた。彼は6人それぞれと知り合いになった。みんな男だった。かつて売春の輪は、シカゴの中でもとくに貧しい界隈でさえ、だいたいは女の人が仕切っていた。でもそのうち、大きな稼ぎに誘われてやってきた男どもに乗っ取られてしまった。またしても、男がでしゃばってきて女の稼ぎの上を行ってしまう長い歴史の一例だ。

6人のポン引きの歳は30代の前半から40代の後半までさまざまで、「みんなよく稼いでいた」とヴェンカテッシュは言う。彼らの稼ぎは1年にだいたい5万ドルとのことだ。中には、車の修理工とか店長とかといった、表の仕事を掛け持ちしている人もいた。また、だいたいは自分の家を持っていた。ヤク中は1人もいなかった。

彼らの役目の中でも一番大事なものの一つに、警察への対応がある。ヴェンカテッシュは、ポン引きは警察、とくに1人の警官と仕事上のいい付き合いをしているのを知った。警官の名前はチャールズといい、パトロールを始めたころはポン引きを叩いたり捕まえたりしていた。でも、それは逆効果だった。「ポン引きを捕まえると、取って代わろうとするやつらが喧嘩をおっぱじめるんだ」とヴェンカテッシュは言う。「で、暴力沙汰は売春よりもひどい」。

それでチャールズは妥協することにした。ポン引きたちは子どもたちが遊んでいる間は公園に近づかない、売春はこっそりやると同意した。代わりに警察はポン引きたちをほうっておき、それから、もっと大事なことだけど、売春婦たちも逮捕しないと同意した。ヴェンカテッシュの調査の間、ポン引きが仕切る地域で公式に逮捕された売春婦は1人だけだった。ポン引きのおかげで手に入る有利な点の中で、逮捕されないというのは一番大きな一つだ。

でも、牢屋に放り込まれないために売春婦ができることは、ポン引きと働くことだけではない。シカゴの平均的な売春婦は450回に1回ぐらい仕事で逮捕され、10回逮捕されると1回ぐらいは懲役を食らう。

売春婦たちがどこにいるか、警察が知らないってわけじゃない。警察の上層部や市長が意図して売春業界が栄えるままにしているのでもない。むしろ、これは経済学者がプリンシパル・エージェント問題と呼ぶものをよく描いている事例だ。この問題は、何かの営みにかかわる2種類の人たちが、一見同じインセンティヴを持っているように見えて、実はそうではない場合に起きる。

この事例の場合、警察署長はプリンシパルだと考えることができる。彼は街の売春婦を減らしたい。一方、街に出る警官はエージェントだ。少なくとも筋論としては、警官のほうも売春を減らしたいと思っているが、ほんとに誰かを捕まえようというインセンティヴはそんなに強くない。警官によっては、売春婦がたかだか逮捕1件よりもずっと興味深いものを提供してくれる相手に見える。セックスだ。

ヴェンカテッシュの調査にも、そのことが大音響で鳴り響くぐらいはっきり現れている。彼が調査した売春婦の仕事全体のうち、だいたい3%は警官相手のタダマンだ。データは嘘をつかない。シカゴの通りに立つ売春婦は、警官に捕まるよりも、一発ヤられるほうが多いのだ。

立ちんぼの売春が嫌な仕事であるのはどれだけ書いても書き足りないぐらいだ。軽蔑されるし、病気に罹るリスクは高いし、暴力沙汰に巻き込まれる可能性もほとんどずっと高い。

中でも、ワシントンパークほどひどいところはない。ここはヴェンカテッシュが調査をした三つ目の場所で、ローズランドとウェストプルマンから北へ6マイルほど行ったところにある。経済的な衰退がひどく、よそ者はなかなか入れない。白人ならとくにそうだ。売春は四つの場所を中心に行われている。大きなアパートの建物が二つ、人通りの多い5ブロックの商店街、それにワシントンパーク自体だ。1870年代にフレデリック・ロー・オルムステッドとカルヴァート・ヴォークスが造った372エイカーの由緒正しい公園である。ワシントンパークの売春婦はポン引きなしで仕事をし、ヴェンカテッシュの調査対象の中で一番料金が安かった。

そういうことなら春を売らなくてもなんだってやりゃいいだろうにとあなたは思うかもしれない。でも、市場経済の常として、考えられる限り最悪の仕事でさえ、ちゃんとやるに値するところに価格が決まるのだ。ワシントンパークの女の人たちはひどい暮らしをしているかもしれないけれど、売春がなければもっとひどいことになるようだ。

そんなバカな、そう思いました？

この主張を支持する一番強い証拠は、ありえないところから出てきた。大昔から皆に愛されてきたアメリカの伝統、親族の集まりだ。毎年の夏、7月4日の独立記念日の前後になると、ワシントンパークはピクニックやパーティに集まったご親族一同やなんかの大人数のグループでいっぱいになる。そんなふうにしてやってくる人たちの中には、レモネードを飲みながらアイーダおばさんと、最近はどう、みたいな話をするだけでは満足できない人もいる。ワシントンパークの売春婦の需要は毎年この時期になるとロケットみたいにすっ飛ぶ。

そして売春婦たちは、いい事業家なら誰だってやることをするのだ。料金を約30％引き上げ、残業して取れるだけ客を取るのである。

とても興味深いのは、そんなふうに需要が跳ね上がるせいで、特殊な種類の労働者が現れたことだ。1年の間ずっと売春とは無縁の生活を送り、この売春婦が引っ張りだこの時期だけ他の仕事をほっぽって春売りに精を出すのである。こういうパートタイムの売春婦は、だいたいは子どもがいて一家の生活を支えている人だ。彼女たちはヤク中ではない。でも、ゴールドラッシュのときの山師や住宅ブームのときの不動産屋さんと同じように、彼女たちも稼ぐチャンスを見てそれに飛び乗る。

この章のタイトルになった疑問――立ちんぼやってる売春婦とデパートのサンタ、どうしておんなじ？――の答えはもうわかっただろう。どちらも、需要が高まるホリデイ・シーズンに仕事のチャンスを見つけ、短い期間で稼ぎまくる。

売春婦の需要は60年前に比べてずっと低い（休日には跳ね上がってちょっと戻る）という話はすでに書いた。そのとても大きな原因に、フェミニスト革命がある。

そう言われて驚いたなら、フェミニスト革命にはもっとありえない犠牲者がいるって話を考えてみよう。学校に通う子どもたちだ。

昔から学校の先生という仕事は女の人たちが牛耳ってきた。100年前、女の人が携われる中で、教職は料理に洗濯といった家事にかかわらない数少ない仕事の一つだった。（看護もそんな仕事の一つだったけれど、先生のほうがずっと目立つ。看護師1人当たり先生は6人いた）。当時、女性の労働人口のうち6％近くが先生で、これを上回るのは労務者（19％）、召使（16％）、洗濯婦（6・5％）だけだ。そして教職は、大卒の女性の間では、ダントツで人気のお仕事だった。1940年、大学教育を受けた30代前半の女性労働者のうち、驚くべき55％が教職に就いていた。

しかし、そう経たないうちに、頭のいい女性たちが手にする機会は何倍にも増えた。1963年の同一給与法と1964年の公民権法が威力を発揮し、女性の役割について社会の考え方が変わった。大学に行く女の子が増え、女性はどんどん労働人口に加わった。とくにそれまでほとんど立ち入り禁止だった、魅力ある仕事がそうだった。法律、医療、ビジネス、金融、そういった分野の仕事だ。（この革命の名もなき英雄の一つに粉ミルクの普及がある。おかげで、子どもを産んだお母さんたちがすぐに仕事に戻れるようになった）。

そういう厳しくて競争の激しい仕事は稼ぎも大きく、もっとも優秀にしてもっとも聡明な女性たちはみんなそういう仕事に群がった。1世代前に生まれていたら、彼女たちが先生になっていたのは想像に難くない。

でもそうはならなかった。その結果、学校の先生の業界は頭脳流出に悩むことになった。１９６０年、女の先生の約40％は知能指数やその他のテストで上位４分の１に入っており、下位４分の１に入っている女の先生はたった８％だった。20年後、上位４分の１に入る女の先生の割合は当時の半分にも満たず、下位４分の１に入る女の先生は当時の２倍を超えるところまで増えた。先生のお給料は他の仕事に比べて大幅に下がっていたけれど、そんなのは何の慰めにもならない。「先生の質は、もう何十年も落ち続けている」。ニューヨーク市の教育委員長も２０００年にそう言っている。「なのに誰もそのことに触れようとしない」。

だからといって、なにもすばらしい先生がぜんぜんいないなんて言っているわけじゃないのだ。もちろんすばらしい先生はたくさんいる。でも、時代とともに先生全体の能力は下がったし、一緒に教室での指導の質も悪くなった。１９６７年と１９８０年のアメリカを比べると、テストの点はＧＰＡ（訳注：学業成績全体の平均スコア。最低０、最高点４でつける）で１・２５点ほども下がっている。教育研究者のジョン・ビショップはこれほどの低下は「歴史上例を見ない」と言っている。彼によると、おかげで国全体の生産性がひどく損なわれ、さらに21世紀もこの傾向はそのまま続く。

でも、少なくとも、他の仕事に就いた女の人たちはいい目を見れたんだよね、そうでしょう？

微妙だね。すでに書いたように、最高の教育を受けた女の人でさえ、同じような男に比べると稼ぎは少ない。金融機関や事業会社といった肩で風切る業種ではとくにそうで、加えて女の人はものすごく少ない。女性のＣＥＯはここ数年でだいたい８倍に増えたけれど、それでも全ＣＥＯのうち女性は

1・5%にも満たない。アメリカの上位1500社で見ると、お給料が一番高い水準の役員のうち、女の人はたった2・5%ほどだ。過去25年間に全国でもトップ・クラスのビジネススクールを修了した人たち、つまりMBAの30%以上は女性であるのを考えると、これはなおさら驚きだ。今日、女性のシェアはさらに過去最高を更新して43%に達している。

経済学者のマリアンヌ・ベルトラン、クラウディア・ゴールディン、ローレンス・カッツの3人は、シカゴ大学MBAの男女2000人以上がその後どんなキャリアを歩んだかを分析し、この所得格差の謎を解こうとした。

彼らの得た結論はこうだ。性差別は男女の賃金格差のほんの一部しか説明できない。賃金格差の大部分を説明できるのは、むしろ欲求——というか、欲求の欠如——である。3人の経済学者は主な要因を三つ検出した。

- 女性は男性よりもほんの少しGPAが低い。また、もっと重要な要因として、女性は男性より、受講するファイナンスの講座数が少ない。他の条件が全部同じ場合、ファイナンスの知識があるかないかは生涯賃金と強い相関を持つ。
- 女性は男性ほど働かない。MBAになってから10年後、調査対象の女性たちは平均で週に52時間働いていたが、対する男性は週に58時間である。
- 女性は男性よりもキャリアが中断することが多い。働き出してから10年では、6カ月以上働いていない時期のあった男性のMBAは10%だけだが、女性のMBAでは40%に達する。

重要なのは、女の人の多くが、ＭＢＡになるような連中でさえ、子ども好きだという点であるようだ。ＭＢＡの女性のうち、子どもがいない人たちは、ＭＢＡの男性に比べ、平均の労働時間は３％少ないだけだ。でも子どもがいるＭＢＡの女性の労働時間は平均で24％少ない。「ＭＢＡは、労働時間が短かったり職歴が中断したりすると、金銭面でとても不利になる」。３人の経済学者はそう述べている。「ＭＢＡの母親たちの多く、とくに配偶者が裕福な人たちは、最初の出産から数年の間、ちょっと歩みを緩めるようだ」。

これはヘンな話だ。アメリカでもっとも優秀にしてもっとも聡明な女の人たちの多くはたっぷり稼げるようにとＭＢＡになったはずだ。でもそんな彼女たちがもっとも優秀にしてもっとも聡明な男の人と結婚し、そんな彼らもやっぱりたっぷり稼いでいるから、おかげで彼女たちはもうそんなに働かなくてもいいなんていう贅沢ができるようになる。

ということは、彼女たちがＭＢＡになるべくつぎ込んだ時間やお金は無駄だったたってことだろうか？　そうでもないかもしれない。ビジネススクールに行っていなかったらたぶん彼女たちはそんなお婿さんと出会ってもいなかっただろう。

所得の男女格差を調べるとき、考えなくてはいけない切り口がもう一つある。稼ぎが少ない女の人を負け犬だなんて考えるのではなくて、女の人にとってお給料が高いことは男の人ほどには意味のあるインセンティヴではないだけだと考えるのだ。女の人が子どもに弱いのと同じように、男の人はお金に弱いってことなんだろうか？

最近行われた一連の実験を考えてみよう。若い女性と男性を集めて20問の問題からなるＳＡＴ（訳

注：アメリカ版大学入試センター試験）っぽい数学の試験を受けてもらう。一つ目の形式では参加してくれた人に5ドル、問題を最後までやってくれた人に15ドルを一律で支払う。二つ目の形式では参加してくれた人に一律で5ドル、正解した問題1問当たり2ドルを支払う。

結果はどうだっただろう？

一律の金額を支払う形式では、成績は男性のほうが少しだけよく、女性よりも20問当たり平均で1問正解が多かった。一方、正しい答えに現金で報いる形式では、男性は女性をさんざんに打ち負かした。女性の成績は一律の金額を支払う形式をかろうじて上回るぐらいだったが、男性の成績は平均で20問当たり2問も正解が増えた。

◇◇◇◇◇◇◇◇◇◇◇◇◇◇◇◇◇◇◇◇

女の人たちの稼ぎがどうして男の人たちよりも少ないのか、経済学者はデータを集めては難しい統計学のテクニックを使って原因を抽出しようとやっきになっている。でも、根本的に難しいところがあって、それは、男と女はものすごくいろんな点で違うということだ。経済学者が本当はどんなことをやりたいと思っているかというと、こんな実験である。女の人をたくさん集め、彼女たちの男版のクローンを造る。男の人もたくさん集めてその逆をやる。で、どんなことになるか、高見の見物をする。二つの性別グループをそれぞれのクローンのグループと比べて仕事の面でどんな差が出るかを測れば、たぶん本当のことがいくらかわかるだろう。

あるいは、人間のクローンなんて造っちゃいけないってことなら、女の人をたくさん集め、でたらめに半分を選び、魔法で性別を男に変え、他の点はまったく変わらないようにしておいて、同時に男の人たちについても同じことをやるってことでもいい。

まことに残念ながら、経済学者もそんな実験をやらせてはもらえない。（まだね）。でも、ご本人なら話は別だ。やりたければやれる。そういうのは性転換手術って呼ばれている。

さて、手術とホルモン投与で、男が女として生きることを選んだら（男から女へ《male to female》の性転換でMTFと呼ばれている）、あるいは女が男として生きることを選んだら（こっちは女から男へ《female to male》の性転換でFTMだ）、何が起きるだろう？

スタンフォード大学の神経生物学者、ベン・バレスはバーバラ・バレスとして生まれ、1997年に男になった。42歳のときだ。ほとんどの自然科学と同じように、神経生物学界も男であふれかえっている。「同僚や学生たちは」彼の決心に「びっくりした」と彼は書いている。でも彼らは「みんなとても温かく迎えてくれた」。そして彼の学界での地位も高まったようだ。あるとき、バレスがセミナーで発表をした。セミナーを聞きに来ていた同業の科学者がバレスの友だちにこんな微妙な言葉を語った。「ベン・バレスのやってることは彼のお姉さんがやってることよりずっといいなあ」。でもバレスにはお姉さんなんかいない。この人は以前のバレス、つまり女性だったときの姿を見たのだった。

「女が男になるより男が女になるほうが問題は大きい」とバレスも認める。彼によると、問題は、ある種の分野――とくに科学やファイナンス――は男なら得意だが女だとそうではないと決めてかかられてしまうところにある。

一方、デアドラ・マクロスキーのことを考えてみよう。イリノイ大学シカゴ校の有名な経済学者だ。彼女はドナルドという男として生まれ、1995年、53歳のときに女になることにした。神経科学と同じように、経済学も男が圧倒的に多い分野だ。「スポケーンに引っ越して穀物倉庫の会社で秘書でもやろうと思ってた」と彼女は言う。そんなことをしなくても済んだわけだが、マクロスキーは確かに「経済学界の一部の人たちからホモだといって不利な扱いをされるのを感じた」と言う。「今もまだドナルドだったら、もうちょっと収入も増えてただろうね」。

マクロスキーとバレスはただのデータ二つにすぎない。クリステン・シルトとマシュー・ウィスウォールという2人の研究者が、大人になってから性別を変えたらお給料がどうなるかを体系的に調べたいと考えた。さっきぼくたちが書いたみたいな実験とは違う――なんだかんだ言っても、性別を変えた人の集団はでたらめに選んだサンプルではないし、そもそも、ことの前も後も、典型的な女でもなければ典型的な男でもない。それでも、結果はとても興味深い。シルトとウィスウォールによると、男性になった女性は男性になる前よりもほんの少し稼ぎがよくなり、一方女性になった男性は、平均すると、女性になる前よりも3分の1近くも稼ぎが悪くなる。

彼らの結論にはやまほど穴がある。とりあえず、サンプル数はとても少ない。MTFが14人、FTMが24人だ。さらに、彼らが調べたのは主に性転換カンファレンスで知り合った人たちだ。そういう人たちは、デアドラ・マクロスキーが「プロの性転換者」と呼ぶカテゴリーに属する。必ずしも代表的な人たちとは言えない。

「簡単に想像がつくよ」と彼女は言う。「つまり女になって女の人生を前向きに歩もうとしないで、性転換をした過去を振り返ってばかりいる人たちは、職場で一番の成功を手にするような人にはならないってことだよ」。（彼女は女性になったかもしれないけれど、経済学者はどこまで行っても経済学者なのだ）。

シカゴに話を戻そう。売春婦たちが立ちんぼしてるあたりから数マイルのところにあるおしゃれな界隈に、女として生まれ、そのまま女を続け、想像したこともなかったぐらいお金を稼ぐ人が住んでいる。

◇◇◇◇◇◇◇◇◇◇◇◇◇◇◇◇◇◇◇◇◇

彼女はテキサスの大家族の一員として育った。ほとんど崩壊していた家を出て軍隊に入り、電子工学を学び、航行システムの研究と開発を担った。7年後に民間人の世界に戻り、彼女は世界でももっとも大きい会社の一つでコンピュータ・プログラミングの仕事に就いた。5桁の結構な年俸をもらい、余裕で6桁の年俸を取る住宅ローンのブローカーと結婚した。彼女の人生はうまくいっていたが、でも同時に――同時に、そう、退屈だった。

彼女は離婚し（2人に子どもはいなかった）、病気の親戚の世話を手伝うということもあって、テキサスに戻った。再びコンピュータ・プログラマーの仕事に就いて再婚したが、この結婚も失敗に終わった。

仕事のほうもあんまりうまくいってなかった。彼女は頭がよく、能力があり、技術的にも進んでいた。たまたま彼女は外見も魅力的で、すばらしいプロポーションで愛想もいいブロンドである。職場ではいつも、とても好かれていた。でも、バリバリ仕事をするのは好きじゃなかった。そこで彼女は起業家になり、女手一つで事業を切り盛りして、週に10時間から15時間ほど働くだけで以前のお給料の5倍も稼げるようになった。彼女の名前はアリー、そして彼女の仕事は売春だ。

彼女はたまたまこの仕事に就いた。というか、少なくとも面白半分でこの業界に足を踏み入れた。家族は敬虔な南部バプティスト派で、アリーは「コルセットでも着せられそうなぐらい厳しく」育てられた。大人になっても同じだった。「知ってるでしょ。郊外へ行けば今月のお庭賞、一晩にビールは2杯まで、しかも7時までは絶対に飲むな」。でも、若くして離婚した彼女は、出会い系サイトに出入りするようになった。彼女は男が好きで、セックスが好きだった。で、面白半分でプロフィールの欄に「援交希望《エスコート》」って書いた。「なんていうか、そらきたって感じ」と彼女は思い出を語る。「ちょっと書いてみて、どうなるか見てみようって思っただけだったんだけどね」。

彼女のコンピュータは即座に返事であふれかえった。「クリックしまくったわ。最小化、最小化、最小化、って。追っかけるだけで精一杯」。

彼女は1人の男と会う約束をした。平日の午後2時のホテル、駐車場の南西の角っこだ。彼は黒のメルセデスに乗ってきた。アリーはいくら取ればいいのか見当もつかなかった。50ドルぐらいにしようかと思っていた。

彼は歯医者で――見てくれは悪くなく、結婚していて、完璧に優しかった。部屋に入るなり、アリーは不安になりながら服を脱いだ。今となってはどんなセックスをしたか具体的に思い出せないが（「今じゃもう、全部がピンボケみたいにぼわってなってる」と彼女は言う）、「ヘンタイなこととかはほんとになんにもなかった」のはよく覚えている。

ことが終わって、男は化粧台にお金を置いた。「こういうこと、初めてなんだろ?」と彼は尋ねた。アリーははったりをかまそうとしたけど無駄だった。

らか知っておかないといけない。

「オーケイ」と彼。「君がやらないといけないのはこんなことだ」。彼は講義を始めた。もっと注意しないといけない。見も知らない相手と駐車場で会ったりしてはいけない。会う前にお客のことをいくらか知っておかないといけない。

「彼は初めてのデートの相手として完璧だったわ」とアリーは言う。「今でも彼には感謝してるの」。彼が部屋を出て行ったので、アリーはすぐ化粧台のお金を数えてみた。２００ドル。「長いことタダでヤってきたから、１セントでもくれる人がいるなんて——なんていうか、ショックだった」。

彼女はその場で、プロの売春婦になりたくなった。でも、家族や友だちにバレるのが心配だった。そこで彼女はちょっとずつ進むことにした。他の街のお客を中心に相手にすることにしたのだ。プロプログラミングの仕事は減らしたけれど、それでもまだ、そんな仕事がバカバカしく思えた。そこで彼女はシカゴに引っ越すことにした。

アリーは大きな街では落ち着けなかった。ええ、シカゴは大きな街ですよ。でも、ニューヨークやロサンゼルスと違って、南部出の女の子が安心できるぐらいにはのんびりしていた。ウェブサイトを作り（コンピュータの技術が役に立ったわけだ）、徹底的に試行錯誤を重ねた結果、いい種類のお客を呼び込むにはどのエロサイトがよくてどのエロサイトが広告を載せるだけお金の無駄か、よくわかった。（ちなみに、勝ち残ったのはEros.comとBigDoggie.netだ）。

女手一つの事業にはいくつか有利なところがあった。なかでも、儲けを誰かと分け合ったりしなくていいのは大きなメリットだ。昔だったら、アリーみたいな人はエヴァリー姉妹みたいな人たちのところで働いていただろう。エヴァリー姉妹は女の子たちにたっぷりお給料を払ったけれど、同時に、自分たちがものすごくお金持ちになれるほどの上前をはねた。インターネットのおかげでアリーは自分で売春商売の女将もやり、自分で財産を積み上げられるようになった。インターネットには「中抜き」する——代理店だの仲買だのを追い出す——すばらしい機能があり、旅行や不動産、保険、それに株式や債券の取引といった業種で、この機能が大きな威力を発揮しているって話はさんざん言われてきた。でも、高級売春婦ほど中抜きが自然に、しかもぴったり合う業種は他に考えられない。

不利な点といえば、アリーは自分で見込み客を選り好みして、殴られたりだまされたりなんてことがないようにしないといけないところだ。彼女はとても単純でとても賢い解決策を思いついた。新しいお客がオンラインで連絡してきたら、まず相手の本当の名前と職場の電話番号を確保するまでは予約を受けない。それから、デートの朝にその人に電話をする。表向き、お会いできるのがとっても楽しみですって言うためだ。

でも、電話するのは、いつでもあなたを捕まえられるよ、もし何か問題を起こしたら職場に押しかけるかもしれないよ、と相手に教えるためでもある。「『ブチギレした売女』なんてお約束の出し物、誰も見たくないでしょう?」と彼女はにっこりしながら言う。今日まで、彼女がこの作戦をほんとに実行したことは1回しかない。お客が代金を偽札で払ったときだ。アリーが職場に乗り込むと、彼はすぐに本物のお金を差し出した。

彼女は自分のアパートで、だいたいは昼間にお客と会う。ほとんどのお客は中年の白人で、80%は結婚している。彼らは晩に遅くなるより仕事中にこっそり抜け出すほうが簡単なのだ。晩は本を読もうが映画へ行こうがただぼーっとしてようが自由なのがアリーは気に入った。料金は1時間300ドルにした。彼女並みに器量のいい人たちはだいたいそれぐらいもらってるみたいだったからだ。それに、割安なオプションをつけた。２時間なら５００ドル、お泊りで12時間なら２４００ドルだ。仕事の60％ぐらいが１時間コースである。

彼女の家のベッドルームは――「あたしのオフィス」、彼女は笑ってそう呼ぶ――バカでかいヴィクトリア様式のベッドに占領されている。ベッドの四隅には彫刻を施したマホガニーの柱がそびえ立ち、それを白っぽいシルククレープのカーテンが覆っている。こんなベッドに入るのはあんまり簡単とは言えない。お客で誰か失敗した人がいませんかと尋ねると、彼女は太った紳士が最近ほんとにベッドを壊したと告白した。

アリーはどうしたんだろう？

「このオンボロ、前から壊れてたのよ、直してなくてごめんねって言ったの」。

彼女は誰にでも何かいいところを見つけ出す、そんな人だ。そういうのも事業で成功できた一因だと彼女は信じている。彼女は自分のところへやってくる男たちが純粋に好きで、だから男たちも、セックスを脇においてもなお彼女のことが好きになる。彼らはよく贈り物を持ってくる。アマゾン・ドットコムのギフト券１００ドル、いいワイン１本（彼女はあとでラベルをググっていくらぐらいかチェックした）、それから一度は新品のマックブックをもらった。男たちは彼女に甘い言葉をかけ、彼女の美しさや部屋の内装を褒め称える。いろんな形で男たちは、本当だったら奥さんに見せててもよさそうなのに実際はあんまり見せてない、そういう態度で彼女に接する。

アリーぐらい稼ぐ女の人たちは、だいたいが自分のやっていることを「援交《エスコート》」と呼ぶ。アリーは自分と同じ生業の友だちの話をするとき、彼女たちのことを「女の子」と呼ぶ。でも彼女はごまかしたりしない。「『淫売』ってのも好きだし『エンコウ女』ってのも好き。どの呼ばれ方もみんな好き」と彼女は言う。「だってさぁ、あたしは自分がなにやってるかわかってるもん。ごまかしてもしかたないでしょ」。アリーは1時間で500ドル取る友だちを引き合いに出した。「その子、100ドルでおしゃぶりする立ちんぼの女の子たちと自分はぜんぜん違うって思ってるけど、あたしのほうはこんなかんじ。『いやいやいや、あのねお嬢さん、あんたあの子らとぜんぜんおんなじエンコウ女だから』」。

この件ではアリーは間違ってる可能性が高い。彼女は自分が立ちんぼ組の売春婦たちと変わらないと思っているけれど、彼女は本質的に、その手の女の人よりもむしろ時間貸しのご褒美《トロフィ》ワイフに近い。彼女が売ってるのは本当はセックスじゃない。少なくともセックスだけじゃない。彼女は男たちにほんとの奥さんをもっと若くてもっと大胆なセックスをする奥さんに取り替えるチャンスを与えているのだ。それも、そんなことをほんとにやろうとするとつきまとう苦労や長い目で見るとのしかかってくる出費に悩まされることもなく。1時間か2時間、彼女は理想の奥さんになってくれる。美しくて気が利いて賢くて、あなたが言う冗談に笑ってくれて、あなたの欲望を満足させてくれる、そんな奥さんだ。あなたが会いに行けば彼女はいつでも喜んでくれる。あなたのお気に入りの音楽ももう流れているし、お気に入りの飲み物もよく冷えている。彼女はあなたにゴミ出しといてなんて絶対言わない。

お客にマニアな要求をされた場合、自分は他の売春婦よりも「ちょっとだけ許しちゃうほうかな」とアリーは言う。たとえばテキサスにいたころからのお客で、今でもよく彼女のお世話になりに飛行機で飛んでくる紳士がいる。この人はブリーフケースにオモチャを詰めこんできて、逢瀬でそれを使わせてくれと言う。2人の逢瀬を見ても、ほとんどの人はいわゆるセックスだとは思わないだろう。それでも彼女は絶対コンドームを付けてくれと言い張る。

お客が100万ドル出すから生でヤらせてくれって言ったらどうする？

この質問に、アリーはちょっと間をとって考えた。それから経済学者が逆選択と呼ぶ問題をとてもよくわかっているのを見せてくれた。彼女はそれでも生じゃヤらないと断言した。生のセックス1回に100万ドル出すような頭のおかしいお客なら、何が何でも避けたほうが身のためな、頭のおかしいお客に決まってるからだと言う。

シカゴでこの商売を始めたころ、アリーの料金は1時間300ドルだった。需要はほとんど天井知らずだった。彼女は身体の事情が許す限りお客を取り、週に30時間近く働いた。しばらくの間そうしていたが、車のローンを払い終わり、いくらかお金も貯まったところで、週に15時間まで仕事を減らした。

それでも、自分の1時間の価値は300ドルよりもっと高いんじゃないかとアリーは思い始めた。とりあえずこの料金でも、週に15時間働けば1年間では20万ドルを上回る。

あるとき彼女は料金を1時間350ドルに引き上げた。需要は減るだろうと思ったが減らなかった。そこで数カ月後、料金を400ドルに引き上げた。それでもやっぱり、それとわかるほど需要は減らなかった。アリーはちょっと頭にきた。どう見ても彼女は最初からずっと、ちょっと安く売りすぎていたのだ。でも、少なくとも彼女は、ちょっとした価格差別化で、料金の変更を戦略的に実行することができた。いいお客には値上げを免除し、一方よくないお客には1時間で400ドルになったと告げた。それで渋い顔をされたら、そのお客と手を切るいい言い訳になった。彼女を求めてやってくる新しいお客はいつだっていた。

彼女がまた料金を引き上げ、450ドルにするのにそれほど時間はかからなかった。その数カ月後、料金はさらに上がって500ドルになった。数年の間に、アリーは価格を67％引き上げたことになる。でも実際には、需要はまったく減らなかった。

値段を上げたら驚いたことがもう一つある。お金を取れば取るほど本番のセックスをすることが減ったのだ。1時間300ドルのときは1時間の予約が延々続き、男はそれぞれ1時間でヤれるだけヤって帰っていく。でも1時間500ドルにしてみると、よくお酒を飲みに行ったりごはんを食べに行ったりするようになった。「ごはんで4時間、おしまいにセックスで20分」と彼女は言う。「あたし、300ドルもらってたときとおんなじ女の子で、おんなじ服着て、おんなじ話しかしてないのにね」。

彼女は景気がいいおかげでそうなのかもしれないと察した。2006年から2007年のことで、彼女が会った銀行員や弁護士、不動産屋さんにとって、この時期はイケイケだった。でも、彼女のサービスを買う人はだいたい、経済学の言葉で言えば、価格感応度が低かった。セックスの需要は、どちらかといえば、一般的な経済の仕組みとは違ってるみたいだ。

ぼくたちが推測したところでは、シカゴにアリーみたいな売春婦は、自分の身体一つでやってる人も援交クラブで働いてる人も合わせ、1000人もいない。ラシーナみたいな子がやってる立ちんぼの売春婦はアメリカで最悪の仕事かもしれない。でもアリーみたいなエリート売春婦だと職場を囲む環境はまったく違う。お給料は高いし、お仕事の時間はフレックスだし、暴力を振るわれたり逮捕されたりするリスクもどちらかというと小さい。だから、ほんとの疑問は、どうしてアリーみたいな人が売春婦になるのかじゃなくて、どうしてこのお仕事を選ぶ女の人がもっといないのかってことのほうだ。

まぁ確かに、みんながみんな、売春に向いてるわけじゃない。十分セックスが好きじゃないといけないし、結婚とかいくつかあきらめないといけないものもある（まぁ、とても理解があるとか、とても欲が深いとかいう人が相手なら別だけど）。それでも、１時間の稼ぎが５００ドルなら、そんな悪い面も、もうなんだかどうでもいいって気がするかもしれない。実際、アリーが長年の友だちに、売春婦になったんだと言って新しい生活の話をしたら、その子がウリを始めるのにほんの数週間しかかからなかった。

アリーは警察のお世話になったことは一度もないし、お世話になることがあるとも思っていない。実際、売春が合法になったら彼女はむしろ慌てるだろう。彼女が天まで届きそうな料金を取れるのは、彼女のサービスが合法的には決して手に入らないからだ。

アリーは自分の土俵を極めている。彼女は抜け目のない事業家で、経費を低く抑え、品質管理を行い、価格差別化を学び、市場の需要と供給の法則をよくわかっている。そのうえ彼女は仕事を楽しんでいる。

とは言うものの、アリーはそろそろ出口戦略を探っている。今では30代前半になり、依然として魅力的な女性ではあるけれど、花の色はうつろうものだと彼女にはわかっている。ロートルのスポーツ選手みたいに、辞めどきなのが見えてない老いた売春婦を見ると、アリーはかわいそうに思う。(そんなスポーツ選手の1人で、将来は野球の殿堂入りするのが確実な人が、アリーが南アメリカで休暇を楽しんでいるときにナンパしてきた。アリーがプロだとわからなかったのだ。彼女は断った。お休みのときまでお仕事したくないよって思ったからだ)。

秘密の生活を送るのに疲れてしまったというのもある。家族も友だちも、彼女が売春婦をしてるとは知らなかったし、いつもウソをつき続けるのもイヤになった。彼女が気を許せるのは同じ商売をやってる他の女の子たちだけで、そんな彼女たちは親友というわけではなかった。

アリーはお金を貯めていたけれど、まだ引退できるほどではない。そこで次に何をしようかと考え始めた。彼女は不動産の営業担当者の免許を取った。住宅ブームは最高潮だったし、今の仕事から新しい仕事に移るのはとても単純に思えた。どちらもフレックスで働けたからだ。でも、おんなじことを考えてる人はたくさんいた。不動産屋さんの参入障壁はとても低く、ブームが起きるたび、不動産の営業をやる人は大幅に増える。過去10年で、全国不動産協会の会員は75%増えた。そのおかげで彼らの所得の中央値は下がった。それに、稼いだ手数料の半分を雇い主の不動産会社に払わないといけないと聞いて、アリーは唖然とした。ポン引きだってそんなにふんだくろうとはしないのに!

最終的に、アリーは自分が本当にやりたいことがわかった。大学に戻るのだ。自分で事業を切り盛りして学んだこと全部を経験として生かし、うまくいったら、そんな新しい知識を、自分の身体に頼らなくてもバカみたいに儲かる仕事で使おうというのだ。

彼女が選んだ学問は? そんなの決まってるでしょ。経済学だよ。

Chapter 2

第2章 自爆テロやるなら生命保険に入ったほうがいいのはどうして？

Why Should Suicide Bombers Buy Life Insurance?

ウガンダの南東部で来年子どもが生まれるって知り合いがいたら、その子が5月に生まれませんようにって心の底から祈ったほうがいい。もし5月に生まれたら、その子は大人になるころまでに、目か耳か学習能力に障害を抱えている可能性が普通よりだいたい20％も高いのだ。

でも今から3年後、5月は子どもを産んでも大丈夫な月になっている。ただ、危険は別の月に移っただけで消えたわけじゃない。悲惨な月は4月になっているのだ。

こんなヘンなパターン、どうして起こるんだろう？　答える前に、こんなことを考えよう。同じパターンが地球の裏側のミシガン州でも起きている。実際のところ、5月にミシガン州で生まれるのはウガンダで生まれるよりさらに危ない。

経済学者のダグラス・アーモンドとバシュカール・マジュムダーはこの奇妙で厄介な現象に単純な

答えを見つけた。断食月《ラマダン》だ。

ミシガン州にはイスラム教の人がけっこういる地域がいくつかある。ウガンダの南東部もそうだ。イスラム教の人たちは、断食月にはずっと、昼の間は飲んだり食ったりしない。イスラム教徒の女性は妊娠しているときでさえ、ほとんどが断食に参加する。なんだかんだいって、24時間ずっと飲み食いしないわけじゃない。それでも、アーモンドとマジュムダーが何年にも及ぶ出生データを調べてみると、断食月にお母さんのおなかにいた赤ん坊は、発育に影響が出る可能性が高いのがわかった。影響の大きさは断食月が始まったときに妊娠のどの段階だったかで決まる。断食が妊娠の最初の月だと影響は一番大きい。でも、お母さんが断食するのが8カ月目までならいつでも影響が及びうる。

イスラム教では太陰暦を使っているから、断食月の始まる日は毎年11日ずつ早くなる。2009年の場合は8月21日から9月19日で、だから一番運の悪い生まれ月は2010年の5月になる。3年経つと、断食月は7月20日に始まるから、一番危ない生まれ月は翌年4月だ。断食月が夏時間の季節だと危険はいっそう高まる。昼が長く、だから飲み食いできない時間も長いからだ。生まれてくる子どもに対する影響はウガンダよりもミシガン州のほうが大きい可能性がある。夏のミシガン州では昼が15時間ある一方、赤道直下のウガンダでは一年中昼の長さはだいたい同じだからだ。

オーバーでもなんでもなく、人の一生は生まれたときの偶然で大きく左右される。時間、場所、環境、そういうことに関する偶然である。動物だって、おなかにいるときのそんなルーレットに振り回される。サラブレッド飼育の総本山のケンタッキーでは、2001年に謎の病気が蔓延し、500頭の子馬が死産になり、約3000頭が流産した。2004年、この小さい年齢階級集団《コーホート》がアメリカ・

クラシック三冠レースに出走する3歳馬になり、スマーティ・ジョーンズが三冠のうち二つを取った。この馬は、母馬がケンタッキーで種付けされたのだが病気に罹る前に本来の厩舎があるペンシルヴァニアに返されたのだ。

そういう出生時の影響はみんなが思っているほど珍しくない。ダグラス・アーモンドは１９６０年から１９８０年のアメリカ国勢調査のデータを調べ、あるグループの人たちが一生を通じてひどい目に遭い続けているのを発見した。彼らはほんの数カ月早く生まれた人たちに比べてもほんの数カ月遅く生まれた人たちに比べても、病気に罹る可能性が高く、生涯所得は低かった。この人たちは国勢調査の中で、考古学的記録に残る火山灰の層みたいに浮き上がっている。二つの普通の層に挟まれた、不吉なたたずまいのする細い縞が１本、そんな感じだ。

何があったんだろう？

この人たちは１９１８年に「スペイン風邪」がはやったときにお母さんのおなかにいたのだ。身の毛もよだつような伝染病で、ほんの数カ月の間に50万人を超えるアメリカ人が亡くなった。亡くなった人の数で言えば、これは20世紀に起きた戦争で戦死したアメリカ人を全部合わせたよりもさらに多いとアーモンドは書いている。

一方、スペイン風邪に罹ったけれど生き残った人がアメリカには２５００万人いた。子どもを産める歳の女性のうち3人に１人がそれに含まれていた。大流行したスペイン風邪に感染した妊婦さんの赤ん坊は、断食月の赤ん坊と同じように、よくないときにお母さんのおなかにいたことで一生つきまとう傷を負った可能性が高かった。

そういうのほど悲惨じゃないけれど、生まれるときに受けた影響が人の将来に大きな影を落とす例は他にもある。学術論文を何人かで一緒に書いたら、慣習として書いた人の名前はアルファベット順に並べることが多い。経済学者の間ではとくにそうだ。ある経済学者が、たまたまアルバート・ジズモア（Albert Zyzmor）という名前だったとして、名前がたとえばアルバート・アアブ（Albert Aab）じゃないことは、この人にとってどんな意味を持つだろう？　とある（実在の）経済学者2人がこの問題に取り組んで、こんな結論を出した。他の条件がすべて等しければ、アアブ博士のほうがトップレベルの学校で終身教授の地位を得たり、計量経済学会で特別会員に選ばれたり（万歳っ！）、ノーベル賞まで取ったりする可能性が高い。

「実は」と経済学者2人は論文を締めくくっている。「私たちの1人は今、苗字の頭文字を取ってしまおうかと検討中である」。問題の名前：ヤリーヴ（Yariv）。

あるいはこんなことを考えてみよう。年の初めごろに世界レベルのサッカー・チームのロッカー・ルームへ行くと、その年のもっと後になってから行くよりも、誕生日のお祝いをやっているのに出くわす可能性が高い。最近集計してみたところ、イギリス全国の青少年サッカー・リーグでは選手の半分が1月から3月に生まれた子たちで、残りの半分はそれ以降の9カ月に散らばっている。同じようなドイツのチームでも、一流選手のうち52人は1月から3月の生まれで、10月から12月に生まれた人は4人しかいなかった。

どうしてこんなに誕生日が偏ってるんだろう？

一流選手といえば、だいたいはとても若いころからそのスポーツをやっている。子どものスポーツは年齢で分けられるから、リーグは自然と節目の誕生日を決めることになる。ヨーロッパの青少年リーグではそんな節目の誕生日を12月31日にしている。

さて、あなたは7歳の子たちのリーグでコーチをしていて、２人の選手を評価しているところだとしよう。１人目（ジャンって名前にしよう）は１月１日生まれ、２人目（こっちはトーマスだ）は３６４日後の12月31日生まれである。ルールの上では２人はともに7歳だが、実際のところジャンはトーマスより１歳上だ。幼いころだと、これはとても有利である。トーマスよりもジャンのほうが大きくてすばやくて成長している可能性が高い。

だから、２人を比べるときあなたが目にするのは能力そのものじゃなくて成長の度合いかもしれない。でも、チームで一番いい選手たちを選ぶのが目的なら、そんなのあんまり関係ない。もう１年成長を待ちさえすればスター選手になる子がいたとしても、だ。

で、そうやって周期が生まれる。毎年毎年、ジャンみたいな大きい子が選ばれ、後押しを受け、アドヴァイスをもらい、試合に出してもらう。一方、トーマスみたいな子はそのうち落ちこぼれてしまう。「相対年齢効果」として知られるようになったこの現象は、いろんなスポーツに色濃く現れていて、プロのレベルにまで及んでいる。

K・アンダース・エリクソンは情熱的でひげ面で体のデカいスウェーデン人だ。世界中に散らばった、相対年齢効果を研究する陽気な一味の首謀者である。現在はフロリダ州立大学の心理学の教授であり、能力のうち何割が「生まれつき」で何割が「育ち」かを実証研究している。彼の結論：ぼくたちは「天賦の才」とかってやつをものすごく買いかぶっている。「人には生まれたときに決まってしまって変えようがない限界みたいなものがあると思ってる人がたくさんいる」と彼は言う。「でも、できるようになろうって長いこと練習しなくても並外れた成績が出せる人が誰かいるっていう確かな証拠は、実はびっくりするぐらい見つかってないんだよ」。言い換えると、優れた実績を出す人は――やってることがサッカーでもピアノでも、手術でもコンピュータのプログラミングでも――ほとんどいつも作られるのであり、生まれるのではない[*]。

それから、はいはい、おばあちゃんがいつも言ってましたよね、習うより慣れろって。そのとおりです。でも、漫然とやっててもダメです。名人の域に達したければエリクソン言うところの「意識的な練習」を積まないといけない。ハ短調で100回弾くとか肩が抜けるまでサーヴを打つとかだけじゃダメだ。意識的な練習には重要な要素が三つある。具体的な目標を立てること、すぐに評価を受けること、それに、結果と同じぐらい技術にも集中することだ。

何かにとてもうまくなる人が、若いころに「才能に恵まれている」ように見える人と同じ人とは限らない。ということは、人生の進路を決めるなら自分が好きなことを選ぶのがいいということだ。ええええ、これもおばあちゃんが言ってましたよね。自分のやってることが好きでないと、とてもうまくなれるほど必死に練習できないでしょう。

ひとたびそういう目で見始めると、誕生日の偏りがあっちこっちで目につく。メジャー・リーグの野球選手を見てみよう。アメリカの少年野球では、7月31日が節目の誕生日だ。アメリカ生まれの男の子を調べてみると、8月生まれの子が野球選手になる可能性は7月生まれの子よりだいたい50%も高い。星占いでも本気にしているのでなければ、かに座じゃなくてしし座の生まれだからってだけで、メジャー・リーグのピッチャーが投げるカーヴを打つのが50％もうまくなるなんて言い張れるとは思わないだろう。

誕生日効果はとてもはっきり現れているけれど、だからってその影響をあんまり重視するのも正しいとはいえない。生まれるタイミングには、ぎりぎりのところにいる子を押し込んでやるぐらいの効果はあるかもしれないが、他の要因のほうがずっとずっと強力だ。お子さんにメジャー・リーグの選手になってほしかったら、何よりも一番大事なのは――8月生まれなんていうタイミングとは比べ物にならないぐらい大事なことだ――赤ん坊が絶対にX染色体を2本持って生まれてこないようにすることだ。それから、お嬢さんじゃなくて息子さんだった場合、ある要因一つがあればメジャーの選手になる可能性はそこらにいる男の子の800倍にもなるのを知っておいたほうがいい。

こんなに強力に影響するものっていったいなんだろう？

お父さんがメジャー・リーグの選手であることだ。だからお父さん、息子さんがメジャーに入れな

＊　何年か前、ぼくたちは『ニューヨーク・タイムズ・マガジン』のコラムで「スターは作られる」という記事を書き、誕生日が偏ってるって話とエリクソンの才能に関する研究の話をした。その記事を広げてこの『超ヤバい経済学』の1章にしようと思っていた。ああ、ぼくたちは書きかけの文章を1章分まるごとあきらめるはめになった。コラムが世に出てからこの本を書き終えるまでの間に、その界隈は突然、エリクソンの研究に光を当てた他の本でごった返すようになったからだ。そういう本には『天才！　成功する人々の法則』（マルコム・グラッドウェル著、勝間和代訳、講談社、２００９年）、『天賦の才なんて当てにならない（*Talent Is Overrated*）』（ジェフ・コルヴィン）、『タレント・コード（*The Talent Code*）』（ダン・コイル）なんかがある。

かったら、悪いのはあなたですよ。子どものころもっと練習しとけばよかったですね。

野球選手を生むご家庭もある。かと思えばテロリストを生むご家庭もある。常識では、典型的なテロリストといえば貧しい家の出で自分もろくな教育を受けていない、そんな人だ。これは筋が通っているような気がする。収入が少なく、学もないご家族に生まれた子どもは、平均よりも犯罪を犯す可能性が高い。それならテロリストだってそうじゃないの？

それを調べようと経済学者のアラン・クルーガーはヒズブッラーのニューズレターである『アルアハド』（誓い）をしらみつぶしに調べ、129人のシャヒード（殉教者）の詳しい経歴データを積み上げた。それから、それをレバノンの一般的な人口のデータと比べた。彼の発見によると、テロリストは貧しい家庭の出である可能性が低く（28％ vs 33％）、高卒以上である可能性は高い（47％ vs 38％）。

クロード・ベレビはパレスティナで自爆テロをやった人について同じような分析を行った。貧しい家の出の人は16％しかいなかった。パレスティナ人の男全体では30％である。一方、高卒以上である人は、自爆テロ犯の60％以上であるのに対し、人口全体では15％だ。

一般的に言って、「テロリストは、中流から高所得の家庭の出身で、いい教育を受けている傾向がある」とクルーガーは述べている。いくつか例外——アイルランド共和軍や、たぶんスリランカのタミルの虎（証拠が十分ではないから）やなんか——はあるけれど、この傾向は、ラテンアメリカのテロリスト・グループからアメリカで9・11の攻撃を仕掛けたアルカイダのメンバーまで、世界中どこへ行っても見られる。

いったいどういうわけだろう？

おなかが減ってるときは自分で自分を吹き飛ばすよりもっと他に考えないといけないことがあるってことかもしれない。あるいはテロリストのリーダーたちは能力を重視しているのかもしれない。テロ攻撃は典型的な犯罪よりも組織的な動きが必要だからだ。

加えて、クルーガーが指摘しているように、犯罪は基本的には自分の利益のためにやるものだ。一方、テロは本質的には政治的行動である。彼の分析から考えると、テロリストに一番なりそうなタイプに一番近い特徴を持つ人といえば……選挙に行く人ですね。市民の義務にステロイドをぶち込むとテロになる、みたいな。

歴史の本を読んだことがある人なら、クルーガーが描くテロリストのプロフィールを見て、なんだか典型的な革命家にちょっと似てると思うかもしれない。フィデル・カストロとチェ・ゲバラ、ホー・チ・ミン、モハンダス・ガンディ、レオン・トロツキーとウラジーミル・レーニン、シモン・ボリバール、マクシミリアン・ロベスピエール、そういう人たちだ。彼らの中に、下層階級で学のないぽっと出の若者なんて１人もいない。

でも、革命家とテロリストでは目的が違う。革命家がやりたいのは、政府をひっくり返してすげ替えることだ。テロリストがやりたいのは――んーと、よくわからない。ある社会学者が言っているように、テロリストは社会を、自分たちの思い描く暗黒の世界に塗り替えたいと思っているのかもしれない。宗教絡みのテロリストなら、自分たちが忌み嫌う俗世の仕組みをつぶしたいのかもしれない。クルーガーはテロの学術的な定義を１００個以上並べあげている。「２００２年に開かれたカンファレンスで」と彼は書いている。「50以上のイスラム諸国の外務大臣が集まり、テロを非難する声明を出すことで合意した。でも彼らは、自分たちが非難しようとしているテロそのものの定義について、合意にたどり着けなかった」。

テロの何がとくに腹立たしいかというと、人を殺せるかどうかは別に大事でも何でもないってところだ。むしろテロは、生きている人たちをものすごく恐がらせて、彼らの平穏な生活に揺さぶりをかける手段なのである。その点でテロは悪魔みたいに効率的で、テロと関係ない暴力を同じだけ振るうよりも、ずっと大きな成果を出せるのだ。

2002年10月、ワシントンDCの都市圏で起きた殺人事件は50件だった。まあまあよくある数字だ。でも、そのうち10件は事情が違っていた。よくある家庭のいざこざとかギャングの殺し合いとかではなく、無差別で不可解な狙撃だった。ガソリンを入れたり店を出てきたり芝生を刈ったりなんていう、それぞれ自分の仕事で忙しくしていた市井の人たちが撃たれた。最初の何人かが撃たれたところでパニックが始まった。狙撃事件が続くにつれ、あたり一帯が実質的に麻痺してしまった。学校は休校になり、野外イヴェントは中止され、家をまったく出ようとしない人もたくさんいた。

恐怖をばら撒くのにこんなに成功するなんて、洗練されて資金もたっぷり持った組織に違いない。どんな連中だろう?

実は、犯人はたった2人だった。41歳の男とティーンエイジャーの共犯者だ。2人はブッシュマスターの223口径のライフルで古臭いシェヴィのセダンから狙撃を行っていた。シェヴィのゆったりしたトランクはスナイパーの隠れ場所に改造してあった。とっても簡単、とっても安上がり、そして、とっても効果的だった。これがテロの力だ。9・11にハイジャックを実行した19人のテロリストのことを考えてみよう。彼らが飛行機をハイジャックしてビルに突っ込む代わりに国中に散らばり、19丁のライフルと19台の車で19人それぞれが毎日違う場所でガソリン・スタンドや学校やレストランにいる人を無差別に狙撃したとする。19人が歩調を合わせてテロを実行していたら、国中に毎日時限爆弾を仕掛けたのと実質的に同じ効果をあげられる。捕まえるのは難しいだろうし、1人捕まっても残る18人がテロを続けられる。国全体がひざを屈してしまうだろう。

テロが効果的なのは、直接の犠牲者だけでなく、あらゆる人に負担を強いるからだ。そんな間接的な負担のうち一番大きいのが、また攻撃されるかもという恐怖である。そんな恐怖の向けられる先がぜんぜん的外れでも関係ない。ある年に平均的なアメリカ人がテロ攻撃で死ぬ可能性はだいたい500万に1つだ。同じ人が自殺する可能性のほうが575倍も大きい。

もっと見えにくい負担も考えてみよう。たとえば時間と自由が奪われることだ。この前空港でセキュリティ検査の列に並んだときのことを思い出してほしい。靴を脱がされ、ストッキングの足で歩いて金属探知機をくぐらされ、それからよたよた歩きながら自分の荷物をまとめないといけなかったでしょう。

テロの美しいところは――あなたがテロリストならってことだけど――失敗したって成功するかもしれないという点だ。靴を脱いで云々なんていう決まった手順を踏まされるようになったのは、リチャード・リードというイギリス人のせいだ。この人は靴に入れた爆弾を起動させるのには失敗したが、ぼくたちに莫大な代償を払わせるのには成功した。空港のセキュリティの列で、靴を脱いでから履きなおすまでに1分かかるとしよう。アメリカだけで考えても、この手続きが年にだいたい5億6000万回繰り返されている。ごおくろくせんまん分は年に換算すると1065年を超える。それを（アメリカ人の平均寿命である）77・8年で割ると、この時間の長さは全体で14人近くの一生に相当するのがわかる。だから、リチャード・リードは失敗して1人も殺せなかったが、それでも、1年に14人の命に相当する長さの時間をぼくたちから奪うのに成功している。

9月11日のテロ攻撃で直接的に発生したコスト――3000人近い人の命、それに3000億ドルに上る経済的な被害――は莫大だ。さらに、それを受けてアメリカがアフガニスタンとイラクで仕掛けた戦争の費用も大きい。でもここで、間接的に生じたコストのほうも考えてみよう。テロ後の3カ月だけでも、アメリカでは交通事故死が1000件余計に起きている。どうしてだろう？

一つには、みんな飛行機に乗るのをやめて車にしたっていうのがある。マイル当たりで見ると、車に乗るのは飛行機に乗るよりずっと危ない。でも興味深いのは、増えた分の交通事故死のほとんどが州間高速道路じゃなくて普通の道路で起きている点、それから北東部、つまりテロ攻撃に近いところに集中している点だ。さらに、この種の交通事故で亡くなった人たちを見ると、普通の交通事故よりも、酔っ払って乱暴な運転をしていた場合が多い。そういう事実とテロの後遺症に関する心理学の膨大な調査を合わせると、9・11のテロでアルコール中毒や心的外傷後のストレスが急に増え、そのせいで、いろんなことと一緒に交通事故死が増えたという推測が成り立つ。

そんな風が吹いて桶屋が云々みたいな効果はほとんどきりがない。9・11テロ以降、ビザの規制が改定され、外国生まれの大学生や大学教授がアメリカに入れてもらえなくなった。アメリカの会社の少なくとも140社が、テロに続いて起きた株式市場の下落を利用し、日付をさかのぼって不法にストック・オプションを役職員に割り当てた。ニューヨーク市では警察の資源が大量にテロ対策に振り向けられた。他の分野、たとえば未解決事件捜査班やマフィア対策部隊は顧みられなかった。同じようなパターンが国のレベルでも繰り返された。金融関係の悪者を追いかけるために使われるはずだったお金や人材がテロリストの追跡に回された。それが最近の金融市場の暴落を起こした原因の一つかもしれないし、あるいは、少なくとも悪化させたかもしれない。

9・11の後遺症の全部が有害だったわけではない。飛行機に乗る人が減ったおかげで、インフルエンザ——飛行機はばい菌をとてもよく運ぶのだ——が蔓延するスピードは落ちたし、危険も減った。ワシントンDCでは国のテロ警戒態勢のレベルが上がるたびに犯罪が減った（警官がいっそう街中にあふれるから）。それから、国境警備隊が強化されたおかげで、カリフォルニアの農家の一部はいい思いをした。マリファナを育てて売った農家だ。メキシコやカナダからの輸入が減ったからで、実際、マリファナはカリフォルニア州最大の農作物の一つになった。

9月11日にハイジャックされた飛行機の1機が国防省に突っ込んだとき、重傷を負った犠牲者は全員ワシントン・ホスピタル・センター（WHC）へ運び込まれた。街で一番大きい病院だ。重傷の大部分はやけどだった。患者は一握りしかいなかったが——死体のほうが多かったぐらいだ——それでも、熱傷チームは手が足りなくなりそうだった。だいたいの病院がそうだが、WHCは普段、限界の95％ぐらいで運営している。ほんのちょっと患者が増えただけで病院には大きな負荷がかかる。さらに悪いことに、病院の電話も地域の携帯電話も回線がパンクしたので、電話しないといけない人は車に飛び乗って街の外へ何マイルか行って電話をかけた。

全体として考えると、WHCはよくやった。でも、この病院の救急医療の専門家であるクレイグ・フィーエド（Feied と書いてそう読む）は、この事件で恐れていたことが現実になったと思った。ほんの数人やけどの患者が増えただけで病院がほとんどめちゃくちゃになってしまうなら、まさしく救急医療が必要な大災害が起きたらいったいどうなってしまうんだろう？

9月11日以前もフィーエドは、そんな暗い光景を思い浮かべて何千時間もすごしていた。彼は国の予算で行われたERワンという試験的なプログラムの設計に、中心となって携わった人だ。このプログラムは、救急医療室（ER）を近代化しようという試みだった。

1960年代まで、病院という場所は救急医療を扱うようにはぜんぜんできていなかった。「晩に誰かを病院に連れて行ったら」とフィーエドは言う。「入口には鍵がかかってる。ベルを鳴らすと看護師がやってきてなんだって言う。看護師さんは病院に入れてくれるかもしれないけど、彼女はそれからお医者さんの家に電話をする。お医者さんは来るかもしれないし、来ないかもしれない」。救急車を走らせるのは葬儀屋さんであることがままあった。こんなにインセンティヴが合ってない例は他に思いつかない。患者を助けて死なないようにするお役目を担うのが葬儀屋さんだなんて！

今日、救急医療は医師の専門分野として（38個中）7番目に大きい。1980年以来、携わる人は5倍に増えた。ERは、あらゆる分野に精通していなければならず、しかもそれを光の速さで駆使するところであり、公衆衛生の要となった。アメリカでは毎年だいたい1億1500万人ほどの患者が

ＥＲに担ぎこまれる。妊娠を除くと、アメリカの病院に入った人全員のうち56％がＥＲの世話になっている。この数字は１９９３年の46％から上昇した。それでも、とフィーエドは言う。「ぼくたちの仕事の手順にはトラックが通れるぐらいのデカい穴があった」。

９月11日に、ＥＲは需要が急に高まった場合の対応能力が深刻に不足しているのがはっきりした。ＷＨＣに犠牲者が１０００人かつぎ込まれたとしたら、彼らはそもそも病院の中までたどり着けるんだろうか？

そんな図を頭に思い浮かべてはフィーエドは表情を曇らせる。ほとんどのＥＲには救急車数台を収容できるぐらいの専用駐車場しかない。患者を降ろすドックも高すぎる。「設計した人たちは船積みのドックの設計に慣れ親しんでたからだ」とフィーエドは言う。屋上のヘリポートも同じように問題だ。エレベータが１台しかないので時間や空間の制約が厳しい。そういう障害を取り除くために、フィーエドはＥＲをもっと空港みたいなデザインにするのがいいと言う。搬入エリアは真ん中が出っ張った形にして、複数の救急車やバス、なんならヘリコプターにだって対応できるようにする。

でも、フィーエドが心配しているのはそんな搬入の問題ではない。深刻で伝染性のある病原体――ＳＡＲＳや炭素菌、エボラ・ウィルス、あるいは命にかかわるような新種のインフルエンザ――が病院に入り込んだら、もうその病院は活動できなくなる。ほとんどのビルと同じように、病院も空気を循環させている。つまり、患者が１人いれば何百人もの人にうつる可能性があるということだ。「足首を折って病院へ行ってＳＡＲＳに罹るなんてイヤだよね」とフィーエドは言っている。

隔離され、空気を一切循環させない部屋を持った病院や、とくにＥＲを作ればいいのだが、フィーエドによると、ほとんどの病院はそんな地味で収益にもつながらないことにお金を遣おうとはしない。「最先端技術の粋を集めたかっこいい救急医療部門が2001年にできた。で、それもいまや、完全に時代遅れだ。治療室は大部屋で、ベッドはカーテンで区切られてる。でも第4ベッドにSARSの患者がいたら、世界中どこだって患者も医者も第5ベッドなんて行きたくないよね」。

そしてまだ、病院に連れてこられることになったのとは別の原因で亡くなる入院患者の件にはまだ触れてもいないとフィーエドは言う。診断の間違い（うっかりしていたとか思い上がりとか思い込みとかのせいで起きる）、間違った薬の投与（汚い手書きの文字のせいでものすごくよく起きる）、技術的な問題（たとえばX線の画像を裏返しに見たとか）、そして、細菌による感染症（一番致命的で一番よく起きている）といった原因だ。

「現在の医療現場の状態はあまりにもひどすぎる。古いやり方なんて、大切に守ったほうがいいところはほとんどない」とフィーエドは言う。「医療関係の人は誰も認めたがらないけど、それが真実だ」。

フィーエドはカリフォルニアのバークレイで育った。あのものすごく騒がしい1960年代のことで、彼にはぴったりだった。彼はどこへでもスケートボードに乗って行った。ときどき地元のバンドでドラムを叩いた。グレイトフル・デッドというバンドだ。機械が好きで、面白そうなものならなんでもバラバラに分解しては組み立てていた。それに彼には起業家精神があった。齢18にして小さなハイテク企業を立ち上げた。生物物理学と数学を勉強し、それから医学に向かった。彼によると、医者になったのは「秘密を知りたいという欲求」、機械と同じように人間の体もわかりたいという欲望に駆られたせいだ。

それでも、彼が一番好きだったのはずっと機械なのがそこここに出ている。彼はものすごい新し物好きだ。ＥＲにファックス機を置いたのもセグウェイに乗り始めたのも、まだ目新しかったころだ。また、35年以上前にコンピュータ科学者のアラン・ケイがオブジェクト指向プログラミングについて講演したときのことを興奮して語る。コードの塊をそれぞれカプセル化し、どのカプセル同士もやりとりできるような論理で繋げる。そんなケイのアイディアで効率は奇跡的なぐらい上がり、おかげでプログラマーの暮らしは楽になり、コンピュータはもっと強靭で柔軟な道具になった。

フィーエドは１９９５年にワシントン・ホスピタル・センターで働くことになった。長年の同僚だったマーク・スミスが、救急医療部門を立て直そうと彼を雇ったのだ。（スミスもやっぱりテクノロジーの熱心な信者だ。この人はスタンフォードでコンピュータ科学の修士号を取っている。そのときの指導教授は、他でもない、アラン・ケイだ）。ＷＨＣにも高く評価されている部門がいくつかあった。でも、救急医療部門の評価は首都近郊で万年最下位だった。混んでいて遅くて混乱していた。毎年室長の首がすげ替わるので、病院の院長自身、救急医療室を「とても好ましくない場所」と呼んでいた。

そのころまでにフィーエドとスミスは、あちこちのＥＲで合わせて10万人を超える患者を治療してきていた。彼らは、あるものがいつも足りないのに気づいた。情報だ。患者がやってくる。意識があったりなかったり、協力的であったりなかったり、正気だったりハイだったりする。ありうる問題を並べ挙げればほんとにきりがない。そしてお医者さんはどんな治療をするかすばやく判断しないといけない。でも、普通は答えより疑問のほうが多い。患者は何か薬を服用しているか？　患者の病歴は？　血球の数が少ないのは内出血がひどいからか、それとも単に慢性の貧血だからか？　それに2時間前にやってるはずのCTスキャンの画像はどこだ？

「もう何年も、ぼくは患者が教えてくれる情報だけを頼りに治療をしてた」とフィーエドは言う。「他の情報は来るのに時間がかかるからあてにできない。どんな情報が必要かわかっていることはよくあるし、その情報がどこにあるかまでわかってたりする。ただ、来るまで待てないんだ。決定的なデータが来るまで2時間とか2週間とかかかることもあるんだよ。忙しい救急医療部門では2分かかるってだけで充分遅すぎるんだ。患者が40人いてそのうち半分が死にかけてるってときにそんなに待ってられないんだよ」。

フィーエドはこの状況にとても苛立ち、世界最初の救急医療情報科学者になったほどだ。（この呼び名を作ったのも彼だ。コンピュータ科学のヨーロッパでの呼び名を参考にしたそうだ）。ERでの治療を改善する一番いい方法は情報の流れをよくすることだと彼は信じていた。

WHCで仕事を始める前も、フィーエドとスミスは医学生をやまほど雇ってERの医師や看護師について回らせ、質問攻めをやらせていた。スティール・ヴェンカテッシュが追跡担当を雇ってシカゴの街の売春婦に話を聞いて回らせたのと同じような感じだ。彼らは、そうでもしないと手に入らない、現場での信頼できる情報を集めたかったのだ。医学生たちに尋ねさせた質問にはこんなのがある。

この前お話してからどんな情報が必要になりました？

その情報を手に入れるのにどれだけ時間がかかりました？

どうやってその情報を手に入れました？　電話しました？　参考文献を見たんですか？

医学図書館員に尋ねたんですか？（注：これはまだインターネットが出てきたころで、ウェブはまだ出てきていなかった）。

持った疑問に対して満足な答えが得られました？

その答えに基づいて治療上の判断を下しましたか？

その判断は患者の治療にどんな影響を与えました？

その判断は病院の財政にどんな影響を与えました？


二人の診断は明らかだった。ＷＨＣの救急医療部門は深刻な「データ減少症」、つまりデータ不足だった。（この言葉もフィーエドが作った。元になったのは「白血球減少症」、つまり白血球の数が不足する症状だ）。お医者さんは時間の60％を「情報管理」に使い、直接の治療に使っているのはたったの15％だった。これは胸が悪くなるような数字だ。「救急医療は身体の組織や年齢層で定義される専門分野じゃない。時間で定義される分野だ」とマーク・スミスは言う。「最初の60分で何をするかが大事な分野なんだよ」。

スミスとフィーエドは、３００を超える病院中の情報源は互いに情報をやりとりすることがないのを発見した。そうした情報源にはメインフレーム・コンピュータや手書きのメモ、スキャン映像、実験結果、心臓の血管造影図、ある人がパソコン上のエクセル・スプレッドシートで作った感染予防追跡システムなんかがある。「それで、もしその人が休暇を取ってるときに結核が蔓延したら、もう神頼みするしかない」とフィーエドは言う。

ERの医師や看護師に本当に必要なものを提供するために、彼らはコンピュータ・システムを一から作り上げないといけなかった。システムは百科事典みたく網羅的でなければならないし（大事なデータが一つ欠けているだけでも全部ぶち壊しだ）、強力でなければならないし（たとえば磁気共鳴画像1枚でもデータ容量を大幅に食う）、柔軟でなければならない（過去・現在・未来におけるどんな病院のどんな部門のどんなデータでも取り込めるシステムでないと使い物にならない）。

それから、システムはものすごくぶっ速くないといけない。ERでは、遅いというだけで人が死ぬし、それだけでなく、フィーエドが学術的文献を調べたのによると、コンピュータを使っているとき、マウスをクリックしてから新しいデータが画面に出るのに1秒以上かかると、人は「認知的ドリフト」を起こすという。10秒過ぎると、その人の頭の中はもう完全にあさってのほうへ行ってしまっている。医療ミスはそうやって起きるのだ。

速くて柔軟で強力で百科事典みたいに何でも載ってるシステムを作るために、フィーエドとスミスは昔夢中になったものに目を向けた。オブジェクト指向プログラミングだ。2人は、彼ら言うところの「データ中心」で「データ単位」の新しいアーキテクチャを使い、仕事に取りかかった。彼らのシステムは、あらゆる部門から集めたデータ1個1個をそれぞれ分解し、他のどのデータ1個とも、つまり10億個のデータのどれとでもやりとりできるような形にして保存する。

でも、ああ、ＷＨＣの人がみんな前向きだったわけじゃない。組織というのはそもそも図体がでかくて融通の利かないケダモノだ。縄張りは守らないといけないし決まりはやぶってはいけない。自分たちのデータは自分たちだけのものだ、誰が渡すものかなんていう部門もあった。病院の購買に関するルールが厳しいせいで、フィーエドとスミスは必要なコンピュータ機材も買えなかった。もっとも高い地位にある管理担当の重役は「ぼくたちのことが大嫌いだった」とフィーエドは回想する。「で、チャンスがあればいつでもぼくたちの邪魔をしたり誰かがぼくたちに協力するのを阻んだりした。ぼくたちがあれやってくれこれやってくれっていう要請をシステムで出すと、よく夜中にシステムにログインしてぼくたちが出した要請を消去してた」。

フィーエドが変わったヤツなのもあんまりよくなかったみたいだ。天邪鬼、セグウェイ、オフィスの壁には本物のミロ。それに、反対されると相手を取り込むか、必要なら脅してでも勝つ道をみつけるまで攻略の手を緩めないのもよくなかったかもしれない。新しいコンピュータ・システムに彼がつけた名前まで、なんだか仰々しかった。アージクシー（Azyxxi と書いてそう読む）だ。フェニキア語から来た言葉で「千里眼」って意味だよとみんなには言っていたけれど、彼は笑いながら「でっちあげなんだ」と認める。

最後に勝ったのはフィーエドだった。というか、実際のところ、データが勝ったのだ。アージクシーはＷＨＣの救急医療室のデスクトップ・パソコン１台に棲みついた。フィーエドはそれに、こんな表示を付けた。「ベータ版：使用禁止」（彼のずる賢さは誰もが認めている）。アダムとイヴに始まってたくさんの人たちがそうしてきたように、お医者さんも看護師さんも禁断の果実をもいだ。彼らは奇跡としか言いようのないものを目のあたりにした。ほしい情報がどれも実質的にものの数秒で見つかるのだ。1週間経たないうちにアージクシーの前には行列ができた。それも、待っているのはERのお医者さんだけじゃなかった。病院中から人がやってきて、データをたっぷり飲み込んでいく。ちょっと見ると天才の仕事のように思える。でもフィーエドは違うと言う。これは「犬みたいにしつこくやり続けたことの勝利だ」。

数年の間に、WHCの救急医療室はワシントン地域で最悪から最高へと上り詰めた。アージクシーで実際に閲覧されたデータは4倍になったが、お医者さんたちが「情報管理」に使う時間は25％減り、直接に患者を治療する時間は2倍に増えた。昔のERでは待ち時間は平均で8時間だった。今では患者の60％が、やってきてから出て行くまで2時間もかからない。患者の治療後の経過もよくなり、お医者さんたちの満足度も高くなった（そしてミスも減った）。年間に治療する患者の数は4万人から8万人へと2倍になった。職員の数は30％しか増やしていない。効率は高まり、病院の収支も改善した。

アージクシーの強みがはっきりすると、あちこちの病院が連絡してきた。それから、そのうちマイクロソフトからも連絡がきた。同社はアージクシーをクレイグ・フィーエドも他のみんなもまとめて買い取った。名前はアマルガに変えられ、最初の1年で14カ所の大病院がアマルガを導入した。ジョンズ・ホプキンス、ニューヨーク＝プレスビテリアン、それにメイヨー・クリニックといった病院だ。システムはERで開発されたが、今では他の部門での利用が90％を超えている。このあたりを書いている今、アマルガは350カ所の医療施設で約1000万人の患者の面倒を見ている。スコアをつけるのが好きな人向けに言うと、データ量は１５０テラバイトだ。

単に患者の治療後の経過とお医者さんたちの効率を改善するだけでも、アマルガはもう十分役に立っていた。でも、あれほど膨大なデータを蓄積してみると、また新しいチャンスが生まれた。お医者さんたちは、検査をしていない患者に病気の兆候が現れていないか探し始めた。医療費の請求も効率的になった。病歴の電子化という夢物語も、即、現実になった。そして、国中からリアルタイムでデータが集まるので、疫病の発生やバイオ・テロリズムの遠距離早期警戒警報回線としても使える。

さらに、医療に詳しくない病院外の人たち――つまり、たとえばぼくらみたいな人たち――が他の疑問を解こうってときにも、アマルガを利用できる。たとえばこういう疑問だ：ＥＲで最高のお医者さんは誰で、最悪のお医者さんは誰？

いろんな理由で、お医者さんの能力を評価するのは難しい。

理由の一つ目は選択バイアスだ。患者さんはでたらめにお医者さんを選ぶわけではない。循環器の専門医の患者さんは専門医ごとにいろんな点で違っているかもしれない。いいお医者さんの患者さんのほうが死亡率は高かったりする可能性まである。どうして？　症状の重い患者さんは一番腕のいいお医者さんを探すだろうし、だからお医者さんがいい治療をしても、患者さんが亡くなる可能性は他のお医者さんよりも高くなる。

そういうわけで、治療の結果だけを見てお医者さんの技術を測ろうとすると間違った結論にたどり着きやすい。お医者さんの「成績表」がまさにそれで、確かにわかりやすい長所もあるけれど、嫌な結果も一緒についてくる。治療の結果で成績をつけられるのがわかっていれば、お医者さんは「おいしいとこ取り」をやるかもしれない。つまり、成績に傷をつけないように、危ない状態で一番治療が必要な患者の治療を断るかもしれない。実際のところ、病院の成績表のせいで患者たちは損をしているという研究がある。まさしく、そういう道理に反したインセンティヴをお医者さんたちに与えてしまっているからだ。

それに、お医者さんの診断の影響は患者が治療を受けてからずいぶん経たないと現れないので、その点でも彼らの能力を測るのは難しくなる。たとえばマンモグラフィを見ているとき、乳がんがあるかどうかお医者さんははっきりわからない。生体検査を行ってみたら、数週間後にガンだという結果が返ってくるかもしれないし――腫瘍を見逃し、それで将来患者が亡くなっても、そのことをまったく知らないままかもしれない。正しい診断を下し、起きるかもしれない深刻な問題を未然に防いでも、その後患者が言ったとおりにしてくれるとは限らない。処方した薬をちゃんと飲んでくれるか？　食生活を変えて、言ったとおりに運動してくれるか？　ポークリンズ（訳注：豚の皮を揚げたスナック菓子）を1袋まるごと一気食いするのをちゃんと止めてくれるか？

クレイグ・フィーエドのチームがＷＨＣの救急医療室から集めたデータが、お医者さんの能力に関する疑問のいくつかに答えを出してくれた。とっかかりとして、データ・セットは巨大だ。8年間にわたって約24万人の患者が62万回ほど診察を受けに来た。診察したお医者さんも３００人を超える。

データには患者について知りたいことが全部入っている。ここでの分析用にはもちろん匿名にしてある。歩いてだか転がってだか運ばれてだか、ＥＲの扉をくぐってから、生きてだか死んでだか、病院を出ていくまで、ありとあらゆるデータが集められている。データには、人口統計上のデータや、ERに来たときに患者が訴えていたこと、お医者さんに診てもらえるまでにかかった時間、どんな診断と治療がなされたか、患者は入院したか、したならどれだけ入院していたか、あるいは後になって再入院したか、治療費は全部でいくらかかったか、それから、患者は亡くなったか、亡くなったならいつ亡くなったか、そういう内容が含まれている。（２年後に患者が病院外で亡くなったとしても、病院のデータと社会保障制度死亡者目録《Social Security Death Index》を照合して、ちゃんとデータに含めてある）。

また、データにはどのお医者さんがどの患者を治療したかも入っているし、それぞれのお医者さんについても、歳や性別、出身校、どこの病院で研修医をしたか、それに経験年数といったぐあいに、データを見ればいろんなことがわかる。

ERと聞けば、だいたいの人は撃たれて怪我をした人や交通事故の犠牲者がひっきりなしに担ぎこまれる、みたいなことを想像する。現実にはそういうドラマティックな場面はERの仕事の中で小さな一部分を占めるにすぎない。それに、WHCはレベル１外傷センターを別に持っていたから、そういう事例はぼくたちのERのデータにはあんまり出てこない。とはいうものの、中心となる救急医療室に、患者たちは実にさまざまな問題を抱えてやってくる。それこそ命にかかわるようなことから単なる妄想までさまざまだ。

ERにやってくる患者は１日に平均でだいたい１６０人である。一番忙しいのは月曜日で、土日が一番暇だ。（ということは、病気は多くの場合そんなに重くないってことだ。だから週末にやってることが一段落してから病院へやってくるのである)。忙しさがピークを迎えるのは午前11時で、このあたりは一番暇な午前5時の5倍の患者が来る。患者が10人来ればそのうち6人は女の人だ。患者の平均年齢は47歳である。

来院した患者は、まず、トリアージ・ナース(訳注:患者の症状の重さを評価し、それに基づいて患者の優先順位を決める担当の看護師)にどこが悪いのか聞かれる。よくある訴えはこんな感じだ。「息が苦しい」、「胸が痛い」、「脱水症状」、「インフルエンザみたいな症状」。一方、珍しい訴えもある。「のどに魚の骨が刺さった」、「本に頭をぶつけた」、それにいろんなものに噛まれた人がいる。犬に噛まれた人(約300人)や虫やクモに噛まれた人(200人)はけっこうたくさんいる。面白いのは、ネズミに噛まれた人とネコに噛まれた人をあわせたよりも(30人)、ヒトに噛まれた人(65人)のほうが多いことだ。その中には「仕事でお客に噛まれた」なんてのもあった。(ああ、残念ながら、来院したときに書く書類には、この患者さんの仕事がどんなのかは書いてなかった)。

ERを訪れる患者の大部分は生きて退院する。1週間以内に亡くなるのは250人に1人だ。1カ月以内に亡くなる人は1%、1年以内に亡くなる人は約5%である。でも、患者の状態が命にかかわるかどうかは、わからないこともある(とくに患者自身にはわからないことが多い)。あなたがERのお医者さんで、待合室に患者を8人抱えているとする。患者たちはそれぞれ次の表のようなよくある症状の一つを訴えている。症状8種類のうち、四つは死亡率が相対的に高く、残る四つは相対的に低い。どれがどっちか、あなたわかりますか?

〈訴えている症状〉

しびれ　　精神科的症状
胸の痛み　　息が苦しい
熱　　感染症
めまい　　血栓

患者が12カ月以内に亡くなる可能性の大きさで測ると答えはこうだ。（注：ここでも他のところでも、死亡率と言ったら年齢や他の症状を調整したリスク調整後の死亡率を指す）。

〈危険の高い症状〉　　〈危険の低い症状〉

血栓　　胸の痛み
熱　　めまい
感染症　　しびれ
息が苦しい　　精神科的症状

息が苦しいというのは、危険の高い症状の中でダントツに多い症状だ。（お医者さんはこの症状を略してＳＯＢ《shortness of breath》と書く。だから、いつかお医者さんに行って自分のカルテにＳＯＢって書いてあっても、お医者さんが自分のことを嫌ってるなんて思わなくても大丈夫ですから

	SOB	胸の痛み
患者の平均年齢	54.5	51.4
ERの患者に占める割合	7.4%	12.1%
入院した人の割合	51.3%	41.9%
1カ月以内の死亡率	2.9%	1.2%
1年以内の死亡率	12.9%	5.3%

ね)。息が苦しいなんて胸が痛いとかに比べるとたいしたことない症状だと思う患者は多いけど、データを見ると表のようになっている。

そんなわけで、胸が痛いという患者が1年以内に亡くなる可能性はERへやってくる普通の患者と違わない。一方、息が苦しいという患者が亡くなる可能性は普通の患者の2倍以上だ。同じように、血栓か熱、あるいは感染症を抱えて現れた患者のだいたい10人に1人は1年以内に亡くなっている。でも、めまいがするとかしびれるとか精神科的症状とかなら亡くなるリスクはその3分の1ほどでしかない。

そんなこんなを全部頭に入れて、さっきの疑問に戻ろう。データを使って、それぞれのお医者さんの能力をどうやって測ればいいだろう?

一番わかりやすいのは、単純に、お医者さんごとに患者の治療結果がどう違っているか、元のデータを見ていくというやり方だ。実際、このやり方でお医者さんの間に大きな違いが現れる。そんな結果が信用できるなら、あなたがERに担ぎ込まれたときにあなたを担当することになるお医者さんの身元よりも大事なものなんて、一生そんなにはないだろう。

でも、お医者さんの成績表がそんなに信用できないのとおんなじ理由で、そういう単純な比較は本当にあてにならない。同じＥＲにいるお医者さん２人でも、担当する患者さんの特徴は大きく違っていたりする。たとえば、昼の12時にやってくる患者の平均年齢は、晩の12時にやってくる患者よりも10歳ほど上だ。２人の医師の勤務時間が同じだったとしても、それぞれの能力や専門分野のせいで、やっぱり担当する患者の特徴は違っているかもしれない。どの患者にどの医師を割り当てるかは、トリアージ・ナースの仕事なのだ。だからあるシフトでは、精神科的症状や年のいった患者さんを１人のお医者さんが全部受け持つかもしれない。息が苦しいお年寄りは同じ症状の30歳よりも亡くなる可能性がずっと高い。だから、たまたまお年寄りの治療がうまいお医者さんを低く評価してしまわないように、注意しないといけない。

本当はどんなことがやりたいかというと、ランダム化した対照付きの実験をやりたいのだ。つまり、やってきた患者さんをでたらめにお医者さんに割り振るのである。そのお医者さんが他にも患者さんをやまほど抱えて右往左往していようが、その患者さんの病気の治療に精通してなかろうが気にしない。

でも、ぼくたちが相手にしているのは本物の生きた人間の集団だ。彼らはもう一つ別の、本物の生きた人間の集団が死んでしまわないようあれこれ努力する。だから、そんな実験がほんとに行われることはないし、そんな実験はやらないほうがいい。

本物のランダム化はできないから、単純に元データの治療結果を見るだけでは本当のことはわからない。それじゃお医者さんの能力をどうやって測ればいいんだろう？

救急医療室なればこその特徴のおかげで、偶然に事実上のランダム化した実験が実現していた。それを使えばぼくたちは真実にたどり着ける。鍵になったのは、患者は普通、ERへやってきたときにどの先生がいるかまったく知らない点だ。だから、10月のとある木曜日、午後2時から3時の間に来院した患者さんは、次の週の木曜日とか、その次の木曜日とかに病院へやってきた患者さんと、平均では同じような人である可能性が高い。でも、この三つの木曜日に病院にいるお医者さんのほうはたぶん違う人だろう。だから、最初の木曜日に来た患者さんたちの治療結果が、2週目や3週目の木曜日に来た患者さんたちの治療結果よりも悪ければ、ありうる一つの説明として、その日そのときに出勤していたお医者さんはイマイチだということになる。(ここのERでは、普通1シフト当たり2、3人のお医者さんが仕事をしている)。

もちろん他にも説明はありうる。運が悪かったとか天気が悪かったとか、大腸菌感染が発生していたとか。でも、1人のお医者さんの何百ものシフトにわたる記録を見て、彼のシフトに当たった患者さんの治療結果が典型的な結果より悪ければ、問題の原因はそのお医者さんだという、けっこうはっきりした証拠になる。

測り方についてもう一つだけ。ぼくたちはどのお医者さんがどのシフトで仕事をしているかという情報を利用するのだけれど、実際にどのお医者さんがどの患者さんを治療したかという情報は使わない。どうしてだろう? どのお医者さんにどの患者さんを割り振るかを決めるのもトリアージ・ナースだ。だからお医者さんと患者さんの組み合わせはぜんぜんランダムではない。具体的なお医者さんと患者さんの組み合わせを分析に使わないなんて、なんだか直観に反しているような気がする。遠回りなことやってるって気さえする。でも、組み合わせに問題があるとき、本当の答えにたどり着くためには、逆説的にも、ちょっと見ではとても重要な情報を捨て去ってしまわないといけない。

さて、それじゃ、膨大で得るところの多いクレイグ・フィーエドのデータ・セットにこういうやり方をあてはめると、お医者さんの能力についてどんなことがわかるだろう？

あるいは、こんな感じ：あなたは深刻な症状を抱えて救急医療室に担ぎ込まれたとする。あなたが生き延びられるかどうかは、あなたの治療にあたったお医者さんで、どれぐらい左右されるものだろう？

短い答えはっていうと……あんまり関係ない。元のデータではお医者さんの能力みたいに見えたものの大部分が実際には運不運で、一部のお医者さんがあんまり命にかかわらない病気の患者さんに、たまたま多めに当たっただけだった。

だからって、ERで最高のお医者さんと最悪のお医者さんの間に違いがぜんぜんないってわけじゃない。（ああ、ちなみに、どこのだれそれがどっちだ、みたいなことは書かないんでよろしく）。ある年にERですばらしいお医者さんにかかった患者が12カ月以内に亡くなる確率は、平均より10％近くも低い。たいしたことないように聞こえるかもしれないけれど、何万人も患者がやってくるてんやわんやのERでは、いいお医者さんは悪いお医者さんに比べて1年に6、7人の命を救っていることになる。

面白いことに、治療の結果は、かかる費用とほとんど相関していない。つまり、最高のお医者さんはそれなりのお医者さんに比べてたくさんお金が――検査や入院やなんかに――かかるわけじゃないってことだ。医療費をかければかけるほど治療の結果もよくなるなんて広く一般に思われているいまどき、これはじっくり考えるに値する。アメリカでは、ヘルスケア業界はＧＤＰの16％を占めている。１９６０年の５％からずいぶん上昇しているし、２０１５年には20％にも達すると予測されている。

では、最高のお医者さんってどんな人たちだろう？

ぼくたちが得た結果の大部分は、それほど驚くようなことではなかった。すばらしいお医者さんはランキングの高い大学の医学部に通い、一流病院で研修医を務めている。経験をたくさん積んでいるのも重要だ。職歴10年分で、一流病院で研修医をしていたのと同じだけの効果がある。

ああ、そうそう、ＥＲのお医者さんは女の人のほうがいい。頭のいい女の人たちが先生にならずに医学部に行ってしまい、アメリカの生徒たちにとっては残念だったけど、ぼくたちの分析を見る限りでは、そういう女の人たちは同じ道を進んだ男の人たちよりも、人の命を繋ぐのに少し優れた実績を出している。これは知っておいていい。

関係なさそうな要素の一つに、同僚の人たちがそのお医者さんを高く評価しているかどうかがある。ぼくたちは、フィーエドにもＷＨＣの他の主任医の人たちにも、ＥＲで一番のお医者さんは誰ですかと聞いてみた。彼らが選んだ先生たちは、調べてみると、死亡率を下げるという点では平均と別に変わらなかった。でも、選ばれた先生たちは患者１人当たりの費用を抑えるのはうまい。

だから、ＥＲであなたがどのお医者さんに当たるかは確かに大事だ。でも、もっと広い視点で見るなら、お医者さんの能力は他の要因ほどには大事じゃない。どんな病気か、あなたの性別はどちらか

（ERに来てから1年以内に亡くなる割合は、女の人のほうが男の人よりもずっと低い）、あなたの稼ぎはどれぐらいか（貧しい患者はお金持ちの患者より亡くなる割合がずっと高い）、そういった要因だ。なによりなのは、ERに担ぎ込まれ、自分は死ぬんじゃないかとビクビクしている人たちの大部分は死ぬ危険なんてほとんどない、少なくとも近いうちに死ぬ危険はなさそうだってことだ。

実際、彼らは家でじっとしてたほうがいいのかもしれない。ロサンゼルスやイスラエル、コロンビアで、ときどきお医者さんのストライキが起きる。一連のストライキでできた証拠を見てみると、これらの場所では、お医者さんが仕事を止めると死亡率が大幅に下がる。下げ幅はそれこそ18％から50％にも及ぶのだ！

ストライキの間、患者さんたちが緊急性のない手術を延期するからというのが、そんな効果が生まれる理由の一つかもしれない。この結果を文献で見たクレイグ・フィーエドの頭に最初に浮かんだのはそういう説明だった。でも彼は同じような現象を目の当たりにした。医学会に出席しようと、ワシントン地域のお医者さんが大勢、同時に街を離れたときだ。結果：死亡率が全体にわたって低下した。

「医師と患者がやりとりしすぎると、そんなやりとりの多さがあっちこっちに影響する」と彼は言う。「命にかかわらない症状の患者もどんどん薬を与えられるし、受ける治療もどんどん増える。そういうのはだいたいあんまり効果がなくて、中にはむしろ有害なのもある。一方、本当に命にかかわるような病気の人たちはめったに回復しないから、結局どっちにしても亡くなってしまう」。

だから、深刻な問題を抱えているなら病院に行ったほうが生き延びられる可能性は少しだけ上がるけど、そうでもないのに病院に行くと上がるのは亡くなる可能性のほうだ、そういうことになるかもしれない。人生の浮き沈みっていうのはそういうものなのだ。

ときに、病院とはぜんぜん関係ないところで寿命を延ばす方法も、いくつかちゃんとある。たとえばノーベル賞を取ればいい。化学と物理の50年分のノーベル賞を調べた分析によると、受賞した人はノミネートされただけの人に比べて長生きしている。(ハリウッドでよく言う「ノミネートされただけで名誉なことだ」って決まり文句も、もはやこれまでだ)。受賞者が長生きするのは賞金のおかげではない。「地位というのは健康にいい魔法みたいな働きをするようだ」とアンドリュー・オズワルドは言う。この研究を行った人の1人だ。「ストックホルムで例の壇上を歩いた科学者は明らかに寿命が約2年延びている」。

それから、野球の殿堂入りするのもいい。同じような分析をしてみると、殿堂に選ばれた人はぎりぎりで選ばれなかった人よりも長生きしている。

でも、科学もスポーツもそれなりでしかないぼくたちはどうすればいいんだろう? えーと、年金保険を買えばいい。生きている限り毎年決まった額を受け取れる契約だ。調べてみると、年金保険を買った人は買わなかった人よりも長生きしている。しかもそれは、買った人のほうがはじめから健康だからではない。年金保険が安定して支払ってくれるお金のおかげで、人には動き続けるインセンティヴが、もうちょっと余計に生まれるようだ。

宗教も助けになるようだ。歳のいったキリスト教徒やユダヤ教徒2800人以上を調べた研究によると、それぞれの宗教の大きな祭日前の30日間と祭日後の30日間では、信者は祭日後に亡くなる可能性のほうが高い。（なんとなく関係ありそうだという証拠を一つ。ユダヤ教徒の場合、キリスト教の祭日前の30日間に亡くなりにくいという傾向は見られない。キリスト教徒のほうも、ユダヤ教の祭日後まで生き延びやすいという傾向は見られない）。同じように、長年の友だちであり、ライバルだったトーマス・ジェファソンとジョン・アダムズは、重要な記念日まで生き延びるべく、死を先延ばしにしようとそれぞれ果敢に奮闘した。15時間足らずの間に２人が相次いで亡くなったのは１８２６年7月4日、独立宣言が採択されてから50周年の日だった。

人が死ぬのを1日延ばすだけで何百万ドルも手に入ることがある。遺産相続税を考えてみよう。人が亡くなったとき、課税対象の遺産に対してかけられる税金である。最近のアメリカでは遺産相続税率は45%で、２００万ドルまでは免除されている。２００９年、免除される額は３５０万ドルに引き上げられた。つまり、死にかけているお金持ちの親を抱えた相続人は、その親が２００８年最後の日じゃなくて２００９年最初の日に亡くなれば、１５０万ドルほどの慰めが手に入ることになった。そんなインセンティヴを与えられた相続人たちが、少なくとも２００８年の年末までは、お金で買える最高の治療を親に与えたのは想像に難くない。実際、オーストラリアの研究者2人が調べたところ、同国が１９７９年に遺産相続税を廃止したとき、廃止後の1週間に亡くなった人は廃止前の１週間に比べて不自然に多かった。

しばらくの間、アメリカの遺産相続税は２０１０年の1年間に限り、一時的に免除される見通しだった。（これはワシントンの政治家たちが党派を超えて起こしたヒステリーの産物だ。ここを書いている今、ヒステリーは収まったようである）。もし遺産相続税がほんとに免除されていたら、

2010年に1億ドルの財産を抱えて亡くなった親御さんは1億ドルをまるごと相続人に残せた。でも、2011年に遺産相続税は復活する予定だったから、そういう相続人は、親が1日でも空気を読まずに長生きしすぎれば、4000万ドルを超えるお金をあきらめないといけなくなる。たぶん、言い争っていた政治家たちも、このままじゃ2010年が終わりに近づくにつれてどれだけ自殺幇助が起きるかわからない、しかもそんなことが起きるのは自分たちのせいなのだと気づいたのか、税法を変更することに決めた。

だいたいの人は何がなんでも死にたくないと思っている。毎年、世界中で400億ドルを超えるお金がガンの薬に使われる。アメリカでは、ガンの薬は医薬品の中で心臓の薬に次ぐ第2位の売上高を誇るカテゴリーであり、医薬品市場全体の2倍の速さで成長している。そうした支出の大部分は化学療法に向けられている。化学療法はいろいろな場面で使われ、いくつかのガンには効果を発揮してきた。白血病、リンパ腫、ホジキン病、睾丸ガンといったガンだ。とくに早い段階なら効き目がある。

でもそれ以外ではだいたい、化学療法はびっくりするぐらい効果がない。アメリカとオーストラリアでのガンの治療を徹底的に調べた分析によると、患者全体の5年生存率は63%であり、化学療法がこの数字にどれだけ貢献したかというと、かろうじて2%にすぎない。はっきりわかる化学療法の効果がゼロのガンのリストは長い。多発性骨髄腫、軟部組織肉腫、皮膚黒色腫、そしてすい臓や子宮、前立腺、膀胱、腎臓のガンがそうだ。

肺ガンを考えてみよう。間違いなく一番よく聞く致命的なガンであり、アメリカで1年に15万人以上の命を奪う病気である。非小細胞肺ガンに対する典型的な化学療法は1年間に4万ドルを超える費用がかかり、それで患者の命がどれだけ延びるかといえば平均でたったの2カ月だ。高名なガンの研究者であるヴァージニア・コモンウェルス大学のトーマス・J・スミスは、転移した乳ガンに対する治療法として有望な、ある新しい化学療法を調べた。すると、この療法で健康に生き延びるためには1年間で36万ドルかかることがわかった。まあ、ほんとにそれだけの効果があったらの話だけれど。残念ながら、そんな効果はなかった。この新しい治療法で患者の命は典型的に2カ月足らずしか延びない。

そんな大きなコストが健康保険制度全体に大きな負担となってのしかかっている。アメリカの高齢者向け医療保険制度の利用事例中、ガン患者の割合は20%だが、同制度の医薬品予算に占める割合は40%に上るとスミスは指摘する。

ガン専門医の中には、死亡率のデータには化学療法のメリットが必ずしも現れていない、患者が10人いたらそのうち9人は化学療法が効かないかもしれない、でも10番目の患者には奇跡が起きるかもしれない、と言う人もいる。それでも、かかる費用が大きいことや効かない場合もよくあること、それに害も大きいこと――ある化学療法を受けた肺ガン患者の30%近くは、ひどい副作用を抱えて生きるよりその治療を止めるほうを選んでいる――を考えると、なんで化学療法なんてこんなにも幅広く使われてるんだろうって気になる。

儲けたいっていうのも間違いなく要因の一つだ。なんだかんだ言ってもお医者さんだって人間で、人間はインセンティヴに反応する。ガンの専門医はお医者さんの中でも一番稼ぎが大きいほうだし、彼らのお給料は他のどの分野の専門医よりも上昇率が高い。そして彼らはそんな所得の半分以上を、化学療法の薬を売り、投与することで稼いでいるのだ。それに、化学療法はガン専門医が生存率データを膨らませようというときにも使える。肺ガンの末期患者の寿命を2カ月延ばしてもたいした違いはないように思えるかもしれない。でも、そういう患者はほうっておくとあと4カ月の命しか期待できないかもしれない。紙の上の計算では、なんだかすばらしい偉業を成し遂げたみたいに見える：お医者さんのおかげで患者さんの余命が50％も伸びたのだ。

トム・スミスはこうした考えを否定しない。ただ、ありうる説明をもう二つ挙げている。

ガンの専門医は、化学療法の効果を大げさに言う――あるいは、ひょっとすると過信する――誘惑に駆られていると彼は言う。「掲げたスローガンが『ぼくらはガンとの戦争に勝てそうだ』なら、マスコミの注目も寄付も議会の予算も集められる。スローガンが『ぼくらはいまだにガンにケツを蹴飛ばされてるけど前ほどボロ負けじゃなくなった』だとウケかたがぜんぜん違う。で、現実はというと、脳やおっぱい、前立腺、肺、そういう組織が健康なほとんどの人たちにとって、ぼくらはいまだにガンにケツを蹴飛ばされてるけど前ほどボロ負けじゃなくなった、でもたいして進歩したわけじゃない、だ」。

それからガン専門医はやっぱり人間で、その人間が別の人間に、あなたは死にかけている、残念ながらできることはもうほとんどない、そう告げなければならないわけだ。「ぼくみたいな医者にとって、人にとても悪い話を伝えるのはとても難しいんだ」とスミスは言う。「それに、ぼくらの薬はぜんぜん効かないこともあるんだって話も言いにくい」。

そういうお役目がお医者さんにとって難しいなら、化学療法の普及を後押ししている政治家や保険会社のえらいさんにとっても、もちろん難しいに決まってる。効果を否定する証拠はやまほど積みあがっているけれど、ガン患者にとって化学療法は最後に残った一縷の望みなのだ。スミスが言うところの「死にたくないという、心の底からの変わらぬ願い」を化学療法で癒すのである。でも将来、今から50年ぐらい先に、21世紀はじめの最先端のガン治療を振り返ったとき、みんなこんなことを言うのは想像に難くない。「患者に何を投与してたって？」

年齢調整後のガンの死亡率は、過去半世紀、実質的に変わっていない。人口10万人当たり、だいたい２００人がガンで亡くなる。30年以上も前、ニクソン大統領が「ガンとの戦争」を宣言し、資金も世間の注目も劇的に集まったのに、この体たらくだ。

信じられないかもしれないけれど、横ばいする死亡率の後ろに、実はいいニュースが隠れている。同じ半世紀で、年齢調整後の心疾患の死亡率は、人口10万人当たり６００人近いところから３００人を下回るところまで急激に下がっている。これはどういうことだろう？

前の世代では心臓病で亡くなっていた人たちが、今では代わりにガンで死ぬところまで長生きするようになったということだ。実際、新たに肺ガンだと診断される人のうち90％近くは55歳以上である。年齢の中央値は71歳だ。

横ばいするガンの死亡率で見えにくくなっている希望に満ちた傾向がもう一つある。20歳以下の人たちに限ると、死亡率は50％以上も下がっているし、20歳から40歳の人たちでも20％下がっている。この進歩は本物だし、勇気が湧く。この年齢層のガン患者数は増えているからなおさらだ。（なんで増えているのかはまだわからない。容疑者は、食生活、素行、環境要因なんてとこだ）。

40歳以下の人がガンで亡くなることが減っている一方、二つの戦争で若くして亡くなる人の数は増えているに違いない。そうでしょ？

２００２年から２００８年、アメリカはアフガニスタンとイラクでひどい戦争を戦った。動員された軍人中、１年に平均で１６４３人が亡くなっている。でも１９８０年代のはじめ、アメリカは大きな戦争をしてはいなかったのに、同じ長さの期間を取って計算すると、１年間で平均２１００人を超える軍人が亡くなっている。なんでそんなことが？

一つには、軍が今よりずっと大きかったというのがある。１９８８年に現役だった軍人の数は２１０万人、一方２００８年は１４０万人だ。でも、２００８年の死亡率でさえ、ときによっては平時よりも低い。医療技術の進歩のおかげもいくらかあるだろう。しかし、１９８０年代はじめ、１年に事故で亡くなる兵士の割合は、アメリカがアフガニスタンとイラクで戦いを繰り広げていたどの年を見ても、敵の攻撃で亡くなる兵士の割合より高かった。戦う練習をするのはほんとに戦うのと同じぐらい危ないみたいである。

それから、もっと大きな視野で見るために、こんなことを考えてみよう。１９８２年以来、アメリカの現役の軍人が４万２０００人殺されている。これは、１年に交通事故で亡くなるアメリカ人の数と、だいたい同じ数だ。

誰かが30年間毎日タバコを２箱吸い続け、肺気腫で亡くなったとしたら、自業自得だな、まあ、一生好きにタバコ吸ってたんだし、ぐらいのお悔やみは言える。

テロ攻撃の被害者にはそんな慰めの言葉さえかけられない。突然に、暴力的に、いわれもない死があなたにふりかかる。巻き添えの死だ。殺した側はあなたのことなんかこれっぽっちも知らないし、気にもしていない。あなたの人生やあなたの業績やあなたの愛する人たち、全部どうでもいいのである。あなたの死は踏み台だ。

テロがあんなにもいらだたしいのは防ぐのがとても難しいからだ。テロリストの手口や標的は、実質的にいくらでもある。列車の爆破。摩天楼に突っ込む飛行機。炭素菌入りの郵便。アメリカの9・11やイギリスの7・7みたいなテロの後は、膨大な資源が当たり前のように一番大事な標的を守るのにつぎ込まれる。でも、そういう仕事をやってるとシーシュポスみたいな気分になる。テロリストが攻撃しそうな標的を全部壁で囲ってしまうよりも、テロリストが攻撃を仕掛ける前にヤツらを捕まえて牢屋に放り込むほうがずっといい。

グッド・ニュースは、テロリストなんてそんなにたくさんはいないってことだ。テロ攻撃を実行するのはそんなに難しくない、それなのにテロは実際にはそんなにしょっちゅう行われてもいない、そう考えると、そんな結論にたどり着く。9・11以来、アメリカの地ではテロは行われていないに等しい。イギリスではたぶんもっと活発なんだろうけど、それでもとても稀だ。

バッド・ニュースは、テロリストなんてそんなにたくさんはいないからこそ、実害が起きる前に彼らを捕まえるのがとても難しいことだ。伝統的に、テロ対策は三つの活動を中心に行われてきた。まず人間による諜報活動で情報を集めること。これは難しいうえに危険を伴う。それから電子的に行われる「おしゃべり」を傍受すること。これは消火ホースから水をすすろうとするようなものだ。そして国際的な資金の流れを追いかけること。世界中の銀行で毎日何兆ドルものお金が動いていることを考えると、浜辺まるごと一つをふるいにかけて特定の砂粒を数個、見つけ出そうとするようなものである。9・11テロ攻撃を実行した19人の男は作戦全体を30万3671・62ドルでまかなった。つまり1人当たり1万6000ドルもいかない。

テロリストを見つけるのに使える四つ目の作戦って、ないものだろうか？

イアン・ホースレイ（注：すぐ後で理由ははっきりするけど、この名前は仮名です。この人について、それ以外は全部本当）はあるだろうと思っている。この人が働いているのは警察でもなければ政府でも軍でもない。だいたい、彼の経歴も物腰も、ぜんぜん雄雄しかったりしない。電気技師の息子で、イギリスにどっぷり浸って育ち、いまや余裕で中年男である。イライラするロンドンの喧騒から離れて今も幸せに暮らしている。とても愛想のいい人だけど、どう見ても社交的なほうではないしとくに陽気でもない。ホースレイは、彼自身の言葉を借りると、「隅から隅まで月並みで、まったくすぐに忘れてしまうような」キャラだ。

大人になったホースレイは会計士にでもなろうかと思った。でもガールフレンドのお父さんが銀行の出納係の仕事を紹介してくれたので学校を辞めた。別の仕事に空きが出て、彼は何度か新しい部署に移ったが、どれもあんまり面白くなかったし、お給料もよくなかった。でもコンピュータ・プログラミングの仕事に就いたときはちょっと面白かった。「銀行の活動の基礎になるデータベースを根本から理解できた」からだ。

ホースレイはよく働き、人間の行動がよく見える人であり、正しいことと間違っていることがはっきり見分けられる人だった。そのうち彼に行員の不正をかぎつけるお役目が回ってきた。それから彼はお客の詐欺を見破る立場になった。銀行にとってはこっちのほうがずっと大きな問題だった。イギリスの銀行はお客が働く詐欺で毎年15億ドルほども損をしている。近年、お客の詐欺は二つの原因で増えていた。オンライン・バンキングの隆盛と新しい商売を勝ち取ろうという銀行同士の激しい競争だ。

しばらくの間、お金は安く手に入り、息してる人なら誰でも簡単にお金が借りられた。仕事があろうがなかろうが、どこの国籍だろうが返済能力がどうだろうが関係なかった。イギリスで銀行へ足を踏み入れると、出てくるときには誰でもクレジット・カードがもらえていた。（ほんとのところ、息してなくてさえよかった。詐欺師たちは亡くなった人やいもしない人の名前も喜んで使った）。ホースレイはいろんなタイプのお客の癖を学んだ。西アフリカの移民は小切手を書き換える名人だ。一方東ヨーロッパの人たちは他人に成りすますのが最高にうまい。こういう詐欺師たちは情け容赦ないうえに独創的だ。銀行のコールセンターを見つけ出し、行員が出てくるのを外で待ち構えて、顧客情報を売らないかと持ちかけたりする。

ホースレイはデータ・アナリストとプロファイラーのチームを作り、彼らに銀行のデータベースを這い回って詐欺行為を見つけ出すコンピュータ・プログラムを書かせた。プログラマーたちはいい腕をしていた。詐欺師たちも腕がよく、そのうえ機転が利いた。それまでの手口が危なくなると、すぐに新しい手口を作り出した。そういう速い流れの中に身を置いているうちに、ホースレイはどんどん詐欺師の頭の中が読めるようになった。眠っているときでさえ、彼の頭は数十億のそのまた数十億倍もありそうな銀行の個別データの海をあさり、悪事を示すパターンを探していた。彼のアルゴリズムはどんどん厳重になった。

ぼくたちは幸運にも、だいたいそのころにイアン・ホースレイに出会っている。で、彼もぼくらも思った：このアルゴリズムで絶え間なく流れていく銀行の小口業務のデータをふるいにかけて、詐欺師をうまく捕まえられるんだったら、ひょっとしておんなじデータで他の類の悪いやつらも見つけられるんじゃないか？　たとえば、テロをやってやろうってやつとか。

ぼくたちの思いつきは9・11のテロ攻撃が残したデータでも裏付けられた。あの19人のテロリストが残した銀行取引の履歴を見ると、全体として、銀行の典型的なお客とは違ういくつかの特徴が浮かび上がる。

- アメリカで銀行口座を開くとき、現金かそれに近いものを預けて口座を開く。金額は平均でだいたい4000ドルであり、普通は有名な大手銀行の支店に口座を作る。
- 登録する住所は典型的に私書箱であり、住所は頻繁に変わる。
- 彼らの一部は定期的に振込みで外国の口座とお金をやり取りしている。ただ、送金額はいつも、銀行が当局に報告しなければならない額を下回る。
- 一度に大きな額を預金し、それから時間とともに現金を小額ずつ引き出していく。
- 彼らの銀行取引には、家賃、光熱費、自動車ローン、保険、そういった日常生活にかかる費用が出てこない。

- 月ベースで見て、お金を預けたり引き出したりするタイミングに一貫性がない。
- 普通預金や貸金庫は使わない。
- 現金引き出しの割合が小切手による引き落としに対して異常に高い。

テロリストだとわかっている人の銀行取引の特徴を後知恵で並べ上げるのは当たり前のように簡単だ。テロリストが行動を起こす前に彼らを見分けられる特徴を特定するのはずっと難しい。あの19人の男たちの特徴――アメリカに住む外国人で、ジェット旅客機をハイジャックするべく訓練を受けている――は、たとえばロンドン育ちの自爆テロリストとは必ずしも一致しない。

それに、悪事を見つけ出すのにデータを使ったこれまでの例――『ヤバい経済学』でぼくたちが書いた、インチキ先生とか馴れ合い力士とか――の場合、問題の集団にはかなり不正が横行していた。でも今回の場合、集団は巨大で（ホースレイの銀行だけを見てもお客は何百万人もいる）、一方テロをやろうなんて人はとても少ない。

でも、たとえば、銀行のデータを使って99％正しいアルゴリズムが作れたとしよう。それから、イギリスにはテロリストが５００人いるとする。アルゴリズムはそのうち99％、つまり４９５人を正しく指し示す。でも、イギリスにはテロとは何の関係もない大人がだいたい５０００万人いて、アルゴリズムはこのうち1％、つまり50万人も間違ってテロリストだと指差すのだ。結局、このステキな99％正しいアルゴリズムは、あまりにも多くの擬陽性の結果を吐き出す。つまり、当局にテロリストだと疑われ、引っ張っていかれて、当然のように怒り狂ってる50万人だ。

そしてもちろん、当局だって、こんなにたくさんの容疑者を相手にできたりはしない。

これは医療業界ではよくある問題だ。最近行われたガン検診の調査によると、検診を受けた6万8000人の50%が、14種類の検査を受けて少なくとも1度は擬陽性の結果を出されている。だから、保険制度の強化を支持する人は、ありとあらゆる病気の検査をすべての人に提供するユニバーサル・スクリーニングが必要だと言うかもしれないけれど、ほんとにやったら擬陽性であふれかえってしまい、制度がもたなくなり、ほんとに病気の人まで押し流されてしまうだろう。2007年のワールド・シリーズでMVPを取った野球選手のマイク・ローウェルがメジャー・リーグの選手全員に成長ホルモンのドーピング検査を受けさせる計画について話し、同じような問題を指摘した。「99%正しい検査だとして、擬陽性が7人出るわけだよね」とローウェルは言った。「そういう擬陽性の人の1人がカル・リプケンだったらどうすんだ？　彼の経歴にキズをつけてしまうことになるんじゃないか？」

同じように、テロリストを捕まえようっていうなら、99%の正しさじゃまだまだぜんぜん正しくないのである。

2005年7月7日、イスラム教徒の自爆テロリスト4人がロンドンに攻撃を仕掛けた。1人は混んだバス、残りの3人は地下鉄だった。52人の人が殺された。「ぼく自身、打ちのめされたよ」とホースレイは振り返って言う。「ぼくたちはテロリストを見つけ出そうっていう仕事を始めたばかりだった。ぼくたちがもう何年か早く仕事を始めていたら、ひょっとすると、もしかしたら、このテロを防げたんじゃないか、そう思った」。

７・７の爆弾魔たちはいくらか銀行取引のデータを残していた。でも、それほど多くはなかった。とはいうものの、その後数カ月間で、容疑者が何人もイギリスの警察に捕まり、結果的にぼくたちのテロリスト発見計画に貢献してくれた。まあ確かに、彼らの中にテロリストだとはっきりわかっている人はいない。彼らのほとんどは懲役を食らったことは一度もなかった。でも、捕まるほどテロリストにそっくりなら、そういう彼らの銀行取引の癖を掘り起こして、使えるアルゴリズムが作れるかもしれない。運よく、１００人以上の容疑者がホースレイの銀行のお客だった。

手順は2ステップだ。まずこの１００人強の容疑者について、手に入るデータを全部集め、彼らを普通の人たちと識別できるパターンを見つけ、それをアルゴリズムにする。アルゴリズムの調整がうまくいったら、それを使って銀行のデータベースをほじくり返し、悪いことをしそうなやつを他にも見つけてくる。

イギリスが戦っている相手はイスラム教原理主義のテロリストで、たとえばもはやアイルランドの過激派ではないから、逮捕された容疑者たちは例外なくイスラム系の名前だ。これは、アルゴリズムで使う人口統計上の特性の中で、一番強力な目印の一つになった。苗字も名前もイスラム系でない人がテロリストの疑いがある可能性は50万に１つだ。苗字と名前のどちらか一方がイスラム系である人の場合、可能性は3万に１つ、そして苗字と名前の両方がイスラム系である人だと、可能性は２０００に１つに跳ね上がる。

テロリストの疑いが強い人は圧倒的に男が多く、だいたいは26歳から35歳である。加えて、こういう特徴を持つ人が圧倒的に多い。

- 携帯電話を持っている
- 学生である
- 持ち家ではなく借家に住んでいる

これらの特徴だけでは逮捕する理由にはほとんどならない。（ぼくたち2人がこれまで一緒に働いてきたリサーチ・アシスタントはほとんどみんな、これらの特徴が当てはまるけど、彼らの誰一人としてテロリストじゃないってことは自信を持って断言できます）。でも、イスラム系の名前という目印の上に重ねると、こんなよくある特徴でもアルゴリズムをいっそう強力なものにすることができるのだ。

ここまで出てきた要因を取り込んでみると、根本的に中立で、どうやってもテロリストを見つけるのに使えない特徴がいくつかあるのがわかる。そういう特徴にはこういうのがある。

- 就業状況
- 配偶関係
- モスクの近くに住んでいるか

だから、よくある思い込みとは違って、26歳で仕事もしてない独身男、ちなみに住処はモスクの隣って人は、同じように26歳で仕事も奥さんも持ってる男、家はモスクから5マイルっていう人にくらべて、別にテロリストである可能性が高かったりはしない。

それから、テロリストじゃないことを示すいい指標もいくつか見つかった。データによると、テロをやろうという人は、こういうことはめったにやらない。

- 普通預金にお金を預ける
- 金曜の午後にATMでお金を下ろす
- 生命保険を掛ける

金曜日にATMはなしねっていうのはイスラム教徒であることを示す指標のようだ。彼らは金曜日には礼拝に行かないといけない。生命保険っていう目印はなかなか興味深い。あなたが26歳の男で、幼い子どもが2人いるとする。いくらか生命保険を掛けて、自分が若くして死んでも家族が生きていけるようにするのがよさそうに思える。でも、保険の加入者が自爆テロをやったら保険会社は保険金を払ってくれないかもしれない。だから、家族を抱えた26歳の男で、いつか自分で自分を吹き飛ばすかも、と思っているなら、たぶん生命保険を掛けるなんて無駄遣いはしないだろう。

こうして見てくると、売り出し中のテロリストが自分の足跡を隠そうと思ったら、銀行へ行って口座名義を何かとってもイスラムっぽくない名前に変えるのがいい（イアンなんてどうでしょう）。それから、いくらか生命保険を掛けるのもいいだろう。ホースレイの銀行でも、毎月数ポンドで掛けられる初心者向けの保険を売っている。

これらの指標を全部合わせて使えば、銀行のお客さん全体から、テロリストの疑いがある人たちをかなり小さな集団に絞って抜き出すアルゴリズムがうまく作れる。

これで包囲網は狭まったけど、まだ十分狭くなってはいない。アルゴリズムを鋭く研ぎ澄まし、機能させられるようになったのは、もう一つ、最後の指標があったからだ。この指標がどんなのかは国家安全保障のために書かないでくれと言われた。だからそれを変数Xと呼ぶことにする。

変数Xのどこがそんなにすごいんだろう？　一つには、これは行動に関する指標で、人口統計上の指標ではない点がある。世界中のテロ対策当局の人たちが夢見ることといったら、テロリストでいっぱいの部屋で壁にとまったハエになる、みたいなことだ。ちょっとした大事な点で、変数Xはこの夢をかなえている。アルゴリズムが使う他のだいたいの指標はｙｅｓかｎｏかという答えを出すけれど、変数Xはそれとは違ってある特定の銀行取引の頻度を測る。普通の人だとそうそうやらないこの行動が、他の目印でテロリストだと示唆された人たちには、ずっと頻繁に見られるのだ。

最終的に、この変数がアルゴリズムの推測能力を大幅に高めてくれた。何百万人もいる銀行のお客のデータベースから始めて、ホースレイはとても疑わしい人が30人ほど載ったリストにたどり着いた。堅めに見積もって、この30人中少なくとも5人はほぼ間違いなくテロ活動に手を染めている。30人中5人なんて完璧にはほど遠い。アルゴリズムはテロリストをたくさん見逃しているし、無実の人もまといい。

だ何人か間違って指差してしまっている。でも、50万495人中495人よりは、間違いなくずっといい。

ここを書いている時点で、ホースレイはすでにこの30人のリストを上司に提出し、上司はそれを適切な役所に提出している。ホースレイは仕事をやり遂げたのだ。あとは当局の人たちが仕事をやり遂げる番である。ことの性質上、自分は成功したのかどうか、ホースレイがはっきりと知ることはない。それに皆さん、つまり読者の皆さんが、成功したという直接の証拠を目にする可能性は輪をかけて小さい。起きなかったテロ攻撃っていう形の証拠は表に出にくいからだ。

でも、ひょっとすると将来、イギリスのパブに行って、隣の席に、控えめでちょっとよそよそしい感じの、知らない人が座ってることがあるかもしれない。あなたは彼と1杯やることにして、もう1杯、もう1杯と飲み続ける。彼の口が軽くなり、なんだか恥ずかしそうな調子で、最近、称号をもらったんだって言う。いまや彼はサー・イアン・ホースレイと呼ばれるようになった。どんな成りゆきでナイトの称号をもらえたのか話すことはできないけど、でも、害なす者たちから市民社会を守った、みたいなことだよと言う。あなたは彼に、すばらしい任務を果たしてくれてありがとうとたいそうなお礼を言い、彼にもう1杯おごり、さらにもう何杯か飲ませる。とうとうパブが閉店になり、あなたたち2人は千鳥足で外に出る。ふと見ると、彼は暗い夜道を歩いて帰ろうとしている。そこであなたは彼のしてくれたことにお礼をするちょっとした方法を思いつく。あなたは彼を歩道に引っ張り上げ、タクシーを呼んで、彼を押し込むのだ。だってほら、思い出してくださいよ。友だちだったら友だちを酔っ払い歩きなんてさせない、でしょ。

Chapter 3 Unbelievable Stories About Apathy and Altruism

第3章 身勝手と思いやりの信じられない話

1964年3月、冷たく湿った木曜日の晩遅く、ニューヨーク市でひどいことが起きた。この星を這いまわった生き物の中で、人類は一番えげつなく身勝手だ、そう思わせる事件だ。

キティ・ジェノヴェーゼという28歳の女の人が仕事から家に帰り、いつものようにロングアイランド鉄道の駅の駐車場に車を停めた。彼女はクイーンズのキューガーデンズに住んでいた。マンハッタンから電車で20分ぐらいのところだ。ステキな界隈で、木の生い茂った区画に整然と家が並んでいる。それからアパートもいくらか建っているし、小さな商店街もある。

ジェノヴェーゼはオースティン通りに面して並んだ店の上に住んでいた。アパートの入口は建物の裏側だった。車を降りてドアをロックするのとほとんど同時に、男が後を追ってきて彼女の背中を刺した。ジェノヴェーゼは金切り声を上げた。凶行はオースティン通りに並んだ店の前の歩道、モウブレイと呼ばれる10階建てのアパートの建物から通りを隔てたところで行われた。

ウィンストン・モズレイという名の加害者は自分の車に戻った。白いシヴォレー・コルヴェアで、60ヤードほど向こうの曲がり角に停めてあった。彼はバックで区画沿いに向こうへ走り、視界から消えた。

一方ジェノヴェーゼはふらつきながら立ち上がり、建物の裏へ向かった。でもモズレイはすぐに戻ってきた。彼は彼女に性的暴行を加え、また刺して、そのままジェノヴェーゼを死なせた。それから彼は車に戻り、家に帰っていった。ジェノヴェーゼと同じように彼も若く、29歳で、やっぱりクイーンズに住んでいた。奥さんは正看護師だった。子どもも2人いた。家へ向かっている途中で別の車が赤信号で止まっているのに気づいた。運転手はハンドルにもたれて眠っていた。モズレイは車を降り、彼を起こした。暴行も加えなかったし、強盗も働かなかった。次の朝、モズレイはいつもどおり仕事に行った。

この犯罪はすぐに知れ渡った。でもそれはモズレイが変質者だったせいじゃない。彼は一見普通のマイホーム・パパで前科はなかったけれど、実は陰惨な性犯罪を何度も繰り返していた。それに、ジェノヴェーゼ自身が華々しい人柄だったからでもない。彼女はレストランの支配人で、レズであり、賭博の前科があった。そして、ジェノヴェーゼが白人でモズレイが黒人だったからでもない。

キティ・ジェノヴェーゼ殺しが有名になったのは『ニューヨーク・タイムズ』の1面に載った記事のせいだ。記事の書き出しはこんなふうだった。

30分以上にわたり、クイーンズに住む38人の法に従う立派な市民たちは、キューガーデンズで殺人者が女性の後を追い、3度にわたって暴行し、刺すのをただ見つめていた…（中略）…凶行が行われる間、誰一人として警察に通報しなかった。目撃者の1人は女性が亡くなってから警察に電話した。

殺人は、始まってから終わるまで約35分かかった。「最初に暴行が行われたときに通報を受けていたら」と警官の1人は言っている。「女性は亡くならなかったかもしれない」。

殺人の翌朝、警察はジェノヴェーゼの近所の人たちを事情聴取し、『タイムズ』の記者も彼らの何人かをもう一度取材した。どうして止めに入らなかったのか、あるいは少なくとも通報はできたんじゃないかと尋ねられ、近所の人たちはいろんな言い訳をした。

「恋人同士が口げんかしてるだけだと思った」。

「なんだと思って窓のところへ行ったけど、寝室の明かりじゃ通りはなかなか見えなかったんだ」。

「疲れてたんだよ。ベッドに戻って寝てしまった」。

記事はそんなに長くなかった。たった1400語ほどだ。でも記事の衝撃はすぐさま爆発的に広がった。キューガーデンズの38人の目撃者は、人類の文明が新たな最低の境地に達したことの表れだというのが世間一般の評価だったようだ。政治家も神学者も、それに論説委員たちも、無関心な隣人たちを厳しく批判した。彼らの住所を公開しろ、正義の鉄槌を下してやる、そんなことを言う人までいた。

この事件は国中に大きなショックを与えた。その後20年間で、無関心な傍観者についてホロコーストよりもたくさんの学術論文が書かれた。

30周年の日に、ビル・クリントンはニューヨークを訪れ、この犯罪についてこう語った。「これは当時の社会に何が起きていたかを示す、身も凍るようなメッセージだ。つまり、私たちはそれぞれが危険にさらされているにとどまらない。私たちは本質的に一人ぼっちなのだ」。

35年以上経っても恐怖はまだ生きていた。マルコム・グラッドウェルが書いた社会的行動に関する画期的な著作、『ティッピング・ポイント』（高橋啓訳、2000年、飛鳥新社）ではこの事件を「傍観者効果」の例として扱っている。悲惨な事件の目撃者が複数いる場合、目撃者たちはその悲劇にかかわろうとしなくなる傾向だ。

40年以上経った今日、学部生向け社会心理学の教科書売上げトップ10のどれを見ても、キティ・ジェノヴェーゼの話が登場している。そんな教科書の一つは、目撃者たちをこう描いている。「殺人者が身の毛もよだつ行為を続けた30分の間、彼らは、殺人者が3度にわたって現場に戻り、凶行を繰り返すのを、家の窓にとどまって興味深く見つめていた」。

38人もの人がただ立ち尽くし、隣人が暴行を受けるのを見物していたなんて、いったいなんでそんなことできたんだろう？　はいはい、そりゃ経済学者はいつも、ぼくたちがどんだけ自分のことしか考えてないかとうとうと話してくれるけど、自分の身かわいさもここまでくると理屈を超えてるんじゃないか？　ぼくたちが他人に冷たいのって、ほんとにそこまで根深いところから来てるんだろうか？

ジェノヴェーゼ殺しはジョン・F・ケネディ大統領の暗殺からほんの数カ月後に起きた。この事件は社会に終末が訪れたのを示しているように思えた。アメリカ全土の都会で犯罪が爆発的に増え、誰もそれを止められなさそうだった。

それまでの数十年間、アメリカの暴力犯罪や窃盗犯罪の発生率は、安定してどちらかといえば低かった。それが１９５０年代の半ばに上がり始めた。１９６０年、犯罪発生率は１９５０年より50％高かった。１９７０年には4倍になっていた。

どうしてだろう？

なんとも言いがたい。１９６０年代のアメリカ社会では、本当にたくさんの変化が同時に広まっていた。人口の急増、反全体主義の国民感情、公民権の拡大、ポップ・カルチャーの根本的な変化、そういう中から人を犯罪に駆り立てる要因を抜き出すのは簡単ではない。

たとえば、牢屋に放り込む人の数を増やせば犯罪はほんとに減るのか知りたいとしよう。この問題は一見して思うほど簡単ではない。ひょっとすると犯罪者を捕まえて牢屋に入れるためにつぎ込まれる資源には、実はもっと有効な使い道があるかもしれない。ひょっとすると、悪いやつを引っ張っていくたびに、別の悪いやつがやってきてそいつに取って代わるだけかもしれない。

何らかの意味で科学的に信頼できる形でこの疑問に答えようと思ったら、ほんとにやりたいのは実験だ。州をいくつかでたらめに選んでそれぞれに囚人を1万人釈放しろと命令できることにしよう。同時に、別の州をいくつかでたらめに選んで1万人の人を、たぶん普通は懲役は食らわない軽犯罪か何かの咎で、牢屋に放り込めと命令できるとしよう。で、ゆったり座って数年待って、それから二つのグループの犯罪発生率を測る。ジャン！　これであなたは、変数間の関係を特定できる、ランダム化された対照付きの実験をしたことになる。

残念ながら、でたらめに選んだ州の知事たちは、たぶんそういう実験を気に入ったりするほどあなたにやさしくはないだろう。ついでに、一方のグループの州に住んでいる、牢屋に放り込まれる人たちも、それからもう一方の州で釈放した囚人の近所に住む人たちも、やっぱりあなたの実験を気に入ってくれたりはしないだろう。だから、こういう実験をほんとにやれる可能性はゼロだ。

だからこそ、研究者たちはよく、自然発生実験と呼ばれるものに頼って仕事をする。やりたいんだけど何らかの理由でやれない実験にそっくりの状況、それが自然発生実験だ。ここの例の場合、ほしいのはいろいろな州における監獄に収監されている人の数が、それぞれの州における犯罪の発生件数とはぜんぜん関係ない理由で大幅に変化する、そんな状況である。

都合のいいことに、アメリカ自由人権協会（ACLU）がご親切にもちょうどそんな実験を作り出してくれていた。ここ数十年、ACLUはあちこちの州を相手に、すし詰め状態の監獄をなんとかしろと訴訟を起こしてきた。確かに、どの州が訴訟を起こされるかはでたらめからは程遠い。ACLUは監獄が混み合ってる州や訴訟に勝てる可能性が高い州を選んで訴える。でも、ACLUに訴えられる州の犯罪の傾向は、それ以外の州の傾向ととてもよく似ている。

実質的にはどの裁判でもACLUが勝訴している。裁判所は囚人の一部を釈放してすし詰め状態を解消しろと州に命令する。判決が出てから3年で、そうした州の囚人の数は、他の州に比べて、相対的に15％も減っている。

そうやって釈放された囚人は何をする？　やまほど犯罪を犯す。ACLUが勝訴してから3年の間に、そうした州の暴力犯罪は10%、窃盗犯罪は5%増加している。

だから、いくらかやらないといけないことはあるけれど、自然発生実験みたいな間接的なやり方でも、1960年代の犯罪のものすごい増え方を振り返り、どうしてそんなことになったのか説明を見つけるのに役立つ。

大きな役割を果たした要因の一つは刑事司法制度そのものだ。犯罪の検挙率は1960年代に大幅に下がった。窃盗犯罪も暴力犯罪も両方だ。でも、犯罪者のうち警察が捕まえてくれる数の割合が下がっただけでなく、裁判所も連中をなかなか刑務所に放り込んでくれなくなった。同じ罪を犯して捕まった連中が塀の中ですごす時間の長さは、1970年には10年前に比べてなんと60%ほども減っている。全体として、1960年代に刑罰が軽くなったことで、犯罪の増加のだいたい30%を説明できる。

戦後のベビー・ブームも要因の一つだ。1960年から1980年で、15歳から24歳の人がアメリカの人口に占める割合は40%近く上昇している。犯罪にかかわる可能性が一番高い年齢層がびっくりするぐらい増えたわけだ。でも、人口構成のそういう劇的な変化でさえ、犯罪増加の10%ぐらいしか説明できない。

だからベビー・ブームと投獄率の低下を合わせても、犯罪発生率が急に高くなったことの半分も説明できない。他の仮説がやまほど提唱されたけど――アフリカ系アメリカ人が南部の田舎から北部の大都市へ大移動したこと、ヴェトナム戦争を戦った人たちが心身に傷を負って復員してきたことなど

――それを全部合わせても犯罪の急増を説明することはできない。何十年も経った今、犯罪学者たちのほとんどは、いまだに首を傾げるばかりだ。

答えはぼくたちの目の前にあるのかもしれない。文字通り目の前に。テレビだ。ビーヴァー・クレヴァーと絵に描いたような家族は、時の流れの犠牲者ってわけじゃないのかもしれない（『ビーヴァーにおまかせ』は1963年に打ち切られた。ケネディが暗殺されたのと同じ年だ）。ひょっとすると、あれこそが問題の元凶なのかもしれない。

テレビの暴力的な番組のせいで人びとの行動が暴力的になったって言う人たちはずいぶん前からいるけれど、データはそうは言っていない。ぼくたちがここで言おうとしているのはまったく違う話だ。ぼくたちは、テレビをたくさん見て育った子どもは、見ていたのが人畜無害でご家族向けの番組ばっかりだったとしても、大きくなってから犯罪に手を染める可能性が高いと主張する。

この仮説を検証するのは難しい。テレビばっかり見てた子と見てない子をでたらめに選んで比べるだけじゃダメだ。テレビの前から離れようとしない子とそうでない子は、テレビ以外でも、間違いなく数え切れないぐらいいろんな点で違っている。

もっと信用できるやり方は、早くからテレビが映るようになった街と、ずっと後になってから映るようになった街を比べるやり方だろう。

前に書いたように、インドでは国内のいろいろな地域で順繰りにケーブルテレビを見られるようになった。この時間差のおかげで、農村部の女性たちにテレビが与えた影響を測ることができた。アメリカで初めてテレビが導入されたときの道のりはいっそう険しかった。1948年から1952年の

４年間、連邦通信委員会が、周波数帯を編成しなおすために新しい放送局の認可を凍結したのが主な原因だ。

アメリカには、１９４０年代の半ばにテレビが入るようになった地域もあるし、それから10年遅れてやっと入るようになった地域もある。調べてみると、早くにテレビが見られるようになった地域とずっと後にやっと見られるようになった地域では、犯罪にはっきりした違いが現れた。テレビが導入される前、犯罪の傾向は二つのグループの間で同じようなものだった。でも１９７０年、テレビの導入が遅かった街に比べて、早かった街は暴力犯罪が2倍になっていた。窃盗犯罪のほうは、テレビが早くに来た街は１９４０年代までは発生率が低かったが、最終的にはずっと高くなっている。

もちろん、テレビが早くに来た街と遅くに来た街には他にもいろんな違いがある。それらの影響を避けて通るために、ぼくたちは、たとえば１９５０年と１９５５年に同じ街に生まれた子どもたちを比べた。こうすれば、１９５４年にテレビが映るようになった街なら、生まれて最初の４年間はテレビがなかった世代一つと、生まれてからずっとテレビがある世代一つを比べることになる。テレビがいつ導入されたかは街によってバラバラだから、テレビと一緒に育った世代と生まれて最初のころはテレビがなかった世代の分かれ目も街ごとに大きく違っている。それに基づけば、犯罪発生率が上昇するのはどの街がどの街より早いか、それに、犯罪者の歳はいくつぐらいか、推測が成り立つ。

さて、それじゃ、テレビを導入すると街の犯罪発生率に大きな影響があるんだろうか？

答えはどうやらｙｅｓみたいだ。実際、15歳までの若者たちがテレビに接している期間が1年増えると、彼らがその後起こす窃盗犯罪の逮捕件数が４％、暴力犯罪の逮捕件数が２％増える。ぼくたちの分析によると、テレビの影響は全体で1960年代の窃盗犯罪を50%、暴力犯罪を25%増やしている。

テレビがこんなにも劇的な影響を与えたのはどうしてだろう？ データを見てもはっきりしたことはわからない。テレビを見る機会が増えて一番強い影響を受けるのは生まれてから4歳までの間だ。4歳までの子どもで暴力的な番組を見る子はあんまりいないので、内容が問題だとは考えづらい。

テレビをたくさん見た子は、その後社会にうまく順応できなくなるのかもしれない。自分で自分の楽しみを見つけられなくなるのかもしれない。ひょっとするとテレビのせいで、持たざる者は持てる者が持ってるものを、盗んででもほしくなるのかもしれない。あるいは、子どもたちとはぜんぜん関係ないのかもしれない。子どもを世話するよりテレビ見てるほうが楽しいってわかって、ママもパパも子育てを放棄してしまうのかもしれない。

あるいは、初期のテレビ番組は何らかの形で犯罪を助長していたのかもしれない。『アンディ・グリフィス・ショウ』は1960年に始まった大ヒット番組だ。この番組には銃を持たないやさしい保安官と、バーニー・ファイフという名のものすごく無能な保安官助手が出てくる。犯罪でもやってやろうって連中がテレビでこの2人を見て、警察なんて恐くないぜ、なんて思ってしまったってことだろうか？

社会に生きるものとして、ぼくたちは、リンゴの一部は腐っていて、その中には犯罪に走るのもいるとあきらめてしまっている。でも、だからって、キティ・ジェノヴェーゼのご近所さんたちが――普通の人たちで、いい人たちだ――誰も彼女を助けようとしなかったのは納得できない。ぼくたちは誰でも、大きいことでも小さいことでも、毎日のように世のため人のための行いを目にする。（それこそ、自分でそういうことをやってたりもする）。それじゃあの晩クイーンズで、誰一人として人様のために行動を起こす人がいなかったのはどうしてだろう？

こういう質問は経済学の土俵からはみ出していると思うかもしれない。流動性の枯渇だの石油価格だの、それに証券化商品だの、そういうのは経済学の土俵の内だ。でも、他人のために動く、みたいな社会的行動は？　それほんとに経済学者がやることなの？

何百年もの間、答えはｎｏだった。でも、ジェノヴェーゼが殺されたころ、経済学業界に一握りの破戒僧が出て、そういうことをやり始めたのだ。彼らの首謀者はゲイリー・ベッカーだった。彼にはすでにこの本の序章で登場してもらっている。彼は人が行う経済的選択を測るだけでは満足せず、人がそういう選択にくっつける感情も考えたいと思った。

ベッカーがやった中でもっとも説得力がある仕事には、思いやりの研究がある。たとえば、仕事では純粋に自分のことしか考えていない人が、知り合いに対しては行きすぎなぐらい思いやりがあったりすると彼は言う。ただ、重要なのは、家族の中での思いやりでさえ戦略的な要素があるとベッカーはあたりをつけたことだ（ベッカーだってやっぱり経済学者なのだ）。何年も経って、経済学者のダグ・バーンハイム、アンドレイ・シュライファー、そしてラリー・サマーズはベッカーの主張を実証的に示した。バーンハイムたちはアメリカ政府の縦断調査のデータを使い、年老いた親御さんが老人ホームにいる場合、親御さんに大きな遺産が期待できるほうが、成人の子弟は親御さんをよく訪れるのを発見した。

ちょっと待って、あなたは言うだろう。単純に、お金持ちのご家庭に生まれた子たちのほうが老いた両親を気にかけるってだけじゃないの？

そう考えるのは筋が通っている。その場合、お金持ちのご両親を持った一人っ子はとくに親孝行のはずだ。ところがデータによると、一人っ子の成人の子弟は老人ホームにいるお金持ちの親御さんをよく訪れるとは言えない。子どもは少なくとも2人はいないとよく訪ねてくるようにはなっていない。このことは、親御さんの遺産を子どもたちで奪い合うからこそ、子どもたちは親御さんをよく訪問するのだと匂わせている。古きよき家族の思いやりみたいに見えてたものが、遺産相続税の前払いみたいなものになってしまった。

世の中のあり方がよくわかっている一部の政府は、成人した子弟が歳を取ったママとパパを訪ねたり支えたりしないといけないと法律で決めてしまうところまで行っている。シンガポールのそういう法律は、老親メンテ法として知られている。

それでも、人はものすごく思いやりがあるみたいに見える。それは家族の間だけの話じゃない。とくにアメリカ人は気前がいいので有名で、毎年3000億ドルほども慈善団体に寄付をする。これは国のGDPの2％を上回る。この前ハリケーンか地震があって、たくさんの人が亡くなったときのことを考えてみればいい。善きサマリア人たちがお金と時間を持って殺到したのを覚えてますか。

でも、なんでだろう？

経済学者たちは伝統的に、典型的な人間は自分の利益に沿って合理的な判断を行うと仮定してきた。だから、そういう合理的な御仁――経済人《ホモ・エコノミクス》、普通そう呼ばれている――が、自分で額に汗して稼いだお金を、名前も発音できない場所に住んでる知りもしない人にタダで献上し、代わりに手に入るものといったらあったかくてやわらかな心地いい満足感、それだけなんて、なんでそんなことをするんだろう？

ゲイリー・ベッカーの研究を踏まえ、新しい世代の経済学者たちが、広く世界全体に見られる思いやりを理解するべきときが来たと考えた。でも、どうやって？　何かの行動が世のため人のためか自分のためかなんて、どうやったらわかるんだろう？　お隣さんが物置小屋を建てなおすのをあなたが手伝うとして、それはあなたがいいひとだからだろうか、それとも自分の家の物置だっていつか火事で焼けてしまうかもってわかってるからだろうか？　母校に何百万ドルも寄付をする人は、知識の探求に関心があるから寄付をするんだろうか、それとも自分の名前をフットボール・スタジアムの壁に刻んでもらえるからだろうか。

現実の世界でそういうことを明らかにするのはものすごく難しい。行動を観察するのは簡単だ。というか、キティ・ジェノヴェーゼの事件だと、行動が起きないのを観察するのは簡単だ。でも、行動の後ろにある意図を理解するのはずっと難しい。

ＡＣＬＵと刑務所の話みたいな、自然発生の実験を使って思いやりを測れないだろうか？　たとえば不幸な出来事を並べてみて、それぞれがどれだけ寄付を集めるか調べればいいんじゃないかと思うかもしれない。でも、変数はとても多いので、その他全部から思いやりだけを抜き出すのは難しいだろう。ひどい被害を出した中国の地震は、焼けるようなアフリカの旱魃と同じではないし、アフリカの旱魃はニューオリンズを壊滅させたハリケーンと同じではない。災害の「魅力」はそれぞれなのであり、同じように大事なことだが、寄付はマスコミの報道に大きく左右される。最近行われた、とある学術研究によると、災害救護の寄付は、新聞の報道が700語増えるごとに18%、テレビのニュースでの報道が60秒増えるごとに13%増加する。（第三世界で起こる災害の救護にお金を集めたいと思うなら、災害が起きるのがあんまりニュースのない日であってほしいと祈ったほうがいい）。そして、そういう災害は、そもそも特別な出来事で——サメに襲われたみたいな目立つやつはとくにそうだ——だから、ぼくたちが根っこの部分で持つ思いやりについて、あんまり多くを語ってくれないだろう。

いつしか裏切り者の経済学者たちは別のやり方をするようになった。現実の世界で思いやりを抽出するのがものすごく難しいんなら、被験者を実験室に連れて行って、現実の世界に特有の複雑なところを全部とっぱらえばいいんじゃないか？

実験室で実験をやるのはもちろん物理系科学の定石である。ガリレオ・ガリレイが加速度の理論を実証するべく銅の球を長い木の枠に転がして以来ずっとそうだ。ガリレオは、自分の小さな創作を使えば人知が及ぶ中で一番大きな創造をもっとよく理解できるようになると信じていた。重力や天空の秩序、人の命の仕組み、そういった大きなものごとだ。そして彼は正しかった。

3世紀以上も経ってから、物理学者のリチャード・ファインマンはこの信念のキモをもっとはっきり言葉にしている。「すべての知識は実験で検証される」と彼は言っている。「あることが『真理』であるかどうか、判定できるものは実験の他にない」。あなたが使う電気、あなたが飲むコレステロールの薬、あなたが今このあたりを読んでいるページだかスクリーンだかスピーカーだか、そういうのは全部、やまほど実験を積んだ挙句にできたものなのだ。

でも経済学者たちはあんまり実験室に頼ってこなかった。伝統的に彼らが気にかけてきた問題は――たとえば増税の影響とかインフレの原因とかみたいに――だいたい実験室に持ち込むのが難しい。でも、もし実験室が宇宙の科学的神秘みたいなことまであらわにしてくれるなら、思いやりみたいなたわいもないことを見つけ出そうってときにも役立ってくれるはずだ。

そういう新しい実験は典型的にゲームの形で行われる。大学の先生が取り仕切り、学生たちが参加するゲームだ。そんな道を切り開いたのはジョン・ナッシュやなんかの経済学者たちの美しい知性《ビューティフル・マインド》だ。彼らは1950年代に囚人のジレンマを幅広く実験した。囚人のジレンマは戦略的協調の古典的な検証であると考えられるようになったゲーム理論の問題だ。（囚人のジレンマは、もともとはアメリカとソヴィエトが核兵器を持ってにらみ合っている状態を詳しく理解するために発明されている）。

1980年代の初め、囚人のジレンマは最後通牒ゲームという実験室でのゲームを生んだ。こんなゲームだ。プレイヤーは2人で、彼らは最後までお互いが誰か知らされない。2人は一定額のお金を分け合うチャンスを与えられる。チャンスは1度きりだ。プレイヤー1（とりあえずアニカと呼ぼう）は20ドル渡されて、0ドルから20ドルの間の好きな額をプレイヤー2（こっちはゼルダだ）に提示する。ゼルダはアニカに提示された額を受け入れるか断るか決めないといけない。アニカが示した額をゼルダが受け入れたら2人はアニカの提案どおりにお金を分け合う。でもゼルダが断ったら2人とも手ぶらで帰ることになる。2人はゲームを始める前にこうしたルールを知らされる。

経済学者にとって、採るべき戦略は明らかだ。1セントだってないよりはましなので、ゼルダにとってはたった1セントだって受け入れるのが理にかなっている。そして、だから、アニカにとっては1セントだけを提示して19・99ドルは自分に取っておくのが理にかなっている。

でも、経済学者なんて連中はともかく、まっとうな人たちはそういうふうにこのゲームをやらない。ゼルダたちは普通、3ドル未満を提示されると断る。明らかに、足許を見た金額を提示されたゼルダは腹を立て、お金を取り逃がしてでも怒りをぶつけようと思うのだ。それに、そういう足許を見た提示はそうそう見られない。平均では、アニカはゼルダに6ドルを上回る額を提示する。ゲームの仕組みから考えて、ここまで高い提示が行われるのは、明らかに相手に断られるのを避けるためだ。でも平均で6ドルだなんて——全体の3分の1近いわけで——なんだかとっても気前がいい。

それが思いやりってことだろうか？

そうかもしれないけど、たぶん違う。最後通牒ゲームで提示をするほうのプレイヤーは気前のいい額を提示することで得られるものがある。断られるのを避けられるのだ。現実の世界でよくあるように、最後通牒ゲームでも、一見優しい行動に見えるものが、ひょっとすると自分の都合に基づく動機と、深く結びついているのである。

そこで、最後通牒ゲームの新しく巧妙な変形ができた。こっちは独裁者ゲームと呼ばれている。今度も、小額のお金を2人の人が分け合う。でも今度は、結果を決めるのは1人だ。（ゲームの名前はそこから来ている。大事なプレイヤーは「独裁者」１人だけだ)。

もともとの形の独裁者ゲームはこんなふうに行われる。アニカは20ドルを渡され、誰か知らないゼルダって人とそのお金を分け合っていいと言われる。分け方は二つに一つだ。(１)折半する。つまりそれぞれ10ドルずつ受け取る。または(２)アニカが18ドル取り、ゼルダに2ドルだけ渡す。

独裁者ゲームは簡単なところが美しい。２人の関係者が1度きりのゲームを行うから、現実の世界の思いやりに伴うややこしい要素を全部引っぺがせてるような気がする。気前がいいからって報われないし、自分勝手だからってひどい目にあったりもしない。(独裁者でないほうの)２人目のプレイヤーは、身勝手だからって独裁者に仕返しをすることはできないからだ。また、相手が誰だかわからないようにしてあるから、寄付をする側が寄付を受ける側に感じるかもしれない個人的な感情を排除できる。たとえば典型的なアメリカ人なら、中国の地震の犠牲者やアフリカの旱魃の犠牲者に感じるのとは違った感情をハリケーン・カトリーナの犠牲者に抱くはずだ。それに、ハリケーンの犠牲者とＡＩＤＳの犠牲者では、やっぱり感じることも違っている可能性が高い。

だから、独裁者ゲームはぼくたちの思いやりという衝動の核心をまっすぐ突いているように見える。あなたはどうするだろう？　独裁者の側になったと思ってください。受け取った20ドルの半分を手放しますか、それとも2ドルだけにしときますか？

たぶんあなたは……はんぶんこするほうでしょうね。初めて独裁者ゲームが行われたとき、参加者の４人に３人はそういう選択をした。すごーい！

独裁者ゲームと最後通牒ゲームがこんなにも説得力のある結果を出したので、学界ではすぐにブームに火がついた。経済学者に心理学者、社会学者、人類学者の手で、いろんな形や設定が手を変え品を変えて何百回も試された。画期的な調査は『人類の社会性の基礎』(Foundation of Human Sociality)という文献の形で出版された。名だたる研究者たちのグループが世界中を旅して回り、15カ所の小規模な社会で思いやりを検証したのだ。そういう社会には、タンザニアの狩猟採取民族、パラグアイのインディオであるアチェ族、西モンゴルのモンゴル族とカザフ族などがある。

やってみると、西モンゴルで実験しようがシカゴのサウスサイドで実験しようが関係なかった。人は与えた。今では、ゲームは通常こういう設定になっている。独裁者はもともとの(0ドルか10ドルかという)選択肢から選ぶのではなく、(0ドルから20ドルまでの)好きな金額を相手に渡す。この設定では人は平均で4ドルほど、つまり全体の約20%を相手に渡した。

こんなにはっきりしたメッセージはそうそうない。人類は、実は思いやりを持つようにできているみたいだ。この結論は希望にあふれている。どう大きめに見積もっても、キティ・ジェノヴェーゼのご近所さんたちは汚らわしい偏屈者にすぎないんだろう。でもそればかりでなく、この結果は標準的な経済学を根幹から揺るがした。「過去10年にわたり」と『人類の社会性の基礎』は述べている。「実験経済学による研究は経済人という教科書的表現を明確に反証してきた」。

経済学者以外の人たちが喜んで大騒ぎしたのも無理はない。陰鬱な科学者たち《ネノクライケイザイガクシャドモ》が天地創造以来崇め奉ってきた、超合理的で自分のことしか考えないケダモノ、つまり経済人はついに死んだのだ(まあ、そんなもんがほんとにいたとして、だけど)。ハレルヤ!

この新しい枠組み——気配り人《ホモ・アルトゥルイスティクス》?——が正統派の経済学者たちにとってバッド・ニュース

だったとしたら、彼ら以外のほとんどみんなにとってグッド・ニュースだった。とくに慈善活動や災害救護に携わる人たちは喜んで当然だった。でも、そんなことよりずっと幅広い意味合いがあった。政府のえらいさんから子どもに自覚のある大人に育ってほしいと願う親御さんまで、誰でも独裁者ゲームの結果には勇気づけられた。人には生まれつき思いやりがあるものだとしたら、社会の一番頭の痛い問題だって、思いやりに頼って解決できるはずだ。

　臓器の移植を考えてみよう。世界で初めて腎臓の移植が成功したのは１９５４年のことだった。ど素人の目にはなんだか奇跡が起きたみたいだった。腎不全で間違いなく亡くなるはずだった人が、いまや、代わりの内臓をおなかに突っ込んでもらって、生き続けられるようになったのだ。

　そんな新しい腎臓はどこから来るんだろう？　一番都合のいい出どころは新鮮な死体だった。交通事故かなんかの犠牲者とか、何らかの形で内臓は健全なままで亡くなった人とか、そういうのだ。ある人の死が別の人の命を救うなんて、なおさら奇跡だった。

　でも、時とともに、臓器移植は、成功したからこその壁にぶち当たった。普通にできてくる死体の供給だけでは追いつかなくなったのだ。アメリカでは、交通事故死の発生率は下がっていた。車に乗る人にとってはグッド・ニュースだけど、命を救ってくれるはずの腎臓を待っている患者さんにとってはバッド・ニュースだ。（少なくともバイクの死は増えていた。バイクのライダー《モーターサイクリスト》――移植医の人たちの呼び方だと「ドーナーサイクリスト」――にヘルメットの着用を義務付けていない州がたくさんあるのも原因の一つだ）。ヨーロッパでは、一部の国で「推定的同意」を認める法律が可決された。つまり、誰かが事故にあったときに臓器を提供してくれと頼むのではなく、本人や家族がはっきり断らない限り、国がその人の臓器を摘出する権利を持つ。それでも腎臓は十分にいきわたるほどには確保できなかった。

運よく、臓器の出どころは死体だけとは限らない。ぼくたちは腎臓を二つ持って生まれてくるけど、生きていくのに必要なのは一つだけだ。二つ目の腎臓は運よく進化が残してくれた遺物である。つまり、生きている人が誰かの命を救うために腎臓を一つ譲っても、その人自身も普通の生活を送れるのだ。それが思いやりってもんでしょう！

配偶者の一方がもう一方に腎臓を提供したとか、兄が妹のためにとか、娘が老いた親のためにとか、それこそ大昔一緒に遊んだ友だちのために腎臓を差し出すとか、そういう話はたくさんある。でも、あなたが死にかけていて、腎臓をあげてもいいよなんていう友だちも親戚もあなたにはいない、そんなんだったらどうする？

イランという国は腎臓の不足をとても憂慮し、他の国ならだいたいは野蛮だと言われそうな制度を導入した。経済人を鵜呑みにしすぎて酔っ払った経済学者あたりが夢に見そうな類のアイディアだ。腎臓を提供すれば、移植を受ける人が結構な額のお金を払うのに加え、イラン政府が約1200ドルを支払うのである。

一方アメリカでは、1983年の議会公聴会で、バリー・ジェイコブズという意気盛んなお医者さんが、臓器提供にお金を払うという自分の計画を説明している。彼の会社である国際腎臓取引所が第三世界の人をアメリカへ連れてきて腎臓の一つを摘出し、お金をいくらか支払って送り返す。そんなアイディアを口にしただけで、ジェイコブズはさんざんに叩かれた。一番激しく攻撃したのはテネシー州選出の若い議員で、名前はアル・ゴアといった。そうやって腎臓の摘出を受けようという人たちは「自由の女神だか国会議事堂だかなんだかでも観光するチャンスをあげるだけで喜んで値引きしてくれるんじゃないのか」とゴアは言っている。

議会は急いで臓器移植法を可決し、「なんぴとも、人への移植に使用することを目的として、対価の授受によって故意に人体の組織を取得し、受領し、またはその他の形で移転してはならない」と定めた。

そりゃそうでしょう。イランみたいな国なら市場で売ってる生きた鶏よろしく人の身体を売ったり買ったりさせるかもしれない。でもここアメリカじゃ、そんな無茶はとても受け入れられないし、だいたい、そんな必要もないよ。なんだかんだ言って、国一番の偉い学者さんたちだって、にんげんってのは生まれつき思いやりがあるようにできてるって科学的に証明してるでしょうに。そういう思いやりは、二つ目の腎臓と同じように、大昔の進化の遺物かもしれないよ。でも、そんなもんがなんで、あんのかなんてどうでもいいってば。アメリカ合衆国は世界の国々を導く光となって道を切り開くのだ。我われはぁ、我われに生来備わった思いやりに頼り、提供される腎臓を十分に集め、毎年何万人もの人の命を救うのであーる。

最後通牒ゲームと独裁者ゲームで実験経済学がはやり、そのおかげで行動経済学と呼ばれる新しい研究分野が興った。正統派の経済学と心理学を合わせたものであり、つかみどころがなくて困惑させられることも多い人間の動機を、なんとかとらえようという学問だ。人間の動機はゲイリー・ベッカーが何十年も考え続けてきた研究対象でもある。

行動経済学者たちは実験を重ねて経済人の評判を貶め続けた。経済人とか言うけれど、なんだかもう、そんなにいつもいつも身勝手でもなさそうに思えてきた。そんな結論に文句があるなら一番最近行われた思いやりと協調と公平に関する実験結果を見てみればいい。

新世代の実験経済学者の中でも仕事熱心なのが、ウィスコンシン州はサン・プレイリーの出であるジョン・リストだ。この人はたまたま経済学者になった。学界での経歴は、同僚や先達たちに比べてずっとイケてない。彼はトラック運転手の家族に生まれた。「祖父はドイツからここへ移り住んできた人で、農夫だった」とリストは言う。「それから彼は、自分が収穫した穀物を工場へ運ぶだけのトラックの運転手のほうが自分よりも稼いでるのを見て、家財道具を一切合財売り払ってトラックを1台買うことにしたんだ」。

リスト家の人たちは、賢くて働き者で運動好きだ。でも、彼らにとってお勉強はそんなに大事なことじゃなかった。ジョンのお父さんは12歳のときにトラックの運転を始めた。ジョンもやっぱり家の仕事を継ぐのだと思われていた。でも彼は反抗して大学に進んだ。そんなことになったのは、ひとえに彼がウィスコンシン州立大学スティーヴンスポイント校から、ゴルフと勉強で一部給付の奨学金をもらえることになったからだ。学校が休みの間はお父さんを手伝って、子牛のエサをトラックから降ろしたり紙製品の束を3時間半のところにあるシカゴへ運んだりした。

スティーヴンスポイントでゴルフを練習しているとき、リストはある教授のグループに気づいた。彼らはほとんど毎日、午後になるとゴルフをしにくる。そういう時間があるということだ。彼らは経済学を教えていた。リストが自分も経済学の教授になろうと決めたのはこのときだった。（まあ、この科目が好きだったたっていうのも後押しにはなった）。

彼は大学院にワイオミング大学を選んだ。一流の学校とはまずいえない。それでも、彼はついていけなさそうだと思った。最初の日、学生たちが教室をウロウロして自己紹介をしあった。リストは、スティーヴンスポイントを出たと言うと、みんなが自分をまじまじと見つめるのを感じた。みんなはコロンビア大学だのヴァージニア大学だのみたいな所を出ていた。こいつらよりもたくさんやらないと勝てない、彼はそう決心した。その後数年、彼は誰よりもたくさん論文を書き、たくさん認定試験を受けた。そして、若い経済学者の多くがやっていたように、実験室での実験に手を出した。

教職に応募する時期が来て、リストは願書を150通出した。反応はというと、なんというか、控えめだった。それでも彼は、オーランドにある中央フロリダ大学で職を得て、たくさんの科目を担当し、加えて男女水上スキー部のコーチも引き受けた。彼は、そんなのがあるとして、ガテン系経済学者だった。そのころも相変わらず論文を書きまくり、膨大な数の実験を行っていた。水上スキー部まで全国大会に出場させた。

数年経って、リストはヴァーノン・スミスに一緒にやろうと誘われた。アリゾナ大学にいる、経済学における実験室での実験のゴッドファーザーだ。お給料は6万3000ドルだ。中央フロリダ大学よりもかなり多い。リストは忠誠心から学部長にこの条件を見せた。少なくとも同じ額までお給料を引き上げようと言ってくれると思っていた。

「6万3000ドルなら」と学部長は言った。「他にいい人が見つけられると思う」。

リストがアリゾナ大学にいた期間は短かった。すぐにメリーランド大学に雇われたからだ。そこで教鞭をとりながら、彼は大統領経済諮問委員会の仕事もした。京都議定書の交渉を進めるべくインドに派遣された代表団42人の中で、リストは唯一の経済学者だった。

そのころまでにリストは実験経済学という分野の中心にしっかり根を下ろしていた。この分野は当時、最高の盛り上がりを見せていた。2002年、ノーベル経済学賞がヴァーノン・スミスとダニエル・カーネマンに与えられた。カーネマンの意思決定の研究は行動経済学の下地になっていた。彼ら2人と彼らの世代の人たちは正統派の経済学の体制に根本的なところから戦いを挑んでいた。リストは、独裁者ゲームやなんかの行動科学派がやっていた実験室でのゲームの変形を盛んに行って、彼らの足跡を着実に追っていた。

でもリストは、スティーヴンスポイントにいるころから、とっぴな実地実験も行っていた。参加者には実験をやってるなんてわからないような実験だ。そして、実験室での発見がいつも現実にも当てはまるとは限らないのに気づいた。(経済学者は理論的な証明をありがたがるので有名だ。で、昔からよく聞く皮肉が生まれた：そりゃ現実じゃうまくいくんだろうけど、でも机の上でもそんなのでうまくいくのか?)。

彼がやった中で一番面白い実験には、ヴァージニア州で開かれる野球カードの展示即売会で行われたものがある。リストは何年もそういう即売会に出かけていた。学部生のころ、スポーツ・カードを売ってお金を稼ぐために、遠くデモイン、シカゴ、ミネアポリスまで行った。いい市場が開かれる街だ。

ヴァージニア州で、リストは会場を徘徊してはでたらめにお客と売人を選び、ちょっと店の裏へ行って経済学の実験に付き合ってくれませんかと頼んだ。実験はこんな感じだ。お客は野球カード1枚に払ってもいいと思う価格を提示する。提示する価格はリストが示す五つの中から一つを選ばせる。リストが示す価格は二束三文（4ドル）からプレミアム付き（50ドル）まで広い範囲に散らばっている。次に売人は、お客が示した価格に見合っていると思うカードを1枚お客に売り渡す。お客と売人はそんな取引を5回繰り返す。ただし、相手は毎回変える。

まずお客が価格を示さないといけない場合——彼らはシカゴの通りで売春婦を訪れる白人たちと同じで——売人は簡単にお客をだませる立場にいる。お客が出した価格に満たない価値のカードを選んで渡せばいい。それに、売人はそれぞれのカードに本当はどれだけの価値があるのかわかる有利な立場にいる。でも、お客のほうもちゃんと武器は持っている。売り手がだましにきそうなら、毎度毎度、二束三文の価格を選んで示せばいい。

それで実際どうだっただろう？　平均で見ると、お客はけっこう高い価格を選び、売人もそれにつりあう価値のカードを選んでいた。これは、買い手は売り手を信用し、かつ、買い手が見せた信用はちゃんと適切に報われたということを意味する。

リストにとってこれは驚きじゃなかった。大学生を相手に実験室で得た結果は、スポーツ・カードを売買する人たちを相手に実験室の外でやっても、ちゃんと成立するのが示されたというだけだからだ。少なくとも、売り手と買い手の行動を注意深く記録している研究者の目の前では、実験室の結果が確認できた。

それから彼は、本物の取引の場で、また違った実験をやってみた。今度も、彼はでたらめにお客を選んで雇った。でも今度は、彼らを売人の店に出向かせた。売人のほうは観察されているのを知らない。

手順は簡単だ。お客は売人に次の二つのうち一つの申し出をする。「あんたが持ってるフランク・トーマスのカードの中で一番いいやつを20ドルで買いたい」または「あんたが持ってるフランク・トーマスのカードの中で一番いいやつを65ドルで買いたい」だ。

どうなっただろう？

店の裏で見せた正直な行動と違って、売人たちは四六時中お客を出し抜き、お客が提示した価格よりも価値の低いカードを選んで出してきた。お客が提示する価格が20ドルのときも65ドルのときもそうだった。データを見て、リストは面白い違いに気づいた。別の街から来た売人は地元の売人よりもお客をだますことが多い。これは納得できる。地元の売人はたぶん自分の評判を気にするのだ。それに、仕返しも心配なんだろう——家に帰ったお客がインターネットで見て自分がだまされたのに気づき、バットで頭をカチ割りにくる、とか。

展示即売会場でインチキが行われるのを見たリストはこう思った。店の裏で自分が目撃した「信用」だの「公正」だのってのは、ひょっとするとぜんぜん信用でも公正でもなかったんじゃないか？　あれは単に、実験をやってる人間がじろじろ見てるからああなのだとしたら？　そして、思いやりに関しても、やっぱり同じことが言えるのだとしたら？

自分の同僚や先達が実験室で集めた思いやりに関する証拠がどれだけあろうが、リストには信じられなかった。自分自身がやった実地実験は違う方向を指していた。彼自身の個人的な経験でもそうだった。19歳のころ、彼は紙製品の束をシカゴへ届けた。ガールフレンドのジェニファーが付き合ってくれた。（その後2人は結婚して5人の子どもをもうける）。倉庫に着くと、積荷を下ろすところに男が４人いて、ベンチに座っていた。夏真っ盛りで死ぬほど暑い日だった。１人が、いま休憩中だと言う。

リストはいつまで休憩ですかと尋ねた。

「さあな、知らねぇな」と男が言う。「だから荷物は自分で下ろしてくれや」。

トラックから荷物を下ろすのは倉庫の労務者がやるのが普通だったし、少なくとも手伝ってくれるのが慣習だった。どう見ても、そんなことはやってくれそうになかった。

「そうかい。あんたら手伝ってくれないならそれでもいいよ。フォークリフトの鍵だけ貸してくれ」。

彼らは笑って、鍵はなくなったと言う。

そんなわけで、リストはジェニファーと一緒にトラックから荷物を１箱１箱降ろし始めた。汗でどろどろになり、どんどこまで暗い気分になりながら、４人の労務者のあざけった目の前で、２人は働き続けた。やっとあとほんの数箱だってところまできたとき、労務者の１人が急にフォークリフトの鍵を見つけ、リストのトラックのところまで乗ってきた。

そんな出来事もあって、独裁者ゲームやなんかの実験室での実験が示す、人類の血管には思いやりが本当に脈々と流れているという考えを、ジョン・リストは真剣に疑っていた。

そりゃまあ確かに、その手の研究は喝采を浴びたしノーベル賞までもらった。でも、考えれば考えるほど、ジョン・リストはそういう研究による発見はまったく――まったく間違ってる、そう思うようになった。

◇◇◇◇◇◇◇◇◇◇◇◇◇◇◇◇◇◇◇◇◇◇◇

2005年、主に実地実験による研究のおかげで、リストはシカゴ大学で終身教授として働かないかと誘われた。シカゴ大学の経済学部といえば、世界で一番名高い経済学部だ。こういうことが起きるはずはなかった。学界には非情の掟がある。掟によれば、先生が終身教授になれるのは、最初に教えた学校よりも名声が低く、かつ、博士号をもらった学校よりも名声が低い学校だけだ。一方、ジョン・リストは、普通と違って、卵を産むべく川を下って海へ出てしまったサケみたいだった。ウィスコンシン州にいる家族は喜ばなかった。「みんな、なんでぼくがこんなにも惨めに失敗したんだろうって思ってたよ」と彼は言う。「なんでぼくは気候のいいオーランドにいられなかったんだろう、なんでシカゴみたいな犯罪者の闊歩するところしか行けなかったんだろうって」。

そのころには思いやりを扱う実験の文献について、彼は誰よりもよく知っていた。それに、彼は現実の世界のことも、他の人よりちょっとわかっていた。「不思議なのは」と彼は書いている。「私も私の家族も私の友人たちも（それに彼らの家族も友人たちも）、現金を詰め込んだ匿名の封筒を一度も受け取っていないことだ。世界中で大勢の学生が、実験室の実験で見知らぬ人に匿名で現金を贈り、贈与への選好を示しているというのに、なぜそんなことになっているのだろうか」。

そこでリストは、人間は生まれつき思いやりがあるかどうか決定的な答えを出そうとたくらんだ。彼が選んだ武器は独裁者ゲームだ。思いやりに関する通念を確立したのと同じ道具である。でもリストは、修正版をいくつか懐に隠し持っていた。つまり、参加してもいいという学生をやまほど雇って、この実験をいろいろに変形したものをいくつか行うことにしたのである。

彼は古典的な独裁者ゲームから始めた。第1のプレイヤー（もう一度、この人をアニカと呼ぼう）はいくらか現金を渡され、見知らぬゼルダにそのうち0、一部、なんなら全部を譲り渡すよう言われる。リストが得た結果によれば、アニカの70％がゼルダにいくらかはお金を渡し、「寄付」は平均で総額の約25％だった。この結果は独裁者ゲームの典型的な結果と完璧に一致しているし、思いやりという考え方とも完璧に合っている。

二つ目の形では、リストはアニカにもう一つ選択肢を与えた。ゼルダに好きな額をあげていいのはあいかわらずだが、もしもそうしたければ、ゼルダから1ドル巻き上げても、いい。独裁者に思いやりがあるなら、ゲームにこんなひねりを入れてもぜんぜん左右されないはずだ。左右されるのは、そういう選択肢がなかったときにゼルダにびた一文渡さなかった人たちだけである。リストは、独裁者の「選択肢の集合」を、もっともケチなプレイヤー以外にとっては無関係な形で拡張したのだ。

ところが、この「取りたきゃ1ドル取ってもいいよ」という変形版で、ゼルダにお金を渡したアニカは35％だけだった。元の独裁者ゲームに比べるとたったの半分だ。一方、45％はびた一文渡そうとはせず、残りの20％はゼルダから1ドル巻き上げた。

おーい、思いやりはどうした？

でも、リストはそこで立ち止まらなかった。三つ目の形でアニカは、ゼルダにもあなたと同じ額だけ渡したよと言われる。で、アニカはゼルダが受け取ったお金を全部奪い取ってもいいし——あるいは、なんなら、自分がもらったお金から好きなだけゼルダにあげてもいい。

どうなっただろう？　いまや、ゼルダにいくらかでもお金をあげたアニカはたったの10％、一方ゼルダからお金を奪ったアニカは60％を超えた。アニカの40％以上はゼルダが受け取ったお金を全部奪い取ってしまった。リストに導かれて、気配り屋のご一行さんが急に――そしていとも簡単に――盗っ人の群れになってしまった。

リストの実験のうち、四つ目にして最後の形は三つ目の形とまったく同じだ。独裁者はもう一方のプレイヤーからお金を全部奪い取れる。ただ、一つだけ単純な変形を加える。この手の実験で普通やるとおりゲームのためにお金を手渡される代わりに、アニカとゼルダはまず、仕事をしてお金を稼がないといけないことにする。（リストは、別の実験のために封筒を詰める作業をいくらかやらないといけなかった。研究費が限られていたので、一石二鳥を狙うことにしたのだ）。

仕事が済むとゲームの時間だ。やっぱりアニカはゼルダのお金を全部奪い取ることができる。仕事をしない三つ目の形では60％を超えるアニカが実際に奪い取った。ところがどちらのプレイヤーも自分でお金を稼ぐ今度の形では、ゼルダからお金を取ったアニカは28％だけだった。アニカの3分の2はびた一文奪わなかったし、渡しもしなかった。

さて、リストは何をやってのけたのだろう？　これはどういうことなんだろう？

彼は、実験室での実験にずるがしこい修正を施してもうちょっと現実に近い形にし、思いやりに関する通念をひっくり返したのだ。実験室で、お金をいくらか手放すという選択肢しか与えられなければ、あなたもたぶんそうするだろう。でも現実の世界では、そんな選択肢しかないなんてことはめったにない。封筒詰めの作業を伴う四つ目の実験がたぶん一番説得力がある。この実験の結果によれば、ある人がお金をいくらか正直に稼ぎ、また別の人もやっぱり同じように正直にお金を稼いだと信じる場合、その人は自分が稼いだお金を手放したりしないし、自分で稼いでいないお金を奪い取ったりもしない。

でも、それじゃ野生の思いやりを見つけ出して賞までもらった行動経済学者たちはどうなるんだろう？

「ほとんどの人がデータを読み違ってたってのは、もうとてもはっきりしてると思うよ」とリストは言う。「ぼくの考えでは、ぼくの実験がそれにメスを入れたんだ。ぼくたちが見てたのはぜんぜん思いやりじゃなかった」。

リストはトラック運転手の息子からたたき上げ、経済的行動の法則を書き換えたエリート研究者たちの輪の中心にまでなった。いまやその彼が、自分の見つけた科学的法則に忠実であり続けるために、ご同輩を裏切らないといけなくなった。リストの発見があちこちに伝わるにつれて、彼は急に、彼自身の言葉によると、「あの分野でどう見ても一番嫌われてるやつになった」。

リストは少なくとも、自分が正しいのはほぼ間違いないってわかっているから、それで自分を慰められる。実験室での実験に関する話を信用できなくする要素をいくつか考えてみよう。

最初は選択バイアスだ。お医者さんの成績表には扱いが難しいところがあるのを思い出そう。町一番の心臓専門医のところには一番症状が重くて一番深刻な患者がやってきやすい。だから死亡率の数字だけを見ていると、すばらしいお医者さんなのに落第点をつけてしまうかもしれない。

　同じように、独裁者ゲームに参加しますと申し出る人たちは、普通より協力的だろうか？　そう思っていいだろう。ジョン・リストよりもずっと前の学者たちも、大学の実験室で学生を対象に行動学の実験をやっても、それは「研究に参加すると自主的に申し出て、しかも調査員とその後会い続ける大学2年生の連中に相手を絞った科学」にしかならないと指摘している。さらに、そういうふうに自主的に申し出てくる人たちは「科学のお役に立ちたい連中」であることが多く、「典型的に…（中略）…申し出ない人たちに比べて、認められたいという欲求が強く、また権威主義的でない」。

　つまり、科学のお役に立ちたくない人なら、ひょっとするとこういう実験には単純に参加しないかもしれない。リストは野球カードにまつわる調査でそれを目撃している。最初の実験に参加してくれる人を探しているとき、彼は経済学の実験をやるのだとはっきり言っていた。その際、彼は参加を断った売人をノートにつけていた。二つ目の実験をする段になって、見張られてるのに気づかない売人たちがお客を食い物にするかどうか調べるべくお客を送り込んでみると、最初の実験で参加を断った売人たちは、平均で、一番ひどいインチキをしていた。

　実験室での実験を汚す要因には監視もある。科学者がウランの塊やゴミムシダマシの幼虫やバクテリアのコロニーを実験室に持ち込むとき、実験用の白衣を着た人が見ているからといって、実験対象の行動が変わることはまずない。

　でも人間だと、監視が与える影響は強力だ。あなた、パトカーが停まってる――あるいは、最近は増えてるみたいだけど、監視カメラがある――交差点で赤信号を突っ切ったりしますか？　しないよねぇ。会社のトイレへ行ってボスが手を洗ってるのを見かけたら、そういうときのほうが自分もたぶん手を洗ったりしますか？　するよねぇ。

ちょっと見られているというだけでぼくたちの行動は変わったりする。イギリスのニューカッスル・アポン・タイン大学で心理学の教授を務めるメリッサ・ベイトソンという人が、自分の学部の休憩室でこっそり実験を行った。普段、先生たちはコーヒーやなんかの飲み物の代金を「正直者の箱」に入れて払っていた。毎週、ベイトソンは価格の表を変えた。値段はまったく変わらないのだが、表の上に載っている小さな写真が変わるのだ。奇数の週には花、偶数の週には人の二つの目を載せた。代金表から人の目が見ているとき、ベイトソンの同僚たちが正直者の箱に入れる額は3倍近くになった。だから、今度鳥がバカみたいな案山子に驚いてるのを見て笑いそうになったら、案山子は鳥だけじゃなくて人間にだって効くんだって思い出そう。

独裁者ゲームでは監視がどんな役割を果たしているだろう。実験に参加すると申し出た学生になったと思ってください。たぶん大学の2年生ぐらいだ。実験をやっている教授は裏手にいて出てこないかもしれない。でも、その裏手で、彼はどの参加者がどんな選択をしたか記録している。かかっているものは小さいのを覚えておこう。たったの20ドルだ。それから、その20ドルは実験に参加しに来たときにもう受け取っているのも覚えておこう。だからお金のためにやるのではなくなっている。

そんなときにあなたは、タダで20ドルもらえてない、い、い、誰とも知らない学生がいる、その人にあなたがもらったお金の一部をあげたいと思うかと尋ねられるのだ。そんなんじゃ、もらったお金を全部とっときたいなんて、あなた思わないでしょう？　あなたは実験をやっている教授のことがべつに好きじゃないかもしれない。むしろ積極的に嫌いかもしれない。でも、誰かが見ている前でセコいまねは誰もしたくない。べつにどうってことないよ、あなたはそう決心する。何ドルかあげてしまおう。でも、希望に目がくらんだ楽観的な人だって、そんなのを思いやりとは呼ばないだろう。

監視と選択バイアスに加えてもう一つ考えないといけない要素がある。人間の行動は頭がクラクラするほど複雑な、インセンティヴ、社会規範、判断の枠組み《フレーム》、過去の経験から拾ってきた教訓の組み合わせに左右される――つまり文脈というやつだ。ぼくたちが実際やっているような行動をするのは、具体的な状況の下で与えられた選択肢とインセンティヴに対し、そういう行動をするのが一番得るものが大きいと思うからだ。こういうのは合理的行動とも呼ばれている。つまり、経済学の考え方そのものだ。

独裁者ゲームの参加者が文脈を考えて行動しないということではない。彼らも文脈に基づいて行動している。ただ、実験室という文脈は避けようもなく人工的なものになる。ある学者が1世紀以上も前に書いているように、実験室での実験は人間を「バカなロボット」に変えてしまう力がある。「研究者が一番ほしいと思っている結果を報告し、ありとあらゆる手を尽くして彼を手助けしようとけなげに振る舞うバカなロボット」だ。心理学者のマルティン・オルネは、実験室は強いられた協力とでも呼ぶべきものを助長すると言っている。「高名な研究者が被験者に何か頼むとき、こんな魔法のごとき一言で、考えられるどんな要求でも当たり前のことになってしまう。『これは実験です』」。

オルネの言っていることは悪名高いこんな実験二つで華々しく現実になった。1961年から1962年、ナチの高官たちが上官から残酷なことを命令されてどうしてそれに従ったのかを理解しようという研究が行われた。イェールの心理学者であるスタンレイ・ミルグラムは参加者を募り、自分の指示に従って、見えないところにいる別の参加者に、痛みを伴う電気ショックを与えるよう言われる。すると彼らは電気ショックをどんどん強くしていった。というか、参加者たちは痛い電気ショックだと思わされていた。本当は電気ショックそのものが作り事だった。１９７１年、スタンフォードの心理学者であるフィリップ・ジンバルドは監獄実験を行った。参加者の一部は看守、残りは囚人の役をする。看守たちがサディストみたいな振る舞いをするようになったので、ジンバルドは実験を打ち切らないといけなかった。

ジンバルドとミルグラムが実験の参加者にやらせたことを考えると、ある学部生に別の学部生へ何ドルか渡させるなんて人畜無害なことをたくらんだ名高い研究者たちが独裁者ゲームを行えば、リストが言うように、「研究者が望むほとんどどんな額でも相手に渡すよう学生たちは誘導されてしまう」。

ジョン・リストみたいな経済学者の目で世界を見ると、思いやりみたいに見えてたいろんな行動が、もうあんまり思いやりには見えなくなる。

地元のラジオ局に１００ドル寄付するのは思いやりみたいに見えてたかもしれない。でも、それと交換に、あなたは1年間罪の意識なくラジオが聞ける（ついでに、運がよければキャンバス地のトートバッグが当たるかも）。アメリカ市民は1人当たりの寄付額では余裕で世界一かもしれない。でもアメリカの税法も、そういう寄付に対する優遇措置では世界一の一つだ。

経済学者の言葉を借りれば、ほとんどの寄付は不純な思いやり、あるいはちょっとした満足感のための思いやりだ。助けたいから寄付をするというだけでなくて、見栄えがいいからとかいい気分になれるとか、ひょっとすると居心地の悪さが減るからとかで寄付するのだ。

物乞いを考えてみればいい。物乞いに施しをする人たちのほとんどは「物乞いの不快な外見とすがるような訴えに、いたたまれなくなったり悪いと思ったりする」。ゲイリー・ベッカーはかつてそう書いている。だからこそ、人は物乞いを避けるために道を反対側へ渡ったりするけれど、逆に道を渡ってまで施しをしに行ったりすることはめったにない。

それじゃ、臓器は寄付でっていうアメリカの政策はどうなんだろう。思いやりで臓器の需要は満たせるっていうゆるぎない信念は？　うまくいったんだろうか。

イマイチだね。アメリカには新しい腎臓が必要で順番待ちリストに乗っている人が今８万人いる。でも１年間に移植を受けられるのは１万６０００人ほどだ。この差は毎年広がっている。過去20年で順番待ちをしている間に亡くなった人は５万人を超える。加えて、少なくとも１万３０００人が、病気が悪化してもはや手術が受けられなくなり、順番待ちリストから身を引いている。

思いやりが答えだっていうなら、腎臓のそういう需要にはすぐにでも提供者が現れて問題は解決しているはずだ。でもそんなふうにはなってない。だから一部の人たちは——当然のようにゲイリー・ベッカーもその１人だ——規則を入念に決めたうえで、人間の臓器を取引する市場を作るべきだと主張するようになった。この市場では、臓器を提供する人は現金や大学の奨学金、税金の優遇措置といった形で報酬を与えられる。この提案は強烈な反発に迎えられ、今のところ政治的に支持してはもらえないようである。

ときに、イランは30年近く前に同じような市場を確立したのを思い出そう。この市場にも欠陥はあるけれど、イランで腎臓移植が必要な人たちは順番待ちリストで待っていなくてもいい。移植できる腎臓が必要ならちゃんと手に入る。普通のアメリカ人はイランが世界で一番進んだ国だなんて思ってもみないんだろうけど、思いやりをちゃんと理解した唯一の国として評価してしかるべきだろう。思いやりっていうのがなんなのか――それと、大事なことだが、なんでないのかってことも――彼らにはちゃんとわかっている。

ジョン・リストの調査が何事かを証明しているとしたら、「にんげんって生まれつき思いやりがあるものなの？」みたいなのは間違った質問だってことだ。にんげんは「よく」もなければ「わるく」もない。にんげんはにんげんで、にんげんってのはインセンティヴに反応する。にんげんはほとんどいつだって、適当なハンドルさえ見つければ――いいほうにもわるいほうにも――操作できる。

それじゃ、気前がよくて献身的で、それこそ英雄みたいな行動が人間にはできるだろうか？　もちろん。無関心で心無い行動が人間にはできるだろうか？　もちろん。

キティ・ジェノヴェーゼが残酷に殺されるのをただ見ていた38人の目撃者のことが頭に浮かぶ。この事件の何がそんなに不可思議かというと、危なくないように家から警察に電話するのに思いやりなんてちょっとしかいらないってことだ。だからこそ同じ一つの疑問が――あの人たち、なんであんなにひどいことができたんだろう？――何年も何年も消えなかった。

でも、たぶん、こんな疑問のほうがもっといいだろう：あの人たち、ほんとにそんなひどいことしたんだろうか？

ジェノヴェーゼ殺しについて書かれたり言われたりしたことはほとんど全部、『ニューヨーク・タイムズ』の扇情的な記事に基づいている。あの記事は犯罪が行われてから2週間経ってやっと掲載された。記事は2人の男が昼ごはんを食べているときにできた。同紙の地域面の編集者であるA・M・ローゼンタールと市警察本部長のマイケル・ジョセフ・マーフィだ。

ジェノヴェーゼを殺したウィンストン・モズレイはもう捕まっていて、罪を自白していた。大きなニュースになるような話ではなかった。『タイムズ』にとってはとくにそうだ。クイーンズじゃよくある人殺しで、公認の新聞が大きく扱うような出来事じゃない。

モズレイは別の殺人も自白した。でもおかしなことに、警察はすでにその殺人の犯人として別の人を逮捕していた。

「クイーンズの事件で犯人が2件目の殺人を自白したって話はどうなりました?」昼ごはんの席でローゼンタールはマーフィに尋ねた。「結局、あれはどんな話なんですか?」

答える代わりに、マーフィは話題を変えた。

「クイーンズの事件には別の話がある」と彼は言い、ローゼンタールに、ジェノヴェーゼが殺されるのを見ていた目撃者が38人もいて、誰も警察に電話しなかったと語った。

「38人ですか?」とローゼンタールは尋ねた。

「ああ、38人だ」とマーフィは言った。「ずいぶん長いことこの商売やってるが、ここまでなのは初めてだな」。

その後ローゼンタールはこう書いている。「本部長はオーバーに話しているに違いないと思った」。同じだとしたら、マーフィにはそうしてしかるべき十分なインセンティヴがあったのかもしれない。同じ殺人に対して2人の人を逮捕した、なんていうのはどう見ても警察にとって大失態になりかねなかった。また、ジェノヴェーゼは時間をかけて残酷に殺されたから、誰が悪かった、みたいな話には警察も敏感になっていたかもしれない。なんで警察は事前に止められなかったんだ？

ローゼンタールは疑っていたけれど、それでもマーティン・ガンズバーグをキューガーデンズに行かせた。ずっと原稿整理の仕事をしていて、ちょっと前に記者になった人だ。4日後、新聞史上もっとも記憶に残る記事の書き出しの一つが『タイムズ』の1面を飾った。

> 30分以上にわたり、クイーンズに住む38人の法に従う立派な市民たちは、キューガーデンズで殺人者が女性の後を追い、3度にわたって暴行し、刺すのをただ見つめていた。

ガンズバーグみたいな新米の記者やローゼンタールみたいな野心でいっぱいの編集者にとって——その後ローゼンタールはこの事件を扱った『38人の目撃者』という本を書き、『タイムズ』の主筆になった——どうあっても大ヒット間違いなしのネタだった。ブン屋みたいな卑しい輩が、市民の無関心みたいな大上段に振りかざした題材について、その後何十年にもわたる世論を決める記事を書けることなんてめったにない。だから連中にはこの話を記事に書く強いインセンティヴがあった。

でも、あれは本当のことだったんだろうか？

この疑問に一番答えられる人といえばジョセフ・デ・メイJr.かもしれない。60歳の海事弁護士でキューガーデンズに住んでいる。正直な顔、薄くなった黒い髪、ヘイゼル色の瞳、それに、温かい心を持った人だ。けっこう最近の気持ちいい日曜の朝、彼はぼくたちを連れてあたりを案内してくれた。「さて、最初の暴行はだいたいこの辺で行われたんだ」。オースティン通りの小さな店の前の歩道で立ち止まって、彼はそう言った。「それと、キティは車をあそこに止めたんだよ。駅の駐車場だな」。彼はだいたい35ヤードぐらい向こうの場所を指している。

あの犯罪以来、界隈はあんまり変わっていない。建物も通りも歩道も駐車場も、当時のままにそこにあった。モウブレイは手入れの行き届いたブロック造りのアパートで、最初の暴行が行われた場所から通りを渡ったところにまだ建っていた。

デ・メイは1974年にこの界隈へ引っ越してきた。ジェノヴェーゼが殺されてから10年後のことだ。事件のことはあんまり頭になかった。数年後、郷土史研究会に加わっていたデ・メイは、キューガーデンズの歴史のウェブサイトを立ち上げた。しばらくするうちに、ジェノヴェーゼ殺しに関するページを作らないといけないと思うようになった。キューガーデンズが外の世界に知られているとしたら、あの事件こそがただ一つの理由だからだ。

昔の写真や記事の切り抜きを集めるにしたがって、ジェノヴェーゼ事件の正史には食い違いがあるのに気づいた。法廷の文書を追いかけ、昔を知る人に話を聞いてあの犯罪を懸命に再構築すればするほど、38人の無慈悲な目撃者という伝説は——なんというか、ちょっと伝説の部分が大きいみたいだった。彼みたいな弁護士ならやるように、デ・メイは『タイムズ』の記事を詳しく分析し、最初のパラグラフだけで事実と違うところを六つも見つけた。

伝説によると、38人の目撃者は「殺人者が3度にわたって現場に戻り、凶行を繰り返すのを」「家の窓にとどまって興味深く見つめていた」が、「凶行が行われる間、誰一人として警察に通報しなかった」。

デ・メイによると、ほんとの話はもっとこんな感じだ。

最初の暴行は午前3時20分ごろ行われた。だいたいの人は寝ている時間だ。モズレイに背中を刺されたジェノヴェーゼは助けてと叫んだ。これでモウブレイの住人が何人か目を覚まし、窓へ走った。歩道は薄暗く、何が起きているのかよく見えなかったかもしれない。モズレイがその後証言したのによると「晩遅かったから窓からでは誰にもよく見えないに違いないと思った」。で、そのとき誰かに見えたものがあるとしたら、地面に横たわった女の人を見下ろして男が立っている図だっただろう。

モウブレイの住人の少なくとも1人、男の人が窓から叫んだ。「その子に触るな！」その声でモズレイは走って車に戻った。車は1ブロックも行かないところに止めてあった。「彼女が起き上がったのが見えたので死んでないのがわかった」とモズレイは証言している。彼はナンバープレートを見られないように車を通りに沿ってバックさせた。

ジェノヴェーゼはふらふらしながら重い足取りで建物の裏へと向かった。アパートの入口があるほうだ。でも彼女はたどり着けず、隣のアパートの玄関に倒れこんだ。

最初の暴行からだいたい10分後、モズレイは戻ってきた。暗い中で彼がどうやってジェノヴェーゼを見つけたのかははっきりしない。血痕をたどったのかもしれない。建物の玄関で彼は彼女をもう一度暴行し、それから逃げ去った。

『タイムズ』の記事は警察にもらった情報に多くを頼って書かれていた。犯罪の記事、とくに当時の犯罪の記事はだいたいそういうものだ。最初、警察は、モズレイはジェノヴェーゼを3回暴行したと発表した。だから新聞にもそう載った。でも実際に行われた暴行は2回だ。（警察はその後その点を訂正したが、伝言ゲームよろしく、間違いは勝手に一人歩きする）。

だから最初の暴行は短く、また真っ暗な歩道で夜中に行われた。2回目の暴行はちょっと経ってから建物の閉じられた玄関で起きた。最初の暴行を見た人はいたかもしれないが、彼らには2回目のほうは見えなかったはずだ。

それじゃ「38人の目撃者」って誰なんだろう？

この数字も警察が発表したもので、どう見てもとんでもなく水増ししている。「何が起きているか目撃していて、証言できる人は6人しか見つけられなかった」。後になって検事の1人が回想している。そのうちの1人は、デ・メイによれば、2回目の暴行の一部を目撃した可能性があるが、明らかにとても酔っ払っていて警察に通報するのをためらっている。

でも、やっぱり、あの殺人事件はご近所の人たちが何十人も見ている前で延々血腥《なまぐさ》い光景が繰り広げられた、みたいなことでなかったとしても、誰も警察に通報しなかったのはどうしてなんだろう？

伝説のその部分でさえ偽りかもしれない。デ・メイが公開したウェブサイトを見た人の1人にマイク・ホフマンがいる。ジェノヴェーゼが殺されたとき、彼はもうすぐ15歳でモウブレイの2階に住んでいた。

ホフマンの覚えているところでは、通りの騒ぎで彼は目が覚めた。寝室の窓を開けたがそれでもなんと言っているのかよくわからなかった。恋人同士が口げんかでもしてるんだろうと思い、心配よりも怒りが先にたってわめいた。「ファック、静かにしろ！」

ホフマンは他の家の人たちも叫んでいるのを聞いたと言う。窓から見ていると男が走り去るのが見えた。男を見失わないように、ホフマンは部屋の別の窓に移ったが、人影は闇に消えていった。ホフマンが最初の窓に戻ると女の人がふらふらしながら歩道に立っているのが見えた。「そのとき父さんが部屋に入ってきて、何をわめいてるんだ、オ、レ、ま、で目が覚めてしまったじゃないかって怒鳴った」。

ホフマンはお父さんに、今起きたことを話した。「男が女の人をぶちのめして逃げたんだ！」ホフマンとお父さんが見ていると、女の人は四苦八苦しながらも歩いて角を曲がっていった。そうしてあたりは静かになった。「彼女がひどい怪我をしていて、医者に見てもらわないといけなかったらと思って、父さんは警察に電話した」とホフマンは言う。「あのころは９１１なんてなかった。交換手に電話して、そのうち警察の交換手につながるまで待ってないといけなかった。警察につながるまで数分かかった。父さんは彼らに見聞きしたことを伝え、彼女は歩いてはいたけどふらふらしていたと言った。その段階では他には何にも見えなかったし聞こえなかった。だからぼくたちはベッドに戻って寝たんだ」。

ホフマンさんちの人たちは、翌朝になってやっと何があったのかを知った。「捜査員が事情聴取に来たよ。彼女は通りの向こうにある建物の裏手へ回って、そこへ男が戻ってきて彼女に止めを刺したってそのとき聞いたんだよ」とホフマンは言う。「父さんが、通報したときに来てくれていたら女性はたぶんまだ生きてただろうって言ってたのを覚えてる」。

警察の動きが鈍かったのは、お父さんが説明した状況は進行中の殺人事件ではなくて、むしろ家庭内の揉め事みたいだったからだとホフマンは考えている。お父さんがそんな説明をしたのは、そのとき見たことからそんな感じがしたからだ。加害者は逃げてしまったし、犠牲者はよろよろしながらも自分の力で歩いていた。そういう緊急性の低い通報だと、「人殺しだって電話ほどには警官たちも急いでドーナツを置いたりはしないんだよ」とホフマンは言っている。

警察も、建物の玄関で2回目の暴行が行われた後に誰かが通報してきたのを認めている。彼らはその直後に現場に到着した。でもホフマンは、自分のお父さんの通報を受けて彼らは動きだしたのだと信じている。あるいは、ひょっとすると通報は1件だけではなかったのかもしれない。ジョセフ・デ・メイはモウブレイの他の住人たちからも、最初の暴行を見て通報したという話を聞いている。

事件に関するホフマンの記憶がどれだけ信用できるかはなんとも言いがたい。（彼は自分の回想について宣誓供述書を書き、サインもしているが）。それにデ・メイの修正版の歴史もどこまで正確かはわからない。（あの晩「何人いたかわからないが、事件の物音を聞いた人たちの反応は適切ではなかった」し、彼女を助けるためにもっとできることがあったのではないかと彼が指摘している点は評価できる。また彼は、ジェノヴェーゼにふりかかったことに関する絶対信頼できる情報源だという扱いを受けるのも躊躇している）。

デ・メイとホフマンには、ジェノヴェーゼ殺しで彼らのご近所が世間から向けられた疑いを晴らすインセンティヴがある。とはいうものの、デ・メイは弁解がましくならないように努めているし、ホフマンもとてもいい目撃者のように思える。彼は今50代の後半でフロリダに住んでいる。警官としてニューヨーク市警に20年勤め、警部補にまでなった人だ。

さて、いろいろなインセンティヴが働いているのを頭に入れたうえで、より信用できないのはどっちだろう？　デ・メイ＝ホフマン版のほうだろうか、それとも、ご近所の人たちがみんな、男に殺されようとしている女の人を、助けもせずにただ取り囲んで眺めてたっていう通念のほうだろうか。

答えを出す前に、もう一つ、ウィンストン・モズレイが最終的に逮捕されたときの状況を考えてみよう。ジェノヴェーゼが殺されてから数日後のことだ。クイーンズの別の界隈であるコロナで午後3時ごろ、モズレイはバニスターさんという一家が住んでいる家からテレビを運び出して自分の車に載せているところを目撃された。

ご近所の人がやってきて、あんた何してるんだと尋ねた。モズレイはバニスターさんちの引越しを手伝ってるんだよと言った。ご近所の人は家に帰って、別のご近所さんに電話をし、バニスターさんちってほんとに引越しなのかと尋ねた。

「そんなわきゃない」、2人目のご近所さんは答えた。2人目の人は警察に通報し、1人目の人はもう一度出かけていってモズレイの車のディストリビュータのキャップを緩めておいた。

車に戻ってみるとエンジンがかからないので、モズレイは走って逃げたが、すぐに警官に捕まった。取調べを受けた彼は数日前にキティ・ジェノヴェーゼを殺したと自白した。

というわけで、女の人を殺し、その女の人のご近所さんたちが割って入らなかったことで有名になった男が最終的に捕まったのはなんのおかげだったかというと……ご近所さんたちが割って入ったからだった。

Chapter 4

第4章

The Fix Is In—And It's Cheap and Simple

お悩み解決いたします——安く簡単に

人は文句を言うのが大好きだっていうのは抗いようもない日常の真実だ。昔はよかったなあ、それに比べて今は、みたいな話はとくにみんな大好きである。

そういうのはほとんどいつも間違っている。思いつくどの側面で見ても——戦争、犯罪、所得、教育、輸送、職場の安全、健康など——21世紀は普通の人間にとって、これまでのどの時代と比べても居心地がいい。

お産を考えてみよう。先進国ではお産で亡くなる母親の割合は出産10万件当たり9件だ。たった100年前、この割合は今の50倍を超えていた。

お産をするときに一番心配なことの一つに産褥熱がある。この病気になるとお母さんも赤ん坊も亡くなることが多い。1840年代、ヨーロッパ最高の病院——ロンドン総合産科病院、パリ産婦人科病院、ドレスデン産科病院――はこの病気に悩まされていた。女の人が子どもを産むために健康な身体で病院へやってきて、そう経たないうちに、ひどい熱を出して亡くなってしまう。

おそらく当時の病院の最先端はウィーンのアルゲマイネ・クランケンハウス、つまりウィーン総合病院だった。1841年から1846年でこの病院のお医者さんたちは2万人を超える赤ん坊をとりあげた。その子たちを生んだお母さんのうち2000人近く、つまり10人に1人が亡くなった。1847年、状況はいっそう悪くなった。お母さんの6人に1人が産褥熱で亡くなっている。

ハンガリー生まれの若い医師、イグナーツ・ゼンメルワイスがウィーン総合病院の産婦人科部長の助手になったのはその年だった。ゼンメルワイスは他人の苦しみに大きな同情を感じる繊細な人で、お産で人が亡くなることにとても心を痛め、なんとかそれを止めたいという考えに取り憑かれた。だいたいの繊細な人たちとは違って、ゼンメルワイスは感情を脇に置き、何がわかっていて何がわかってないか、みたいな事実に集中できる人だった。

彼が賢いのは、お医者さんたちは誰も産褥熱がどうして起きるのかぜんぜんわかってないとまず認めたことだった。自分はわかっていると彼らは言うかもしれない。でも、とてつもない死亡率はそうは言っていなかった。産褥熱の原因だと疑われていたものを今から振り返ると、どれもこれもあてずっぽうもいいところだ。

- 「妊娠初期における不適切な行動。たとえば腹部をコルセットとペチコートで締め上げ、子宮の重さがそれに加わって腸内に排泄物が詰まり、微量の腐敗した組織が血管に吸収された」

● 「環境、瘴気、あるいは…（中略）…母乳による転移、悪露の沈滞、宇宙および地球から受ける影響、本人の持つ素因……」
● 産科病棟の汚れた空気
● 男性の医師の同席。そのせいで「臨月の妊婦の慎みが損なわれ、病理学的変化が起きる」
● 「風邪をひいた、食生活が不適切だった、出産後に分娩室から歩いて病室のベッドに戻るのが早すぎた」

だいたい、悪いのは女だってことになっているのが大変興味深い。当時、お医者さんといえば例外なく男だったことに関係があるかもしれない。今日から振り返ると19世紀の医療は原始的に見えるかもしれないが、当時のお医者さんといえば知識と権威でほとんど神様みたいな存在だった。そして、それなのに、産褥熱には厄介な矛盾があった。当時はまだ、女の人が自宅で助産婦さんの手を借りてお産をすることがよくあった。そういう場合、産褥熱に罹って亡くなる可能性は病院で出産する場合に比べて60分の1だった。

最高の教育を受けたお医者さんの手を借りて最先端の病院で子どもを産むほうが、村の助産婦さんの手を借りてでこぼこしたマットの上で子どもを産むよりも危ないなんて、いったいどうしてだろう？

この謎を解くためにゼンメルワイスはデータをあさる探偵になった。自分の病院の死亡率データを集めてみると、奇っ怪なパターンが現れた。病院には病棟が二つあり、1棟は男性の医師と見習いが

	医師の病棟			助産婦の病棟		
年	出産	死亡	死亡率	出産	死亡	死亡率
1841	3,036	237	7.8%	2,442	86	3.5%
1842	3,287	518	15.8%	2,659	202	7.6%
1843	3,060	274	9.0%	2,739	164	6.0%
1844	3,157	260	8.2%	2,956	68	2.3%
1845	3,492	241	6.9%	3,241	66	2.0%
1846	4,010	459	11.4%	3,754	105	2.8%
合計	20,042	1,989		17,791	691	
平均死亡率			9.9%			3.9%

詰めており、もう1棟には女性の助産婦と見習いが詰めていた。二つの病棟の死亡率にはとても大きな格差があった。

いったいどうしてお医者さんの病棟の死亡率が2倍以上も高いんだろう？

お医者さんの病棟に入院する患者さんのほうが症状が重かったり弱っていたりして、何らかの点で万全ではないのかもしれないとゼンメルワイスは思った。

いや、それはありえない。患者が割り当てられる病棟は24時間サイクルで交代する。つまり、どちらの病棟に割り当てられるかは患者がやってきたのが何曜日かで決まる。妊娠のなんたるかを考えると、妊婦さんが病院へやって来るのは赤ちゃんが生まれるときがきたからで、予定が空いてたから来るわけじゃない。この割り当て方法はランダム化ほどには厳密ではないけれど、ゼンメルワイスがやっていることに照らせば、死亡率がかけ離れているのは患者の母集団の性質が違っているからではないと匂わせている。

だから、さっき並べ挙げたあてずっぽうのどれかがほんとなのかもしれない。女の人が出産というあんなにデリケートなお仕事をしているところに男がずかずかのりこんでくるから、どういうわけだか女の人たちが亡くなってしまうってことだろうか。

ゼンメルワイスはそれも違うだろうと考えた。二つの病棟における新生児を調べたら、やっぱりお医者さんの病棟のほうが助産婦さんの病棟よりもずっと死亡率が高かった。7・6％ vs 3・7％だ。それに、男の赤ちゃんと女の赤ちゃんの死亡率に違いはなかった。ゼンメルワイスも書いているように、新生児が「男性のいるところで生み出されたからといって害を与えられる」とは考えにくい。だから、男がそこにいることがお母さんたちを死なせていると考えるのは理屈に合わない。

また、お医者さんの病棟に入れられた患者さんは、死亡率が高いのを聞きつけて「恐れおののき、病に罹る」という仮説もあった。ゼンメルワイスはこの説明も受け入れなかった。「それなら、残忍な戦いに携わる兵士の多くも恐れから死ぬはずだと考えられる」。しかし、兵士は産褥熱に感染しない」。つまり、そういうものではなく、お医者さんの病棟には他に何か特有の要因があって、それが産褥熱を起こしているに違いない。

そのころには、ゼンメルワイスははっきりした事実をいくつかつかんでいた。

- もっとも貧しい女の人が道端で出産し、その後病院につれてこられても産褥熱には罹らない。
- 24時間以上子宮頸部を拡張していた女性は「ほぼ例外なく発病する」。

● 医師がお母さんや新生児から産褥熱をうつされた例はないので、この病気はほぼ間違いなく伝染病ではない。

それでもなお、彼は戸惑っていた。「すべてが疑問だ。すべてが不可解だ。すべてが疑わしい」と彼は書いている。「膨大な死者だけが疑いようもない現実である」。

ある悲劇がきっかけで、ついに答えが彼のもとに舞い降りた。ゼンメルワイスが尊敬する老いた教授が不幸な出来事で急に亡くなった。彼は学生を連れて死体解剖をやっていた。そのとき、学生がメスを滑らせて教授の指を切ってしまった。彼を死ぬまで苦しめた症状——両側性胸膜炎、心膜炎、腹膜炎、そして髄膜炎——は、ゼンメルワイスが見たところでは、「何百人もの母親たちを殺してきた症状と一致していた」。

教授の症例にほとんど謎はなかった。彼は「血管系に死体粒子が侵入したことで」亡くなったのだとゼンメルワイスは書いている。亡くなった女性たちの血液中に同じ粒子が侵入した可能性はあるだろうか？

もちろん！

そのころ、ウィーン総合病院をはじめとする一流の教育病院では、解剖学の研究に力を注ぐようになっていた。最高の教材は死体の解剖だった。医学生にとって、病気の症状をつかむのに、自分で手を患部に突っ込み、手がかりを探して血液や尿や胆汁を詳しく調べるよりもいい方法なんてあるだろうか？ ウィーン総合病院は、亡くなった患者は全員——産褥熱で亡くなった女の人も含めて全員

——死体解剖室に直接に運ばれていた。

一方、医師や医学生も、解剖台で死体を触ってから産科病棟によく直行していたが、せいぜいチャチャッと手を洗うぐらいだった。医学界が細菌説を受け入れるのはまだ数十年後のことだ。病気の多くは生きた微生物のせいで起きるのであり、動物の霊だの悪い空気だのコルセットの締めすぎだので起きるのではないことがこの説でやっと確立された。でもゼンメルワイスは何が起きているのか理解した。産褥熱を引き起こしているのはお医者さんたちだったのだ。彼らが亡くなった人の身体から子どもを産もうとしている女の人へ「死体粒子」を運んでいたのだ。

お医者さんたちの病棟の死亡率が助産婦さんたちの病棟よりもあんなに高いのが、これで説明できる。それに、自分の家や、なんなら道端で子どもを産んだ女性よりもお医者さんの病棟で子どもを産んだ女性のほうが亡くなることが多いのも、子宮頸部を拡張している時間が長い女性ほど産褥熱に罹りやすいのも説明できる。子宮頸部を拡張した状態が長ければ長いほど、女性は医師や医学生にあれこれいじくり回されることが多くなる。そんな彼らの手は、ついさっきやってきた死体解剖の名残りでベトベトなのだ。

「私たちの誰一人として」と、後にゼンメルワイスは悔いている。「私たちこそが膨大な死を引き起こしていたことに気づかなかった」。

彼のおかげでついに災いは去った。ゼンメルワイスは医師と医学生の全員に、死体解剖を行った後は必ず塩素水で手を消毒するよう命じた。お医者さんたちの産科病棟の死亡率は1%を切るところまで下がった。その後12カ月の間に、ゼンメルワイスのおかげで300人の母親、250人の赤ん坊の命が救われた。病院1軒の産科病棟1棟だけで、それだけの人が救われたのである。

前に書いたように、意図せざる結果の法則は存在する中で一番強力な法則の一つだ。たとえば政府は一番か弱い立場にあるものを保護するための法律を作ることがある。でも、そういう法律がその一番か弱い立場にあるものたちを苦しめることになったりする。

「障害を持つアメリカ人法」(ADA)を考えてみよう。障害を持つ被雇用者を差別から守るべく作られた法律だ。気高い志だよね、でしょ？　そりゃあもちろん――でも、データをどう見ても、差っぴきすればこの法律のおかげで障害を持つアメリカ人の仕事は減っ、て、い、る。なんで？　ADAが施行されてから、雇い主は、障害を持つ人だとろくに仕事をしなくても罰を与えたりクビにしたりできなくなるんじゃないかととても心配して、最初から障害を持つ人を雇わなくなってしまったのだ。

「絶滅の危機に瀕する種の保存に関する法律」も同じように、もくろみとは逆のインセンティヴを作り出してしまった。地主さんが、自分の土地は絶滅の危機にある生き物にとって住みよいところかもしれないと思ったとする。あるいは、絶滅の危機にあると位置づけられるかもしれない生き物にとって住みよいかもってだけでもいい。そういう所の地主さんたちは、大急ぎで木を切り倒し、自分の土地をそういう生き物にとって住みにくいところにしてしまったりする。最近そんなインチキの犠牲になった種族にアカスズメフクロウとホオジロシマアカゲラがいる。環境経済学者の中には、「『絶滅の危機に瀕する種の保存に関する法律』は種を保存するよりもむしろ種を絶滅の危機に追いやっている」と主張する人もいる。

ときどき政治家たちが、経済学者みたいな考え方をしてみよう、価格を使っていい行動を促そうなんてたくらむことがある。近年、ゴミの回収代金をゴミの分量に基づいて決めるようになった政府があちこちにある。ゴミが1袋増えればその分回収代金が高くなるようにすれば、それがゴミを出さないようにするインセンティヴになるんじゃないか、そう考えたわけだ。

でもこういう料金体系だと、ゴミを袋がパンパンになるまで詰めこむとか（これは世界中の清掃関係者の間で「シアトル・ストンプ」と呼ばれるようになった技）、単純に森にゴミを捨てに行くとか（こっちはヴァージニア州シャーロッツヴィルで起きた）といったインセンティヴも生まれる。ドイツでは、ゴミ関係の税金を逃れようって人たちが食べ残しをやまほどトイレに流すので、下水道はネズミであふれかえった。ゴミ処理税を導入したアイルランドでは、裏庭でゴミを燃やす家が急に増えた。これは環境に悪いだけでなく、公衆衛生にもよくない。ダブリンのセント・ジェイムズ病院ではゴミを燃やしていてやけどをした患者の数が3倍近くに跳ね上がった。

善意でいっぱいの法律が数千年にわたって逆効果を発揮し続けることもある。旧約聖書に残るユダヤの律法によると、債権者は安息年に、つまり7年ごとにすべての債権を放棄しなければならない。借り手にとって、借金を一方的に棒引きしてもらえるのがどれだけありがたかったか言い尽くせないほどだ。借金を返せないと罰はとても重かったからである。貸した側の人は借りた側の人の子どもを奴隷にすることさえできた。

でも貸し手から見ると、この借金棒引き制度は違ったふうにみえる。7年経ったら借用証書を破ってしまわないといけないんだったら、なんでどっかの草履屋さんなんかにお金を貸す？

そこで貸し手たちは、制度の裏をかくことにした。安息年のすぐ後にお金を貸して、5年目と6年目に財布の紐を締めるのだ。その結果、定期的に貸し渋りが起きて、律法が助けようとしたまさしくその人たちがひどい目にあうことになった。

でも、意図せざる結果の歴史の中で、イグナーツ・ゼンメルワイスの発見に匹敵するものはほとんどない。お医者さんたちは、人の命を救うべく知識を得ようと何千人もの死体解剖を行い、それがもう一方で何千人もの人の命を奪っていた。

もちろん、ゼンメルワイスがデータから見事な推理を行って、この惨事を止める方法を見つけ出したのは心強い。でも、ぼくたちがここで考えるもっと大事なこと、つまりこの章のテーマは、ゼンメルワイスの解決法が——お医者さんの手にさらし粉をちょっとふりかけるだけで——ものすごく簡単でものすごくお安くついたってことだ。景気のいい世の中だと安くて簡単な解決法なんてみんなバカにする。ここでは、そういうやり方を弁護する。

お産周辺でもう一つ、強力だけどほろ苦い例を出そう。鉗子《かんし》にまつわる話だ。産科用の鉗子は赤ん坊の体勢が悪いときに使われる。体勢が悪いと、赤ん坊は産道でひっかかって出てこられない可能性が高くなる。そうなるとお母さんも赤ん坊も危ない。産科用の鉗子は金属のへらを二つ組み合わせた単純な道具だ。お医者さんや助産婦さんは、これで赤ん坊をしっかり掴み、巧みに引き出して、赤ん坊が頭から生まれてこれるようにする。オーヴンで子豚を焼くときみたいな調子だ。

鉗子は大変な威力があってとてもたくさんの命を救えたはずなのに、そうはならなかった。産科用の鉗子は17世紀のはじめにピーター・チャンバレンというロンドンの産婦人科医が発明したと考えられている。鉗子を使うととてもうまくいくので、チャンバレンは鉗子のことを秘密にし、家業を継いだ息子や孫にしか教えなかった。お産で鉗子が広く使われるようになったのはやっと18世紀の中ごろのことである。

この発明が出し惜しみされたことにどれだけの代償があっただろう？　外科医で作家のアトゥール・ガワンデはこう書いている。「何百万人もの命が失われたに違いない」。

安くて簡単なお悩み解決法の何が一番すばらしいって、それまでどんな手も通じそうになかった問題が解決できてしまったりするところだ。どんな手も通じなさそうだったのに、ほとんど例外なくゼンメルワイスみたいな人やゼンメルワイスみたいな人たちのチームが乗り出してきて、窮地を救ってくれる。歴史にはそんな例がちりばめられている。

キリストが生まれたころ、つまりほんの２０００年ちょっと前、この地上には2億人ほどの人間がいた。紀元１０００年になってもまだこの数字は3億人ほどだった。１７５０年でさえ人間は8億人しかいなかった。いつも飢饉が心配の種で、あたまのいいひとたちは、この星はこれ以上の成長を支えられないと言っていた。イギリスの人口は減っていた。「それは根本的に」とある歴史家が書いている。「これ以上の人間を養わなければならないという圧力に農業が対応できないからである」。

そこへ農業革命だ。いろいろな技術革新が起きた。どれも別に難しいことではなかった。収穫の多い品種の開発、農具の改良、資本の効率的な利用、そういったもので農業が変化し、その結果地球の表面も変わった。18世紀終わりのアメリカでは「国民を養い、余剰分を輸出するのに労働者20人当たり19人が農業に携わらなければならなかった」と経済学者のミルトン・フリードマンが書いている。

その200年後、当時よりずっと大きな人口を養い、さらにアメリカを「世界最大の食料輸出国」にするのに、労働者20人当たり1人しかいらなくなっていた。

農業革命で手の空いた何百万人もの人たちが産業革命に携わった。1850年には世界の人口は13億人になった。1900年には17億人、1950年には26億人だ。そしてほんとの急増が始まったのはそれからだった。その後50年で世界の人口は2倍を上回るところまで増え、60億人を大きく超えた。そんな急激な増加が可能になった要因を弾1発で当てないといけないとしたら、的にするのは硝酸塩肥料だ。びっくりするぐらい安くて効果的な肥料である。硝酸塩肥料のおかげで世界は食えているといっても過言ではない。もしこの物質が一晩で消えてしまったら、と農業経済学者のウィル・マスターズは言う。「ほとんどの人は、食べられるものと言ったらいろんな雑穀と根菜に逆戻り、肉とか果物とかが食べられるのは特別にごちそうの日かお金持ちだけってことになるだろう」。

あるいは、鯨を考えよう。大昔から取って食われてきた生き物で、19世紀にアメリカが大国にのし上がる原動力になった。鯨は余すところなく最後の1かけらまで何かに使える。だから成長著しい国にとって鯨はよろず屋さんみたいなものだった：塗料やニスを作るときの材料、布地や皮、ろうそくや石鹸、衣料、そしてもちろん食料（とくに舌は珍味だ）。鯨は繊細なほうの性別の皆さんによく愛された。鯨は体を張って、コルセットや襟、パラソル、香水、ヘアブラシ、赤の染料を提供した。（赤の染料になったのは、何を隠そう鯨のウンコだ）。一番重宝されたのが鯨油で、ありとあらゆる機械の潤滑油に使われたが、それよりも重要だったのがランプの油に使えたことだ。作家のエリック・

ジェイ・ドランが『海獣《リヴァイアサン》』でこう宣言している。「アメリカの鯨油が世界を照らした」。世界全体で900隻あった捕鯨船のうち735隻はアメリカ籍で、彼らは四つの大洋をまたにかけて鯨を狩っていた。1835年から1872年、そうした捕鯨船は30万頭近い鯨を捕った。平均で1年に7700頭を超える。大漁の年だと、油とヒゲ（これは骨みたいな鯨の「歯」である）を合わせて総額1000万ドルを超える稼ぎになった。これは今日のお金に換算するとだいたい2億ドルにあたる。捕鯨は危なくて難しい仕事だった。でも、アメリカでは5番目に大きな産業で、7万人が働いていた。

そしてそれから、尽きることのない資源に見えたものが――本当に急に、そして後から考えると当たり前のように――絶滅に向かい始めた。追われる鯨は少なすぎ、追う捕鯨船は多すぎだった。1年で船倉いっぱいの鯨油を取っていた捕鯨船が同じことをするのに4年かかるようになった。それに伴って鯨油の価格は跳ね上がり、アメリカの景気は悪化した。いまどきならこういう産業は「大きすぎてつぶせな」かったりするんだろうが、そのころ捕鯨産業はつぶれかけ、アメリカ全体に暗い影を落としていた。

引退した鉄道員であるエドウィン・L・ドレイクが蒸気機関を動力に使ったドリルで70フィートの頁岩と岩盤に穴を開け、ペンシルヴァニア州タイタスヴィルで石油を掘り当てたのはちょうどそんなときだった。未来が地表に吹き出した。国の地下室で、膨大なエネルギーが上の階へ連れ出してもらえるのを待ってるってときに、どうして命がけで海の底の海獣を追いかけて捕まえて切り分けて、なんてことをしないといけない？

石油は安くて簡単な解決だっただけでなく、鯨がそうだったように、並外れて用途が広かった。ランプの油、潤滑油、自動車の燃料に家の暖房、いろんなことに使えた。プラスティックや、それこそナイロン・ストッキングの原料にもなった。新しい石油業界は職を失った鯨取りの人たちをたくさん雇ったし、ついでに、元祖「絶滅の危機に瀕する種の保存に関する法律」の役目も果たした。ほとんど間違いなく絶滅しようという危機から鯨を救ったのだ。

20世紀のはじめ、もっとも伝染性が強い病気――天然痘、結核、ジフテリアやなんか――は退治されようとしていた。でもポリオは断固として降伏しなかった。

ポリオよりも恐ろしい病気なんてなかなかない。「これは子どもの罹る病気である。予防法はない。治療法もない。子どもならどこにいても罹る可能性がある」とデイヴィッド・M・オシンスキーは言う。ピューリッツァ賞を受賞した『ポリオ：アメリカの場合』の著者だ。「つまりどういうことかというと、親御さんたちは気も狂わんばかりだったということだ」。

ポリオは大きな謎でもあった。患者は夏に急に増えるのだが原因がわからない。(アイスクリームに疑いの目を向けた研究者もいた。これは相関と因果を取り違えた古典的な例だ。アイスクリームは夏の消費量のほうが圧倒的に多い。だからアイスクリームがポリオの原因だと考えたのだ)。最初、ポリオは移民のスラムの子どもたち、とくに男の子が罹りやすい病気だと考えられていた。でも、女の子が罹ることもあったし、緑生い茂る郊外の子どもたちも罹った。フランクリン・デラノ・ルーズベルトみたいに、移民のスラムにはほとんど縁がなかったし、子ども時代からもかけ離れた39歳でこの病気に罹った人もいた。

ポリオが流行するたびに新しく隔離所ができたりパニックが起きたりした。１９１６年、親御さんは子どもを友だちに会わせず、プールにも公園にも図書館にも行かせなくなった。当時で史上最悪の大流行がニューヨーク市を襲った。報告された感染者８９００人のうち２４００人が亡くなった。ほとんどは５歳未満の子どもだった。その後もこの病気は猛威をふるった。１９５２年はまたしても史上最悪の年だった。報告された感染者は全国で５万７０００人、そのうち３０００人が亡くなり、２万１０００人には一生麻痺が残った。

ポリオで重症になってそれでも生き延びるのは、死ぬのに比べ、かろうじてというぐらいにしかましとはいえない。足が利かなくなり、ずっと痛いまま暮らすはめになった患者もいる。呼吸器系が麻痺した人は実質的に「鉄の肺」の中に入っていないと生きられなくなった。動かなくなった胸の筋肉の仕事を代わりにやる巨大なタンクだ。ポリオを生き延びた犠牲者が増え、彼らの医療費は膨大な額にのぼった。「全国の家計のうち何らかの健康保険に入っているのは10％にも満たないときに」とオシンスキーは書いている。「ポリオの患者を養う費用（年に約９００ドル）は、実に平均年収（８７５ドル）を上回っていた」。

そのころアメリカはすでに二つの大戦に勝ち、目が眩みそうな明るい未来をその手におさめた地上最強の国になっていた。でも、この病気一つでそんな明るい未来の大部分が医療費に食いつぶされ、国の足かせになるかもしれないという切実な不安を抱えていた。

そしてそれからワクチンが開発され——というか、実のところいくつかのワクチンなのだけれど

――ポリオは実質的に撲滅された。

ワクチンが簡単な解決だなんていうと、ポリオを食い止めようとがんばってきた人たちのたゆまない努力を軽く考えてるみたいに聞こえるかもしれない：医学研究者たち（中でも彼らを先導したジョナス・ソークとアルバート・サビン）、資金調達面で活躍したボランティア組織（小銭の行進《マーチ・オブ・ダイムズ》は、オシンスキーによれば、「史上最大規模の慈善団体」だった）、そういう人たちの努力だ。さらに、身を捧げたのは人間ばかりではなかった（ワクチンの実験のために何千匹ものサルが輸入された）。

その一方で、医療でワクチンほど手間のかからない解決はない。病気に対処する主な方法二つを考えてみればいい。一つは、問題が起きたらそれを直す処置や技術を発明するやり方である（心臓切開手術なんかがそう）。このやり方はとても代償が大きいことが多い。もう一つは問題が起きる前にそれを防ぐやり方だ。長い目で見るとこのやり方はとても安くつくことが多い。医療研究者によると、ポリオ・ワクチンが発明されていなかったら、今ごろアメリカには長い間ポリオに苦しむ患者が少なくとも25万人いて、彼らにかかる費用は年間で少なくとも３００億ドルにのぼっていた。そしてこの数字には「苦しみや死、あるいは恐怖から目をそらすための計り知れない費用」は含まれていない。

ポリオは極端な例だとしても、医療に安くて単純な解決法は数限りない。潰瘍の新しい薬ができて、手術が行われる割合はだいたい60％も減った。その後さらに安い薬が開発されて、潰瘍の患者さんたちは年に8億ドルほども節約できた。リチウムが躁うつ病の治療に使われるようになってからの25年間で、入院費は１５００億ドル近くも浮いた。水道水にフッ素化合物を加えるなんて単純なことでさえ、歯科医療費を1年に１００億ドル安くしている。

すでに書いたように、心臓病による死はここ数十年で大幅に減った。移植や血管形成術やステントなんて値の張る治療のおかげだよね。でしょ？

実をいうと、そんなことない。そういう処置はびっくりするぐらいちょっとしか貢献していない。心臓病による死亡率の低下の半分ぐらいは高コレステロールとか高血圧といったリスク要因が抑えられたことによるもので、どちらもどちらかといえば安い薬で治療が可能だ。そして低下の残り半分は、アスピリンにヘパリンにACE阻害薬にβ受容体遮断薬といった、バカみたいに安い薬のおかげである。

1950年代のはじめのアメリカで、自動車旅行がハンパなく広まった。だいたい4000万台ぐらいの車が路上を走っていた。でも、1952年の1月に開かれた全国自動車ディーラー協会の第35回大会で、タイヤメーカーのBFグッドリッチの副社長は、スムーズな乗り心地でドライヴできるのもここまでかもしれないと警告した。「死亡率がこのまま上がり続ければ、車の運転をやめる人が多くなり、自動車産業は深刻な打撃を受けるだろう」。

アメリカでは1950年に交通事故で亡くなった人は4万人近かった。この死亡者数は今日とだいたい同じだが、数字を直接比べると事態を見誤ることになる。当時、車は今ほど走ってなかったからだ。1950年の走行距離1マイル当たりの死亡者数は今の5倍である。

それじゃなんでそんなに死んでたんだろう？　容疑者はやまほどいた。車の欠陥、設計の悪い道路、運転する人たちの不注意なんかがそうだ。でも、自動車事故の構造はあんまりわかっていなかった。自動車業界もどうしてもそれが知りたいってわけじゃなさそうだった。

そこへロバート・ストレインジ・マクナマラが登場する。今日、彼はヴェトナム戦争当時の悪名高き国防長官として記憶されている。マクナマラがあんなにもひどい言われ方をするのは、一つには彼が情緒や政治的配慮よりも統計分析で判断を下すことが多かったからだ。つまり、彼はまるで経済学者みたいだった。

彼がそんなふうだったのは偶然ではない。マクナマラはバークレイで経済学を学び、その後ハーヴァード・ビジネススクールに行って、若くして同校の会計学の教授になった。第二次世界大戦が起きると彼は志願兵となり、分析能力を買われて陸軍航空隊の統計的管理局で従軍した。

彼のチームはデータを武器に戦争を戦った。たとえば、日中イギリスからドイツへ向かって出撃したアメリカの爆撃機が任務を断念する割合が約20％と不自然に高かった。なんで目標にたどり着けなかったかと聞かれるとパイロットたちはいろんな言い訳をした。電気系統が故障した、無線が通じにくかった、体調が悪くなった、そんなのだ。でも、データをじっくり分析してマクナマラが出した結論は、彼らの説明は「デタラメだ」だった。本当はビビッてただけだと彼は言っている。「ヤツらのうち、めちゃくちゃ大部分が殺される。ヤツらそれがわかってるんだ。だから目標まで行かない言い訳を見つけてくるんだよ」。

マクナマラはそれを上官に報告した。言い出したら聞かなくてどうしようもないカーティス・ルメイ大佐は爆撃任務に向かう隊長機に乗り込んで、引き返したパイロットは誰だろうと軍法会議にかけると宣言した。任務を断念する割合は、マクナマラの言葉によれば、「一晩で墜落した」。

戦後になって、フォード自動車がマクナマラと彼のチームに、あなたたちの統計の魔法を自動車業界で生かさないかと持ちかけた。マクナマラはハーヴァードに戻りたかったが、彼も奥さんも病気で、医療費がかさんでいた。２人の病気は他でもないポリオだった。そうして彼はフォードで働くことにした。彼はとんとん拍子に出世したが、普通に言う意味ではどう考えても「車屋さん」ではなかった。「その代わり」、とある歴史家が後に書いている。「彼は安全性や燃費、ＢＵＶといった画期的なアイディアに夢中だった」。

マクナマラはとくに自動車事故による死亡や負傷を憂いていた。車屋さんの連中になんであんな問題が起きるんだと聞いたが、統計データはほとんどないと言われた。

コーネル大学の航空研究者数人が飛行機事故で死者が出るのを防ごうと研究を行っていたので、マクナマラは彼らを雇って自動車事故を調べさせた。彼らは、人間の頭蓋骨をいろいろな素材で包んでコーネル大学の学生寮の階段から落とす、なんて実験を行った。わかったのは、人間は車の内装に使われる堅い材質にはかなわないということだった。「事故が起きると、運転者はよくハンドルで串刺しになる」とマクナマラは言う。「同乗者はよく、フロントガラスだの天井のフレームだの計器パネルだのに激突する」。そこで彼は、当社の新しいモデルはハンドルと計器が埋め込まれたパネルをもっと安全な設計にしろと指示した。

でも一番の解決策は、一番単純な解決策でもあることが彼にはわかっていた。事故が起きたときに同乗者が吹っ飛んで頭を何にぶつけるかなんて心配するよりも、最初から同乗者が吹っ飛ばないようにしておいたほうがいいんじゃないか？　飛行機にはシートベルトがついてる、とマクナマラは思った。それなら車にもつけたらどうだ？

「それで毎年死なずに済む犠牲者を計算してみたら大変な数だった」と彼は言う。「しかもほとんどコストはかからず、身に着けるのもそんなに手間じゃない」。

マクナマラはフォードの車全部にシートベルトを付けさせた。「飛行機でテキサスの組立工場を訪れたときだ」と彼は思い出して言う。「飛行機が降りたところで工場長に会った。車に乗ってシートベルトを締めたら彼が言うんだ。『どうしたんです、私の運転が怖いんですか?』」。

工場長の言葉には、シートベルトについて広く一般が抱く感覚が現れていた。マクナマラのボスたちはシートベルトなんて「不便でお金のかかる、バカバカしいナンセンス」だと思っていたと彼は言っている。それでもマクナマラに導かれて、彼らはフォードの新しいモデルにシートベルトを搭載した。

もちろんマクナマラは正しかった。シートベルトはいつしかたくさんの命を救うことになった。でも、ここで大事なのは「いつしか」ってとこだ。

すばらしく頭の切れる合理派が、人間の性《さが》の核心にある、いかんともしがたい原則にぶつかった。人の振る舞いを変えるのは難しい。ものすごく賢いエンジニアとか経済学者とか政治家とか親御さんとかなら、安くて簡単なお悩み解決法を思いつくかもしれない。でも、それが人に振る舞いを変えてもらう必要がある方法だったら、うまくいかないかもしれない。毎日世界中で何十億人という人が、自分に悪いとわかっていながらいろんなことをやっている。タバコを吸ったりギャンブルにのめりこんだりヘルメットもかぶらずにバイクに乗ったりしている。

なんでそんなことを? そりゃそうしたいからだよ! ああいう皆さんはああいうことやってて楽しいのですよ。スリルがあったり退屈な毎日からちょっと逃げられたりして。そしてそんな人たちに自分の振る舞いを変えさせるのは、どんだけ強力に理屈が通ってようが、簡単ではないのである。

そしてそれはシートベルトも同じなのだ。議会が国レベルで安全性の基準を決め始めたのは1960年代の中ごろだが、それから15年経ってもシートベルトを使う人は笑ってしまうぐらい少なかった。たったの11％だ。いろんな後押しがあって、時間とともにこの数字はちょっとずつ増えていった。キップを切られたらイヤだとか、大々的な意識向上の公共キャンペーンだとか、ベルトを締めないとブザーだのダッシュボードのランプだのが嫌がらせしてくるとか、そういうのだ。そうしていつしか、シートベルトを締めるのは運転している人に失礼だったりはしないという考えが社会に受け入れられた。シートベルトの着用率は1980年代の半ばには21％、1990年には49％、1990年代半ばには61％になり、そして今日では80％を超えている。

自動車の走行距離1マイル当たりの死亡者数がアメリカで大きく減ったのはそれが大きい。事故で亡くなる可能性はシートベルトで70％も減る。1975年以来、シートベルトはだいたい25万人の命を救ってきた。交通事故は今でも1年に4万人の命を奪っている。でも、昔に比べれば、車の運転はもうそんなに危なくない。いまだに交通事故で亡くなる人がこんなに多いのは、アメリカ人がものすごくよく車に乗るからで、走行距離は全体で1年間にだいたい3兆マイルにも及ぶ。7500万マイル当たりで1人亡くなる計算になる。別な言い方をするなら、1日24時間、時速30マイルで車を走らせていると、285年間走り続けてやっと1度、自動車事故で死ぬ勘定だ。アフリカやアジアや中東へ行けば、だいたいの国でシートベルトはアメリカよりもずっと使われていない。そういう国に比べれば、アメリカで車に乗るのなんて、家でソファに座ってるのとそんなに変わらないってぐらい安全だ。

そしてシートベルトは1個たったの25ドルほどで手に入る。いまだかつて発明された中で一番安くて効率のいい救命装置だ。毎年、アメリカの車全部にシートベルトを据え付けるのに5億ドルほどかかる。大ざっぱな計算では、命を一つ救うのに3万ドルかかる。ずっと複雑な安全装置であるエアバッグなんかと比べてこの数字はどうなんだろう？　アメリカ全体では1年にエアバッグを据え付けるのに40億ドル以上かかっている。エアバッグのコストは命一つ当たり180万ドル、、、、、だ。

ロバート・マクナマラは最近93歳で亡くなった。亡くなるちょっと前、彼はぼくたちに、シートベルトの着用率を100％にしたいと今でも思っていると語ってくれた。「締め心地がよくないからってシートベルトを締めない女の人がたくさんいる。女の人の胸を計算に入れて設計してないからだ」と彼は言っていた。「もっと締め心地のいい設計にすれば着用率が上がるって、そんなに頭使わんでもわかると思うんだが」。

女の人とシートベルトに関しては、彼は正しいかもしれないし間違ってるかもしれない。でも、間違いなくシートベルトの設計が合ってないグループが間違いなく一つある：子どもたちだ。

ときどき、立場が弱いほうが得なことがある。4人家族でドライヴに出かけると、子どもたちは普通、後ろの座席に押し込まれ、助手席に乗るのはママかパパだ。子どもたちは自分で思っているより運がいい。事故が起きたら前の座席より後ろの座席のほうがずっと安全なのだ。身体が大きい大人だとなおさらそうで、前の座席に座っていると何かに激しくぶつかる可能性が高い。立場の弱い子どもだったら後ろの座席に押し込んでかまわないんだろうけど、ママとパパが2人でドライヴに行くなんてときに、どっちかが後ろの座席にどっかと座って、どっちかが身体を張って前の席に座らないといけないとなると、ちょっと気まずいよね。

いまどきは、どの車も標準で後部座席にもシートベルトが据え付けられている。でも、シートベルトは大人に合わせて設計されている。子ども向けじゃない。愛する3歳のわが子を縛り付けとこうと思っても、腰のベルトは緩すぎるわ肩のベルトは首だの鼻だの眉毛だのを締め付けるばかりで肩まで来ないわで、どうもうまくいかない。

運よく、ぼくたちは子どもを愛で、守ろうという世界に住んでいる。だから解決もちゃんとある。子ども用安全シート、いわゆるチャイルドシートだ。チャイルドシートは1960年代に使われ始めた。最初はとても用心深い親御さんたちしか使わなかったが、お医者さんや交通安全の専門家、それから――あーらびっくり！――チャイルドシートのメーカーが熱心に売り込んだおかげで広まって、そのうち政府も乗り出した。1978年から1985年に、アメリカのすべての州が、子どもを車に乗せるときは連邦政府が決めた衝突試験の基準を満たすチャイルドシートに座らせなければならないという法律を作った。

当時、アメリカの子どもの死亡原因は自動車事故が一番多かった。今日でもそうだ。でも死亡率は大幅に下がっている。一番大きな役割を果たしたのはチャイルドシートだといわれてきた。

安全はもちろんタダじゃない。アメリカ人は年に3億ドルをつぎ込んで400万個のチャイルドシートを買っている。典型的に、子どもは大きくなるまでに3種類のチャイルドシートに座ることになる。後ろを向いて座る乳児用、前を向いて座る少し大きめの幼児用、それにもう少し大きい子向けの学童用だ。さらに、子どもに兄弟や姉妹がいれば、ご両親はチャイルドシートが全部ちゃんと収まるようにSUVとかミニヴァンを買わないといけないかもしれない。

それに、チャイルドシートはみんなが思っているほど簡単には使えない。シートにはそれぞれ、こんがらがるぐらいストラップとロープとベルトがついている。メーカーもたくさんあって、それを車の座席にしっかり固定しないといけない。そして据え付け方はどのメーカーが作ったかで違うし、後部座席の形でも違うのだ。そのうえ、付いてるストラップだかロープだかベルトだかは、生きてるわけでもない小さなプラスティックの塊じゃなくて、それなりの大きさを持った人間を固定して危険から守るべく設計されている。アメリカ運輸省の道路交通安全局（NHTSA）によると、チャイルドシートの80％以上が間違った据え付けられ方をしている。だからこそ、あんなにたくさんの親御さんたちが、据え付けるのを地元の警察署とか消防署に手伝ってもらおうと出かけていくのだ。そしてだからこそ、NHTSAは4日に及ぶ全国共通小児同乗者安全基準研修プログラムを実施し、345ページにもなるマニュアルを使って公衆安全関係の警官たちにチャイルドシートの正しい据え付け方を教えているのだ。

でも、チャイルドシートが簡単でも安くもないからってそれがどうした？　何でもかんでも望みどおり華麗に解決できるわけないでしょう。こんなにも役立つ安全装置なんだから、警官に4日分の仕事を犠牲にさせてでも使い方を覚えてきてもらう価値があるんじゃないか？　大事なのはチャイルドシートには効果があるってことだし、チャイルドシートで子どもの命が救われるってことでしょう。NHTSAだって効果があるって言ってるよ。1歳から4歳の子どもの命が失われるリスクは、なん

固定方法	死亡事故に巻き込まれた子どもの数	子どもの死亡者数	子どもの死亡率
チャイルドシート	6,835	1,241	18.2%
大人用シートベルト	9,664	1,750	18.1%

と54%も減るそうだ。

なんでも知りたがりの親御さんならこんな疑問を持つかもしれない…54%減ったって、なにと比べて？　答えはNHTSA自身のウェブサイトで簡単に見つかる。この組織は死因分析報告システム（FARS）という政府データの山を抱えている。1975年以降にアメリカで起きた車の死亡事故に関する警察の報告を全部集めたものだ。この記録には思いつく限りのありとあらゆる情報が入っている。事故にかかわった車の種類と数、車が出していたスピード、起きた時間、同乗者が車のどこに乗っていたか、そういったデータだ。それから、使っていたなら、どんな安全装置を使っていたかも含まれている。

調べてみると、チャイルドシートに座った子どもは何と比べて54%も死ぬ可能性が低かったかといえば、まったく何も使わずに車に乗っている子どもだった。つまり、チャイルドシートもシートベルトもなぁんにも使ってない子どもである。そりゃそうでしょうとも。車の事故は激烈だ。すごい速さで動いていた重い金属の物体が急に止まれば、その中にあった肉や骨の塊はひどいことになる。

それじゃ、この複雑でお金のかかる新しい解決策（つまりチャイルドシート）は簡単で安くて古い解決策（こっちはシートベルト）に比べてどれだけいいんだろう？　簡単なほうの解決策は子ども向きにはできていないとしても？　シートベルトは2歳未満の子どもには役に立たない。2歳未満だとシートベルトには小さすぎる。現実的にはチャイルドシートこそ幼児を守れる最高の解決策である。でも、それじゃもっと大きい子は？　法律は州によって違うけど、だいたいは6歳か7歳まではチャイルドシートの使用が義務付けられている。そういう子だと、チャイルドシートでどれだけ守られてるんだろう？

ＦＡＲＳのデータに入っている30年分近い自動車事故をちょっと見てみると、びっくりするような結果が出る。2歳以上の子どもの場合、死亡事故に巻き込まれた子どものうち亡くなった子どもの割合は、チャイルドシートを使っていてもシートベルトを締めていても、ほとんど同じなのだ。

もしかするとデータを生のまま見るのが間違いのもとなのかもしれない。チャイルドシートの子どもが乗る車のほうがひどい事故を起こすのかもしれない。あるいは、ひょっとすると親御さんが夜に運転することが多かったり、危ない道を走ることが多かったり、あるいは安全性の低い車に乗っていることが多かったりするのかもしれない。

でも、ＦＡＲＳのデータを計量経済学のもっとも厳密なやり方で分析しても結果は同じだ。最近の事故でも昔の事故でも、大きな車でも小さな車でも、1台だけの事故でも玉突き事故でも、2歳以上の子どもの命を救うにはシートベルトよりチャイルドシートのほうがいいっていう証拠は見つからない。事故の種類によっては——たとえば追突事故だと——実はチャイルドシートのほうがちょっと成績が悪かったりする。

だからひょっとすると問題は、ＮＨＴＳＡも認めているように、チャイルドシートが正しく据え付けられてない場合が多すぎるってことかもしれない。（できて40年も経つのにいまだに利用者の20％しか正しく扱えない安全装置っていうのは、そもそもろくな安全装置じゃないとさえ言えるかもしれない。チャイルドシートに比べれば、インド人の男が使うコンドームなんて、もうほとんど完全無欠みたいなもんだ）。チャイルドシートはほんとに奇跡の発明なんだけど、ただぼくたちがちゃんと使えてないってことだろうか？

その疑問に答えるために、ぼくたちは衝突試験でシートベルトとチャイルドシートを比べることにした。そんなのわけないって思うでしょうね。どのみち、販売されているチャイルドシートは全部、衝突試験をやって政府の認可をもらってる。でも、研究者たちが子どもサイズの衝突試験用の人形を使って比較試験をやったりすることはほとんどないみたいだ。まあ、ちょっとぐらいはやっているのだとしてってことだけど。そこでぼくたちは、自分でやってみることにした。

アイディアは単純だ。衝突試験を2件依頼する。一つは、幼児用チャイルドシートに座った3歳児サイズの人形と、肩と腰のシートベルトを締めた3歳児サイズの人形を比較する。もう一つは、学童用チャイルドシートに座った6歳児サイズの人形と、肩と腰のシートベルトを締めた6歳児サイズの人形を比較する。どちらの試験でも、時速30マイルで正面衝突した場合を想定する。

ぼくたちの実験をやってくれるって施設はなかなか見つからなかった。お金を３０００ドルも出すって言ったのに（いやあ、科学ってお金がかかるんですよ）。アメリカの施設はもう全部断られたんじゃないかって気がし始めたころ、やっと1カ所、お金を受け取ってくれるところが見つかった。でも、そこの所長が、ウチの名前は出さないでくれって言う。お客を失うんじゃないかと心配したのだ。

チャイルドシートのメーカーは彼らの上得意なのである。でも彼は「科学が大好き」だって言っていたし、彼も結果がどうなるか興味津々だった。

どこだか言えない場所へ飛んで、それからトイザらスで新しいチャイルドシートを買って、車で研究所に向かった。でもエンジニアは、ぼくたちの実験で具体的に何をやるか聞いて、そんなの自分はやらないと言った。そんな実験アホくさい、なんて言う。もちろんチャイルドシートのほうがいい結果になるに決まってるじゃないか。ときに、シートベルトなんかじゃ衝撃で値の張る人形がバラバラになってしまうだろ。

衝突試験用の人形の身体を心配するなんて、なんか間違ってる気がするけど――だってどっちみち壊すために作ったんでしょう?――とりあえずシートベルトを締めたほうの人形が壊れたら弁償するって言ったら、エンジニアはぶつぶつ言いながらも働く気になってくれた。

実験では、チャイルドシートが完璧に機能するように環境を整えた。昔ながらのベンチ・シートの後部座席にチャイルドシートを据え付けた。こういうシートは平らでぴったりフィットする。チャイルドシートは衝突試験のベテラン・エンジニアが据え付けてくれた。普通の親よりもずっと正しく付けられたはずだ。

作業は最初から最後までおぞましかった。子どもの人形はそれぞれズボンとTシャツ、それにスニーカーを身に着けていて、体中から電線が出ていた。頭と胸へのダメージを測るためだ。最初は3歳児の人形2体で、1体はチャイルドシートに座り、もう1体は腰と肩のシートベルトを締めている。空圧式のそりで車が発射され、車は怖いぐらいに激しく叩きつけられた。リアルタイムで見ていたときはあんまり何にも見えなかった（ただ、シートベルトのほうの人形がバラバラにならなかったのにはほっとした）。でもヴィデオを超スローで再生してみると、どちらの人形も、頭、脚、それに腕が前に投げ出され、指が宙をまさぐって、それから頭が後に跳ね返った。次は６歳の子どもの人形だ。

結果は数分で出た。大人用のシートベルトは衝突試験に見事な成績で合格した。頭と胸への衝撃のデータによると、チャイルドシートの子もシートベルトの子も、この事故で怪我をした可能性は低かった。

それじゃ昔ながらのシートベルトはどれぐらいの効果があったんだろう？

シートベルトはチャイルドシートに求められる条件を全部満たした。こんなことを考えてみよう。ぼくたちがシートベルトを締めた人形のデータを連邦政府に提出して、最新のすばらしいチャイルドシートのデータですって言えば、ぼくたちの「新」製品は――ロバート・マクナマラが大昔の１９５０年代に売り込んでいたナイロンの紐とほとんど変わらないのに――楽勝で認可が受けられる。昔ながらの単純なシートベルトでチャイルドシートの基準が満たせるんだから、チャイルドシートのメーカーがシートベルトに勝てない製品を売り出したとしても、なんの不思議もない。まあ、悲しいことだけど、不思議はない。

誰でも想像できるように、チャイルドシートをあんまりあがめない人はものすごく少数派だ。（２人合わせて幼い子どもが６人もいなかったら、ぼくたちは子ども嫌いのレッテルを貼られてしまうだろう）。ぼくたちの説に対する強力な反論の材料には「シートベルト症候群」と呼ばれるものがある。

小児用安全装置の高名な研究者たちが、衝突試験の人形には典型的に首と腹の怪我を計測する計器がついていない点を問題視している。彼らは、シートベルトが子どもに与えるダメージの結果、救急医療室で繰り広げられるぞっとするような光景を語る。彼らは子どもが自動車事故に巻き込まれた親御さんたちにインタビューしてデータを集め、シートベルトに比べて学童用チャイルドシートは深刻な怪我を約60%も減らせると結論づけている。

そうした研究者たちの多くは怪我をした子どもたちを心から心配している。もちろん善意の人たちだ。でも、あの人たちが言ってること、ほんとなんだろうか？

親御さんのインタビューでデータを集めるのは理想的なやり方とは言えない。理由はたくさんある。親御さんたちは事故でショックを受けているかもしれないし、細かいところは間違って覚えているかもしれない。それから、親御さんたちは——研究者たちは彼らの名前を保険会社のデータベースから拾ってきた——そもそも本当のことを言っているのか、という問題もある。子どもをシートベルトもチャイルドシートもなしで乗せていて事故に遭ったら、社会からの強いプレッシャー（それから、保険会社に保険料を引き上げられるかもしれないって思うなら、お金の面からの強いプレッシャー）を感じて、子どもにはちゃんとベルトだかシートだかを使わせていた、そう言わないわけにはいかないだろう。警察の報告には、車にチャイルドシートが乗っていたかどうかが書いてある。だからその点ではウソはつけない。でも、シートベルトはどの車の後部座席にも付いているから、子どもがそれを締めていなくても、ちゃんと締めていたと言い張ることができる。そうなるとそれをウソだと証明するのは誰であっても難しいだろう。

親御さんの事情聴取以外に、子どもの負傷について大事な疑問を解決してくれるいいデータ元はないものだろうか？

ＦＡＲＳのデータ・セットではダメだ。このデータは死亡事故だけが対象になっているからだ。でも、すべての事故の情報を含むデータ・セットを他に三つ見つけた。一つは国全体を対象としたデータ、もう二つは州単位で、ニュージャージー州とウィスコンシン州が対象である。三つ合わせて９００万件を超える事故のデータだ。ウィスコンシン州のデータはとくに役に立った。事故のデータが病院から退院するまでの記録と一緒になっていて、怪我がどれぐらいひどかったか、より正確に測ることができるからだ。

こうしたデータを分析すると何がわかるだろう？

2歳から6歳の子どもの深刻な怪我を防ぐのに、腰と肩に締めるシートベルトは、やっぱりチャイルドシートと同じぐらいの好成績をおさめている。でも、もっと軽い怪我に関してはチャイルドシートのほうがいい成績で、シートベルトに比べてだいたい25％も怪我をする可能性が下がる。

だから、まだチャイルドシートを投げ捨てちゃいけない。（というか、そんなことは50州どこへ行っても法律違反だ）。子どもはとても価値の高い積荷だから、軽い怪我がいくらか防げるなんてほんの小さなご利益でも、チャイルドシートは十分投資する価値があるのだ。それから、値札のつけがたいご利益がもう一つある。親御さんの心の平穏だ。

別な見方をすれば、それこそはチャイルドシート最大の欠点なのかもしれない。親御さんに間違った安心感を与え、自分は子どもを守るためにできることは全部やったと信じさせてしまう。そんなふうに満足してしまうと、ぼくたちは、もっといい手はないか、もっと安く簡単に、もっと命を救えるような解決策はないかと探したりはしなくなる。

車に乗った子どもたち全員の安全を約束できるような方法をゼロから作りあげる仕事を請け負ったとする。大人に合わせて作られた方法から始めて、そいつを使ってもう一つ、子ども用に作ったカラクリを据え付けるのが一番ってことになるなんて、あなた本気で思いますか？ このカラクリを何十社ものメーカーが作ることになるでしょう、車のデザインはそれぞれ違っていても、どの車でもちゃんと効果を発揮しますって、そんなことほんとに保証できますか？

で、こんな過激なことが頭に浮かぶ。車の後部座席に座る同乗者の半分は子どもであることを考えると、シートベルトを最初から子どもに合わせて作ればいいんじゃないか？ 実績のある解決策を——安くて簡単な解決策を——そのまま使ったほうがいいんじゃないの？ ベルトの長さを調節できるようにしてもいいし、シートに折りたたみ椅子（実はちゃんと存在する。あんまり使われてないけど）を仕込んでおいてもいい。お金も手間もかかり、そのうえあんまりうまくいかない手よりもそっちのほうがいいんじゃないか？

でも、ものごとは逆の方向に向かっているようだ。車に乗った子どもの安全を確保できるもっといい手を探す代わりに、州政府は子どもがチャイルドシートを卒業できる歳を引き上げてきた。ヨーロッパ連合はもっと深みにはまっている。かの地では、ほとんどの子どもは12歳になるまでチャイルドシートに座らないといけない。

ああ、政府は、安い解決策に関しても簡単な解決策に関しても、定評があるとは言いがたい。彼らはむしろ、お金も手間もかかる道を好き好む。この章でこれまで挙げた例に、政府の役人が思いついたものなんて一つもない。ポリオのワクチンでさえ基本的には民間組織であるアメリカ小児麻痺財団が開発したものだ。ルーズベルト大統領は個人財産で設立資金を提供した。現職の大統領でさえこういう使命に民間組織を選んでいるのは面白い。その後彼らは自分でお金を調達して治験を行った。

それに、車にシートベルトを付けたのも政府じゃなかった。ロバート・マクナマラはシートベルトを付ければフォードの車の競争力が上がると思ったのだ。彼はぜんぜん間違っていた。フォードはシートベルトをなかなか広められなかった。車の運転はそもそも危ない営みだってことをお客に思い出させてしまうからってことのようだ。ヘンリー・フォードⅡ世はこんな文句を言っている。「マクナマラは安全を売ってるが、シヴォレーが売ってるのは車なんだ」。

ときに、簡単であるにせよないにせよ、どんな策でも解決できない問題もある。母なる自然がときどきもたらす惨事を考えてみればいい。それに比べれば交通事故死なんてぜんぜんチョロそうだ。

1900年以来、世界全体で130万人を超える人がハリケーン（他の場所では台風とか熱帯低気圧とかって呼ばれている）で亡くなっている。アメリカでの惨事はまだ軽いほうで、死亡者は約2万人だ。でも、経済的な損害は大きい。平均で1年に100億ドルに達する。最近の2004年と2005年だけで、決定版のカトリーナを含め、六つのハリケーンを合わせて1530億ドルがアメリカの南東部で失われている。

なんで最近こんなに被害額が大きいんだろう。ハリケーンがよく起きる地域に住む人が増えたし

（なんだかんだ言っても、海辺に住むのっていいもんでしょ）、そういう皆さんには高級な別荘を建てた人がたくさんいる（おかげで物的な損害額が大きくなった）。皮肉なのは、そういう家持ちの皆さんが海辺に惹かれるのは、ここ数十年、ハリケーンが減っていたからだ。ついでに、たぶん、それに伴って保険料も下がっていたからだろう。

1960年代の半ばから1990年代の半ばにかけて、ハリケーンの活動は大西洋の数十年規模の振動によって抑えられていた。これは60年から80年の周期で起きる長期の気候変動であり、大西洋がだんだん冷たくなり、それからまた温かくなるという変動だ。気温は急激には変化しない。変化はほんの数度だ。でもそれだけで、冷たくなる時期にハリケーンを抑制し、最近ぼくたちも経験したように、温かくなる時期にハリケーンを助長するのに十分なのだ。

見方によっては、ハリケーン対策はそんなに難しくなさそうに思える。他の問題——たとえばガン——なんかと違って原因はとてもはっきりしているし、場所も予測できるし、起きるタイミングまでわかる。一般的に大西洋のハリケーンは8月15日から11月15日の間に発生し、「ハリケーン銀座《アレイ》」に沿って西へ進む。ハリケーン銀座というのはアフリカの西海岸からカリブ海を通ってアメリカ南東部に至る、大洋上を東西に伸びた領域だ。この領域は本質的に熱機関みたいなもので、海面の水温が一定の水準（華氏80度、つまり摂氏26・7度）を超えると巨大な嵐が起きる。ハリケーンが夏の終わりにかけて起きるのはそのせいだ。太陽が数カ月間海を温めて、それからハリケーンが発生するのである。

そんなにも予測が簡単なのに、ハリケーンとの戦いは人間が負け続けてきた代表例だ。ハリケーンが発生したときにはもう本当になす術はなくなっている。できることはといえば、裸足で逃げ出すぐらいだ。

　でも、シアトル郊外に大胆な頭を持ったネイサンという人が住んでいて、友だち何人かも一緒に、ハリケーンに立ち向かういい方法があると考えている。ネイサンは物理学を勉強した人だ。そこが大事なところで、というのは、彼はハリケーンの決定的な特徴である熱特性が理解できるからだ。ハリケーンは単なる発電機ではない。ハリケーンは「オフ」のスウィッチがない発電機だ。ひとたびエネルギーを溜めてしまえばもう止められない。そのうえ、どうしようもなく強力なので、バカでかい扇風機で海に押し戻す、なんてこともできないのだ。

　だからこそ、ネイサンと仲間たちは——だいたいは、彼自身とおんなじような一種の科学オタクである——熱エネルギーが溜まる前に散らしてしまうのがいいと考えている。言い換えるとこんな感じ：ハリケーン銀座が破壊的なハリケーンを生み出す前に、そもそも海面が十分に温まらないようにする。軍隊には「焦土作戦」というのがあって、これは敵にとって価値がありそうなものを全部ぶっ壊しておく作戦だ。ネイサンと仲間たちは「冷海作戦」で自分たちにとって価値がありそうなものを敵がぶっ壊すのを防ごうというのである。

　でも、と聞きたくなるかもしれない。そりゃ母なる自然の摂理をもてあそぶってことにならないか？

「もちろん自然の摂理をもてあそんでるさ！」ネイサンはそう言ってケラケラ笑う。「そういうのはいけませんって言うんだろ！」

実際のところ、母なる自然の摂理をもてあそんでなければ、ぼくたちは硝酸塩肥料で作物を育てることもなく、この本を読んでくれてる読者の皆さんのほとんども、たぶんこの世に生まれてない。(少なくとも、一日中木の根や実を集めるのに忙しくて本なんか読んでる暇はなかったでしょうね)。ポリオを防ぐのだって、ある意味、自然の摂理をもてあそんでいる。ハリケーンで洪水が起きるのを防ぐための土手だってそうだ——ハリケーン・カトリーナのときみたいに、ときどきうまくいかないことがあるにしても。

ネイサンが提案するハリケーン対策の方法はものすごく簡単で、ボーイ・スカウトあたりでも夢に見そうなやり方だ(でも、少なくとも巧妙ではある)。材料はホーム・デポで買えるようなものばかりだし、なんならゴミ捨て場で拾ってきてもいい。

「水の表面温度を変えてやるのがカギなんだ」とネイサンは言う。「で、おもしろいのは温かい水の表面層はとても薄いってことなんだ。だいたい100フィート未満なんだよ。そのすぐ下にはとても冷たい水の大きな塊が横たわっている。そういう海域で素潜りをやったら、温度がものすごく違うんだって肌で感じられる」。

温かい表面層は下にある冷たい水よりも軽い。だから表面にとどまる。「だから、ぼくたちが変えなきゃいけないのはこの構造だ」。ネイサンはそう言っている。

興味深い謎が一つあって、それは、そんな冷たい水は何兆ガロンもあるというのに、ただ温かい表面層の下に横たわっているだけで、災害を防ぐのに役に立ったりはしていないことだ。

でもネイサンはいい手を思いついた。大ざっぱにいえば「スカート履いた浮き輪」だと彼は笑う。

つまり、大きな輪っかを浮かせ、その内側に長くて柔軟性の高い筒を取り付けるのだ。大きさは直径30フィートから300フィートならなんでもいい。輪っかはトラックの古タイヤで作ってもいい。中には軽い気泡コンクリートを詰め、鉄線でつなぎ合わせる。筒は海中にだいたい600フィートぐらいの深さに達する長さにする。ポリエチレンあたりで作ればいい。レジ袋に使われてるプラスティックだ。

「そんだけだよっ！」　ネイサンは得意げに叫んだ。

で、それがどんな仕組みで働くんだろう？　スカートを履いた浮き輪――でかくてゆらゆらする人工のクラゲ――が一つ、大洋を漂っているのを想像してほしい。温かい波のしぶきがクラゲの上にかかると、輪の中の水位は周りの海の水面を越えるところまで上昇する。「そんなふうに、浮き輪の中で水が海面より高いところまで上がったのを」とネイサンは説明する。「水頭って言うんだ」。

水頭は風が波に与えるエネルギーでできる力である。この力が長いプラスティックの筒に沿って温かい海水を下に押し下げていく。押し下げられた水は最終的に海面からはるか下にある筒の下の口から吐き出される。波が寄せる限り――もちろんいつだって寄せてくるわけだが――水頭は海面の水を冷たい深みへと押し下げ続ける。すると必然的に大洋の海面温度は低くなる。この仕組みは環境にやさしく、汚染も起こさず、穏《スロー》やかだ。温かい海面の水は約3時間かけてプラスティックの筒の下にたどりつき、そこから吐き出される。

さて、ハリケーンが生まれる大洋のあちこちに、そんな浮き輪をやまほどばら撒いたところを想像しよう。ネイサンは、キューバとユカタン半島の間、それからアメリカの南東部の海岸線に、スカートを履いた浮き輪を「垣根」みたく並べたらどうかと思っている。南シナ海からオーストラリアの沖合いの珊瑚海なんかでも威力を発揮するはずだ。数はどれだけいるだろう？　大きさにもよるけれど、カリブ海とメキシコ湾でハリケーンが発生するのを防ぐには、数千個ぐらいあればいいかもしれない。

簡単な使い捨て版なら、この仕掛けは1個だいたい100ドルぐらいで作れる。ただ、浮き輪を曳航したり固定したりするのにはもっとコストがかかる。また、もっと長持ちで手が込んでいて、一番必要なところへ動かせるリモート・コントロール版を作ることも可能だ。「お利口《スマート》」版は取り込む温かい水の量を変えられるようにしてあり、海面を冷やすスピードまで調節できる。

ネイサンが思い描くなかで一番の高級版は10万ドルだ。それでも、世界中に1万個を配置するとして、かかるお金はたった10億ドルぽっきりである。アメリカ1国だけで1年にハリケーンで破壊される財産額の10分の1にすぎない。イグナーツ・ゼンメルワイスが手洗いの一件で学んだように、また心臓病の患者さんたち数百万人がアスピリンやスタチンといった安い薬で知ったように、1オンスの予防策が数トンの治療法に匹敵することがあるのだ。

ネイサンはまだ、そんな浮き輪がうまくいくかどうか確信を持ててはいない。数カ月にわたって、彼らは緻密なコンピュータ・モデルで検証を行っているところだ。もうすぐ本物の海面で試験が行われるだろう。でも、あらゆる状況から推し量るに、どうやら彼と仲間たちはハリケーン退治の術を発明したようだ。

仮に熱帯低気圧を完全に退治できるとしても、ほんとにそんなことしたらまずい。嵐は自然に起きる気候サイクルの一部であり、大地に欠かせない雨を降らせるものだからだ。ネイサンの浮き輪が持つ本当の価値は、カテゴリー5の嵐を落ち着かせ、もっと穏便なものにできるところにある。「熱帯モンスーン気候の雨季を操作して」とネイサンは熱っぽく語る。「アフリカのサヘルの、降れば土砂降り降らなきゃ日照りっていうあり方を和らげられるかもしれない。それで飢饉を防ぐんだ」。

浮き輪で海の生態系も改善できるかもしれない。海面の水は夏が来るたびに熱くなり、酸素や養分が飛んでしまって酸欠海域ができる。温まった水を深みへ沈めれば肥えて酸素を含んだ冷たい水が海面に押し上げられ、海の生き物が繁殖するのを後押しできる。（今日でも、海上油田基地の周りでそういう現象が見られる）。加えて近年、大洋の海面が吸収してきた余分な二酸化炭素を、いくらか深海へ沈めるのにも役立つかもしれない。

そしてもちろん、誰がどうやって浮き輪作戦を実行するか、という問題が残る。最近、アメリカ国土安全保障省がいろんな科学者に、ハリケーン対策の方法を立案してくれと要請している。ネイサンと友人たちのところにも要請が来た。役所が安くて簡単な解決を選ぶことなんてまずない。やつらは遺伝子レベルでそういうふうにはできていない。でも、このケースは例外になるかもしれない。得られるものはとても大きく、一方、ためしにやってみることで起こる害はとても小さそうだからだ。

ハリケーンは危険だ。でも、もっと大きな問題が自然界に持ち上がっている。私たちの知っている文明のあり方を破壊してしまうかもしれない大問題だ。地球の温暖化である。こんなにも賢くて独創的で、簡単な解決を恐れないネイサンと仲間たちが、これもなんとかしてくれたらいいんだが……

Chapter 5

第5章

アル・ゴアとかけてピナトゥボ火山と解く。そのこころは？

What Do Al Gore and Mount Pinatubo Have in Common?

思いっきり控えめに言っても、暗い気持ちになる書き出しだった。

「人類は、地球規模の気候に新しい異常なパターンが現れる一歩手前に立っている、でもこの変化に対処する準備はできていない、そう考えている専門家たちがいる」。『ニューヨーク・タイムズ』はある記事でそう宣言した。記事は気候科学者たちの「この気候変動は世界の人びとにとって大きな脅威となる」という主張も掲載している。

一方、『ニューズウィーク』はアメリカ科学アカデミーの報告書を引用している。記事は、気候変動で「経済的にも社会的にも、世界規模の調整が起きるだろう」と警告している。もっと悪くしたことに、「政治的指導者が気候変動を抑制するか、少なくともその影響を緩和するべく積極的な行動をとるかという点について、気候科学者たちは悲観的である」とも述べている。

いやそんなもん、いまどき頭がまっとうなら誰だって地球の温暖化を憂いているでしょうに。でもここで科学者たちが言ってるのは地球の温暖化ではないのだ。これは1970年代の半ばに出た記事で、彼らが予測しているのは地球の寒冷化の影響なのである。

警報が鳴ったのは、1945年から1968年にかけて、北半球で地表の平均気温が華氏で0・5度（摂氏で0・28度）下がったからだった。さらに、積雪は大幅に増えたし、1964年から1972年にはアメリカに降り注ぐ日光の量も1・3％減った。気温の低下の幅はどちらかといえば小さいが、「平均気温が氷河期の水準へ向う道を6分の1まで進んだことになる」と『ニューズウィーク』は述べている。

農業のあり方が土台から崩れ去るのが大きな懸念材料だった。イギリスではすでに、寒冷化のせいで植物の生育期が2週間短くなっていた。「その結果、壊滅的な飢饉が起きるかもしれない」と『ニューズウィーク』の記事は言っている。科学者の中には「北極と南極の氷を黒い煤で覆って溶かす」なんて過激な手で地球を暖めることを考える人もいた。

もちろんいまどきの脅威といえばまるっきり逆だ。地球はもう、寒すぎるんじゃなくて暖かすぎると考えられている。そして黒い煤はぼくたちの救世主じゃなくて悪の親玉になった。ぼくたちは空に向って二酸化炭素をどんどん限りなく吐き出し続けてきた。二酸化炭素は、ぼくたちが温まったり涼んだり食べたり移動したり楽しんだりするために燃やす、ありとあらゆる化石燃料の残りカスだ。

そうやっているうちに、どう見てもぼくたちは、この穏やかな惑星を温室に変えてしまったようだ。ぼくたちは、太陽の熱を必要以上に取り込み、同時にその熱を宇宙へ逃がさない、そんな化学物質のカーテンで空を覆ってしまった。「地球の寒冷化」なんて言葉とは逆に、過去１００年の間に地表の平均気温は華氏で１・３度（摂氏で０・７度）上昇した。そしてここのところ、温暖化は加速している。「私たちが地球をひどく痛めつけてきたので」とジェイムズ・ラヴロックは書いている。有名な環境科学者だ。「地球の気温は上昇し、５５００万年前の高温状態に戻るかもしれない。そうなったら私たちのほとんども、私たちの子孫も、死に絶えることになるだろう」。

気候科学者の間では、地球の気温は上昇してきているというコンセンサスが原則になっている。また、それには人間の活動が重要な役割を果たしているという点も同意ができつつある。でも、人間が気候に与える影響は、ちょっと考えて思うほどには、いつもはっきりしているわけじゃない。

温室効果ガスのうち、大部分を排出しているのは神をも恐れぬ車やトラックや飛行機だと広く信じられている。だから最近、心ある人たちはプリウスやなんかのハイブリッド車を買うのだ。でも、プリウスに乗ってる人が車で買い出しに出かけるたび、その人は二酸化炭素の排出量を抑えた車に乗ってる分を台無しにしてしまっているかもしれない。少なくとも、肉を買ったらそうなる。

なんで？　牛は――それから、羊やなんかの反芻動物、つまり胃からの食い戻しをクチャクチャやってる連中はみんな――公害を撒き散らすひどい動物だからだ。反芻動物の息やオナラやゲップやウンコはメタンを出す。よく使われる目安で測るなら、メタンは車（や、それから、そうそう、人間）が出す二酸化炭素のだいたい25倍も強力な温室効果ガスだ。世界中の反芻動物を合わせると、輸送業界全体を合わせたよりもだいたい50％多く温室効果ガスを出している。

「ロカヴォア」運動は、地元で取れた食品を食べるのを勧めている。そんなロカヴォア運動でさえ、こういうことじゃ助けにはならない。カーネギー・メロンの研究者、クリストファー・ウェバーとH・スコット・マシューズの2人が最近行った研究によると、地元で取れた食品を食べると温室効果ガスは増える。なんで？

食べ物絡みの温室効果ガスの80％以上が生産の段階で排出される。そして大農場は小さい農家よりずっと効率がいい。食べ物絡みでは、輸送の段階で排出されるガスは全体の11％にすぎない。生産者から小売店へ配送される過程が占める割合はたった4％だ。ウェバーとマシューズは、食べるものを少し変えるのが一番いいと言っている。「週に1日分のカロリーを、牛や羊の赤身肉や乳製品ではなく、鶏や魚や卵、あるいは野菜中心の食事で採るほうが、食べ物を全部地元産にするよりもずっと温室効果ガスを減らせる」。

それから、牛の代わりにカンガルーを食べてもいい。カンガルーのオナラには、何の因果かメタンが含まれていない。でも、アメリカ人に、ルー・バーガーを食べさせるために必要な販促キャンペーンがどんなものか、ちょっと想像してみてほしい。それに、肉牛の牧場主たちがワシントンに乗り込んで、カンガルーの肉を追い出してくれとどれだけ激しくロビー活動するか、想像してほしい。運よく、オーストラリアの科学者のチームがこの問題に逆方向から取り組んでいて、カンガルーの胃に生息する消化バクテリアを複製して牛に移植しようと研究を重ねている。

いろんな点で、地球の温暖化は類がないほど頭の痛い問題だ。

第一に、気候科学者は実験を行うことができない。その点で彼らは物理学者や生物学者より経済学者に近い。たとえば車（でも牛でも）を10年間禁止にしたりはできないから、彼らの目標は存在するデータから何らかの関係を切り取ることにある。

第二に、科学的な面はものすごく複雑だ。人間の活動はどの一つも――たとえば航空便の数を３倍にしたとして――どんな影響を及ぼすかはものすごくいろんなことに左右される。排出されたガスが何かはもちろん、飛行機が気流や雲の形成にどんな影響を及ぼすか、なんかもそうだ。

地表の気温を予測するためには、そういったことやその他いろんなことを全部計算にいれないといけない。水の蒸発に雨に、それから、そうそう、動物によるガスの排出といったことだ。でも、最高に洗練された気候モデルでさえ、そういう変数はあんまりうまく表現できない。そして、だから未来の気候を予測するのは、明らかにものすごく難しい。それに比べりゃいまどきの金融機関が使ってるリスク・モデルなんか、もうぜんぜん信用していいってぐらいだ。でも、ついこの間銀行業界が溶けて落ちてしまったのを見ればわかるとおり、そういうのはいつも信用できるとは限らない。

気候科学にはどうしても正確にはならないという問題がつきまとう。どういうことかというと、今ぼくたちがたどっている道が、果たして気温を２度下げるのか10度下げるのか確かなことはわからないってことだ。気温が急に上がったとして、ちょっと住みにくくなるだけか、それともぼくたちの知る文明に終わりがやってくるのか、それもぜんぜんわからない。

やってくるのがどれだけ遠い未来のことだろうと、そんな破滅の不吉な影こそが、地球の温暖化対策を公の政策の最重点課題に押し出したのだ。温暖化で大きなコストが生じる、額はいくらいくらだとはっきりわかっていれば、この問題の経済的な面は、単純に費用と便益を比べて分析すればこと足りる。ガスの排出を減らすことで将来得られる便益は、そうすることの費用を上回るだろうか？　あるいは、排出を減らすのはしばらく待ったほうがいいだろうか？　なんなら、ひょっとして、好き放題にガスを撒き散らし、暑い世界で生きる術でも学んだほうがいいだろうか？

経済学者のマーティン・ワイツマンは、手に入る最高の気候モデルを使って分析を行うと、恐ろしいシナリオが実現する可能性は5％になったと書いている。恐ろしいシナリオとは、摂氏10度にも及ぶ気温の上昇だ。

もちろん、こういう不確実性の大きさの推定にさえ、大きな不確実性が伴う。それじゃぼくたちは、世界が崩壊するっていう、どっちかっていうと可能性の小さいシナリオに、なんでそんなに大騒ぎしてるんだろう？

経済学者のニコラス・スターンは、イギリス政府のために地球の温暖化に関する百科事典みたいに詳しい報告書を書いた人だ。ぼくたちは毎年世界GDPの1・5％を――これは今の数字でいえば1兆2000億ドルにあたる――この問題に取り組むために費やすべきだと提案している。

でも、経済学者ならだいたい知っているように、人は普通、将来の問題を避けるために大金を投じるのを嫌がる。とくに、問題が起きる可能性自体がとても不確かなときはそうだ。日和見を決め込むのにも一つもっともな訳があって、それは、将来、今よりもずっと安く問題を回避できる方法が見つかるかもしれないってことだ。

経済学者といえば血も涙もなくなるようにしつけられた連中だから、彼らならそこらに座って地球規模の災害にかかわるトレードオフについて平然と議論できるんだろうが、残りのぼくたちは血の気がもうちょっと多い。そして、不確かなことにぶつかるとだいたいの人は、何もそこまでってぐらい感情的な反応を——恐がったり誰かのせいにしたりやる気を失ったり——する。だいたい、はっきりしない状態というのは底意地が悪くて、まさしく一番イヤなことをぼくたちに想像させてくれるのだ。（この前、夜中にベッドルームのドアのすぐ外で、ガタンって音がしたときのことを思い出してくださいよ）。地球の温暖化でいうと、最悪のシナリオは聖書にでも出てきそうなぐらい徹底的に最悪だ：海面の上昇、地獄みたいな気温、相次ぐ疫病の流行、そして惑星は混沌の中に。

だから、地球の温暖化を止めようという運動がちょっと宗教みたいな肌触りになるのも無理はない。この宗派の真言によれば、人類はけがれなき楽園《エデン》を授かったが、楽園を穢す大罪を犯し、今その報いを受けて苦しむか、さもなくば終末の煉獄の火に焼かれることになろう。ジェイムズ・ラヴロックはこの宗派の司祭みたいなものだ。彼はざんげのときにでも聞けそうな、礼拝の場ならどこでも合いそうな、そんな調子でこう書いている。「私たちはエネルギーの使い方を誤り、地に満ちすぎた……持続可能な発展にはもはやあまりに遅すぎる。私たちに必要なのは持続可能な衰退である」。

「持続可能な衰退」なんてなんだかちょっと悔しい感じがする。先進国の住人はとくに、食べ物を減らし、使うものを減らし、車に乗るのも減らし——それから、野暮なんで大きな声じゃ言えないけど、地上に住む人間の数もだんだん減っていく中で暮らすことになる。

いまどきの環境保護運動に守護聖人がいるとしたら、それは間違いなくアル・ゴアだ。元副大統領にして最近のノーベル賞受賞者である。彼のドキュメンタリー映画『不都合な真実』は、過剰消費が呼ぶ危険をたくさんの人の頭に刻み込んだ。その後彼は気候保護連合を設立した。組織自身の説明によると、この組織は「いまだかつてない、大衆を説得する運動」である。彼らの呼び物は「ウィ（We）」と名づけられた3億ドルの広報活動で、アメリカ人に贅沢三昧はもうやめようと呼びかけている。

一方、どんな宗教にも邪教はつきもので、地球の温暖化もご多分にもれない。ボリス・ジョンソンは古典学を学んだジャーナリストで、その後ロンドン市長になった人だ。彼はラヴロックを読んで――ジョンソンはラヴロックを「神がかりの人」と呼んでいる――こう決めつけた。「もっとも善い教えは皆そうであるように、気候変動という恐れは、罪の意識と自己嫌悪をほしがる私たちの心を満たす。また、人の心にいつもある、技術の進歩は神罰を受けなければならないという思いを満たす。気候変動の恐れはこの重要な点で宗教に近い。また、神秘に包まれている点や、贖罪や償いのための営みが、何らかの意味で成功したかどうか、ついぞわからないところもそうだ」。

そんなわけで、熱心な信者は地上のぼくたちが手にした地上の楽園が穢されているのを嘆き、邪教徒のほうは、人間がやってくるずっと前に楽園は自然のメタンの濃い霧で覆われていて、生き物のほとんど住めない穢れたところだったと指摘する。アル・ゴアが市民に、レジ袋とエアコンとお出かけをいけにえに捧げなさいと呼びかけると、神を畏れぬ不心得者は人間の活動なんて地球全体の二酸化炭素排出量のたった2％にすぎないじゃないか、あとは植物が腐って分解するときとか、自然に出るものでしょうと言い返す。

宗教的熱狂と科学的複雑性を引っ剥がしてしまえば、地球の温暖化の核心に横たわるのは信じられないぐらい単純なジレンマだ。経済学者はそれを外部性と呼ぶ。

外部性ってなんだろう？　誰かが何かの行動をしたときに、その行動のコストの全部、または一部を、同意もしてないのに他の誰かが負担させられることを言う。外部性は「代表なくして課税あり」の経済版だ。

たまたま肥料工場の風下に住んでいるなら、アンモニアのすさまじい臭いは外部性だ。ご近所の人が大きなパーティを開いたら（でもあなたを呼んでくれるほどごていねいな人じゃなかったら）、やかましいのが外部性だ。受動喫煙も外部性だし、ヤクの売人が別の売人に向けて撃った弾が、代わりに遊び場の子どもに当たるのも外部性だ。

地球の温暖化の原因と考えられている温室効果ガスは基本的には外部性だ。裏庭で焚き火をしたとして、あなたがやっているのはマシュマロを焼くってことだけではない。あなたはこの星全体の気温の上昇に一役買っているガスも撒き散らしている。車のハンドルを握るたび、ハンバーガーを食べるたび、飛行機に乗るたび、あなたは自分ではコストも負担せずに、副産物を生み出しているのである。

ジャックって人がいるとしよう。ジャックは自分で建てたステキなお家に住んでいて、その年初めての夏らしい暑い日に仕事から帰ってきたところだ。ちょっと涼んでほっこりしたい、もうそれだけだ。今月の電気代は1、2ドル高くなるかもなんて、ひょっとするとちょっと考えたかもしれない。

それじゃ彼がちょっとも考えてないことはなんだろう？　彼が建てた家の冷房を動かす電気を作り出す発電機を動かすタービンを回す蒸気になる水を沸かす熱を作り出す石炭を燃やす発電所から、もくもく湧き上がる黒い煙のことだ。

それに彼は、その石炭を掘って運ぶのにかかる環境コストやそういう仕事に伴う危険のことも考えていない。前世紀のアメリカだけをとっても、10万人以上の労働者が炭鉱で亡くなっている。加えて20万人以上が黒肺塵症で亡くなっている。ありがたいことに、アメリカでは仕事で亡くなる炭鉱員は大幅に減り、今では平均で1年に36人ほどである。でも、もしもジャックが住んでいるのがたまたま中国だったら、地元の炭鉱の死者数っていう外部性はそんなもんじゃ済まない。中国で毎年仕事で亡くなる炭鉱員は少なくとも3000人にのぼる。

そういうことをぜんぜん考えてないからといってジャックを悪者にするのは難しい。現代の技術はとても進んでいて、ぼくらの消費に伴うコストがおうおうにして見えなくなってしまう。ジャックがエアコンのスウィッチを入れても、そのエアコンを動かす電気ができるまでの汚れた部分は見えない。電気はただ魔法みたいに現れる。もうなんだかおとぎ話みたいに。

世界中にジャックが数人いるだけだったら、それこそなんなら数百万人でも、誰も外部性なんて気にしない。でも世界の人口が70億人にもなろうってことなら話は別だ。外部性が積み上がって山となる。で、誰が面倒見るんだ?

原理からいえば、これはそんなに難しい問題ではない。誰かがタンク1個分のガソリンを使いきるたびに、人類全体でどれだけのコストがかかっているかがわかれば、その分を車に乗る人から税金として取ればいい。税金を課すからって、その人は車に乗るのをやめようとは思わないかもしれないし、そもそも思わなくていい。税金を課すのは、車に乗る人に自分の行動で発生するコストを全部負担させるためだ(経済学者の業界用語で、これを外部性の**内部化**という)。

そういう税金で入るお金は気候変動の影響を受けて苦しむ人に支払ってもいい。たとえば海面が急激に上昇したら海中に沈むバングラデシュの低地に住んでいる人なんかだ。正しい税金をぴったりの水準に決めれば、気候変動の犠牲者に適切な補償を行うことができる。

　でも税金で気候変動という外部性をほんとに解決できるかっていうと、ぼくたちに言えるのは、まあ、幸運を祈ってるぞってぐらいだ。すぐわかる問題——税金はどれだけにすればいいかとか誰かにその税金を徴収させないといけないとか——に加え、温室効果ガスは国の境なんか気にしちゃくれないって事実がある。地球の大気は常に複雑に動いている。つまり、あなたが排出したガスはぼくのもの、ぼくが排出したガスはあなたのものになる。だからこそ地球の温暖化なのである。

　たとえば、オーストラリアが一晩で、今後は二酸化炭素を一切排出しないと決めたとする。でも、他の国々が全部彼らの後を追ってくれないと、あの美しい国は、代償も痛みも伴う判断を下したのにその恩恵に浴することができない。それに、国には他の国にどうこうしろなんて言う権利はない。最近はアメリカも、思い出したように二酸化炭素の排出を減らそうとすることがある。でも中国やインドにあんたらもそうしなさいよなんて圧力をかけても、相手はこう言うだろうし、それをとがめることはできない‥おいおいあんたら、自分が工業大国になるときはタダ乗りしてたくせに、オレらはダメだなんてどの口で言うかね？

　人が自分の振る舞いに伴うコストを全部支払わなくていい場合、振る舞いを変えようなんてインセンティヴはほとんどない。世界中の大都市が馬のウンコで窒息しそうになってたときだって、みんなが車に乗り換えたのはそれが社会のためだからじゃなかった。みんなが乗り換えたのは、そうしたほうが経済的に自分に得だったからだ。今日ぼくたちは、オレがオレがじゃなくて世のため人のために振る舞いを改めましょうと求められている。これじゃなんだか地球の温暖化を解決するなんて絶望的って気がする。アル・ゴアがあてにしてるみたいに、自分のことを脇に置いて、自分にとって負担になるけど正しいことをしようってみんなが思わない限り無理だ。ゴアはぼくたちの思いやりに訴える。外部性を憎む、ぼくたちの内なる天使みたいな部分に訴えかけているのだ。

外部性は一見して思うほどわかりやすいとは限らないのに注意してほしい。

通りに停めた車を盗まれないように、「ザ・クラブ」やなんかの防犯グッズでハンドルを固定している人は多い。クラブはデカいしものすごく目立つ（ネオン・ピンクのやつまであったりする）。クラブを使えば、車を盗もうとしてるやつに、オレの車はそう簡単には盗めないぞと直接に伝えることができる。一方、あなたのクラブが間接に伝えているのは、お隣さんの——クラブをつけてない——車を狙ったほうがずっといいよってことだ。だからあなたのクラブは、クラブを使わないあなたのお隣さんにとって、彼の車が盗まれるリスクは高くなるという負の外部性を生み出している。だからクラブを使うのは完全に身勝手な振る舞いだ。

一方、ロージャックという防犯グッズはいろんな意味でクラブのまるっきり逆だ。小さな無線送信機で、トランプのデッキ一つとそんなに変わらない大きさである。それを泥棒から見えない車の下やなんかにつける。車が盗まれたら警察が遠隔操作で送信機のスウィッチを入れ、信号を追って車を見つけ出す。

クラブと違ってロージャックは泥棒が車を盗むのを防がない。それじゃなんでそんなものつけるんだろう？

一つには、車を、それもすばやく、取り返すのに役に立つ。車泥棒に関してはスピードが勝負だ。車が盗まれてから数日経ってしまうと、あなたはもう車を取り返したくなくなってるかもしれない。たぶん車はバラバラにされてるからだ。ただ、あなたは車が見つかってほしいなんてもう思わないかもしれないけど、保険会社は見つかってほしいと思う。だから、ロージャックをつける二つ目の理由は、保険会社が保険料を安くしてくれるからだ。でも、たぶん一番の理由は、ロージャックをつけてると実のところ車が盗まれるのが面白くなるからかもしれない。

ロージャックをつけた車を追って見つけ出すのには間違いなくスリルがある。猟犬でも放したみたいな感じだ。警察がすばやく行動を起こし、無線の信号をたどって、車泥棒を捕まえる。ヤツらは何が起きたか気づく間もない。運がよければ泥棒はガソリン・タンクをいっぱいにしてくれてたりするかもしれない。

盗まれた車のほとんどは、チョップ・ショップに行き着く。盗んだパーツをこっそり売る小さな工場だ。彼らは車の一番価値の高い部品を取り外し、残りはスクラップである。そういう工場を見つけるのは警察でもなかなか難しい。というか、ロージャックが出てくるまではそうだった。今では警察は、無線の信号を追いかけるだけでチョップ・ショップを見つけることができる。

もちろんチョップ・ショップをやってる連中もバカじゃない。どうなってるのか気づくと、ヤツらは手口を変えてくる。泥棒は車をまっすぐ店に持ち込まないで、何日か駐車場に停めておく。戻ってきたときに車が消えていたら、その車にはロージャックがついてたってわかる。消えてない車は大丈夫で、チョップ・ショップへ乗っていく。

でも警察のほうもバカじゃない。盗まれた車を駐車場で見つけた場合、警察は車をすぐには回収しないことがある。泥棒が戻ってくるまで車を見張り、後を追ってチョップ・ショップを見つけ出すのだ。

ロージャックで車泥棒の生活がどれだけ厳しくなったんだろう？

ある街でロージャックの使用率が1％増えるたびに車泥棒は20％も減る。泥棒にはどの車にロージャックがついているかわからないから、どの車も盗まれにくくなるのだ。ロージャックは700ドルぐらいで、どちらかというと高い。だからあんまり人気がない。新車でロージャックをつけるのは2％未満だ。それでも、つけた車はめったにないすばらしいものを作り出す。正の外部性だ。ロージャックをつけないケチな車の持ち主は、つけてる車のおかげで自分の車も守ってもらえるからである。

そうなんです。外部性って悪いことばかりではないのです。いい公立校は正の外部性を作り出す。社会にいる人たちがいい教育を受けていれば、ぼくたちみんながその恩恵を受けられる。（それに、いい公立校は周りの不動産の価値も上げてくれる）。果物農家と養蜂家はお互いに正の外部性を与えあっている。果物の木は蜂にタダで花粉を提供するし、蜂は果物の木を受粉させてくれて、こっちもやっぱりタダだ。だからこそ養蜂家と果物農家は、よく隣り合ったところに仕事場を構える。

歴史に残る一番ありえない正の外部性が、自然災害にこっそり隠れている。

1991年、フィリピンのルソン島にある、侵食されて森に覆われた山が揺れ動き、燃えた硫黄を噴き上げた。皆に愛されてきた古きよきピナトゥボ山は休火山だったのだ。近くの農家の人たちも街の人たちも、なかなか避難しようとはしなかった。でも地質学者や地震学者、火山学者が大急ぎでやってきて彼らを説得し、最終的にはほとんどの人が現地を離れた。

離れてよかった。6月15日、ピナトゥボ山は9時間にわたる大噴火を起こした。噴火はとても大きく、山の頂上が吹き飛んでカルデラと呼ばれる地形を作った。大きなお椀の形をしたクレーターで、頂上はもとのところより850フィート低くなった。さらに悪くしたことに、時を同じくしてこの地域を台風が襲った。ある報告によると、「激しい雨と灰に混じって、ゴルフボールぐらいの大きさの軽石が降ってきた」。250人ほどの人が亡くなった。崩れた屋根の下敷きになったのが主な原因だ。また、その後も土砂崩れでたくさんの人が亡くなった。それでも、科学者たちが警告してくれたおかげで、死亡者の数はどちらかといえば少なかった。

ピナトゥボ火山はここ100年ほどの間に起きたもっとも強力な火山の噴火だった。一番大きな噴火が起きてから2時間で、火山灰が空へ22マイルの高さまで噴き上がった。噴火が終わるまでに、ピナトゥボ火山は成層圏へ2000万トンの亜硫酸ガスを放出した。それが環境にどんな影響を及ぼしただろう？

調べてみると、成層圏に放出された亜硫酸ガスの煙は日焼け止めの層みたいな役割を果たしたことがわかった。地表に届く太陽熱を減らしたのだ。その後2年間で煙は収まったが、地球の平均気温は華氏で1度、摂氏で0・5度、低くなった。たった1度の火山の噴火で、100年間かけて積みあがった地球の温暖化が、一時的ではあるにせよ押し戻されてしまった。

ピナトゥボ火山は他にもいくつか正の外部性を作り出している。世界中の森林で木々がすごい勢いで成長した。太陽の光がもう少し弱いほうが木にはいいからだ。それから、成層圏に舞い上がった亜硫酸ガスは、みんなが見たこともないぐらい美しい日没を演出した。

科学者たちが関心を持ったのはもちろん地球の寒冷化だ。『サイエンス』に載った、とある論文は、ピナトゥボ級の噴火が数年に1回あれば「21世紀の間に起きると予想されている人為的な温暖化は、大部分が相殺されるだろう」。

ジェイムズ・ラヴロックさえその点は認めている。彼はこう書いている。「太陽の光をさえぎり、地球を冷やすのに十分なほど深刻な火山噴火が何度も起きるといったような、予想されていなかった事件があれば、私たちは救われるかもしれない。しかし、こんな可能性の低いことに命を賭けるのは負け犬だけだ」。

そりゃそうだろう。適当に間を置いて空に向かって例のガスを噴き出してぼくらを守ってくれなんて火山を説得できるなんて信じるのは、負け犬か、少なくともアホだろう。でも、アホが何人か、ピナトゥボ火山は地球の温暖化を止めるための青写真になると考えたらどうなるだろう？　アホはアホでも、昔でいえば、女性はお産で死ななくてもいい、いいはずだとか、世界の飢饉は変えられない運命じゃないだとかって信じてた類のアホなら？　そういうアホが立ち上がれば、安くて簡単な解決を、また作り出してくれるだろうか？

もしそうなら、そういうアホはどこへ行けば会えるだろう？

シアトル郊外にあるワシントン州ベルヴュー市の、ありきたりな一角に、とくにありきたりなビルが並んでいる。エアコンとヒーターの会社があって、船大工の会社があって、大理石のタイルを張る会社があって、それから昔はハーレイ・デイヴィッドソンの修理店だったところ。この最後の建物は2万平方フィートぐらいの窓もない不細工な構造で、どこの誰が入っているか見分けられるものといったら、ガラスの扉に貼った紙1枚だけだ。「インテレクチュアル・ヴェンチャーズ」と書いてある。

そしてその中は、世界中でも他じゃほとんどお目にかかれなさそうな研究所である。旋盤に金型加工機、３Ｄプリンタ、そしてもちろん、強力なコンピュータ多数。昆虫の実験室もあって、そっちは蚊を飼育している。空の水槽に放して、１００フィート以上も向こうからレーザーで殺せるか試すためだ。これはマラリアの蔓延を防ぐための実験である。マラリアを媒介するのは特定の種の、しかもメスの蚊だけである。だからレーザーの追跡システムは羽音の周波数でメスを特定する。オスよりメスのほうが重く、だから羽ばたきもゆっくりなのだ。そうやってメスを見つけてやっつけるのである。

インテレクチュアル・ヴェンチャーズ（ＩＶ）は発明企業である。研究所には、いろんな装置に加えてありとあらゆる種類の知性や科学者、謎解き屋の集まりが詰めている。彼らは仕組みや製品をひねり出し、それを特許として申請する。申請は年に５００件以上だ。同社は外部の発明家からも特許を買い取っている。買い取る相手はフォーチュン５００に入るような大企業から地下室でこつこつやっている一匹狼の天才までさまざまだ。ＩＶのやり方はプライベート・エクイティに近い。資金を集めて投資し、特許が使われたらその使用料を収益として資金提供者に支払う。現在扱っている特許は2万件を超える。これを上回る企業は世界中でも一握りだ。おかげで、人によってはＩＶを「特許荒らし」と呼んで忌み嫌う。特許を積み上げ、必要なら訴えてでも他の会社からお金を巻き上げるというのだ。でも、彼らがそういうことをやっているという確かな証拠はないといっていい。もっと現実的には、ＩＶは知的財産の大衆市場を史上初めて作り出したと評価するのが正しい。

彼らの活動の首謀者はネイサンという社交的な人だ。前の章で出てきた、スカートを履いたトラックのタイヤを海に撒いてハリケーンを弱められないかと試みている、あのネイサンである。そうそう、あの装置もＩＶの発明だ。社内ではサルターの流し台《シンク》と呼ばれている。温かい海面の水を深みへと流すから、そしてもともとはスティーヴン・サルターが開発したものだからだ。サルターは有名なイギリス人の工学者で、海の波の力を利用する方法を何十年も研究している。

ここまできたら、ネイサンが単なる素人発明家じゃないのはバレてるでしょうね。彼の名はネイサン・ミアヴォルド、元マイクロソフトの最高技術責任者だ。彼は２０００年にエドワード・ジュングと共にＩＶを創立した。やはり元マイクロソフトのチーフ・アーキテクト・オフィサーだった生物物理学者だ。ミアヴォルドはマイクロソフトでいろんな役割を果たした：未来思想家、戦略家、研究所の創設者、そしてビル・ゲイツの主席耳打ち担当。「ネイサンより賢い人なんて1人も知らない」。ゲイツはかつてそう言っている。

ミアヴォルドは55歳で、もうずいぶん長いこと賢い人をやっている。シアトルで育ち、14歳で高校を卒業し、23歳のころには、主にＵＣＬＡとプリンストンで学士を一つ（数学専攻）、修士を二つ（地球／宇宙物理学と数理経済学）、博士号を一つ（数理物理学）取っていた。それから彼はケンブリッジ大学へ行ってスティーヴン・ホーキングと量子宇宙論の研究を行った。

若いころにイギリスのＳＦテレビ番組『ドクター・フー』を見たときのことをミアヴォルドは思い出してこう語っている。「ドクターが誰かに『ドクターだって？　あなたは何かの類の科学者なのか？』と尋ねられる。彼はこう言うんだ。『君、私はあらゆる類の科学者だよ』。で、ぼくはっていうと、もうこんな感じ。イエス！　イエス！　これだ、これだよ！　あらゆる類の科学者になりたいんだよ！」

　彼はものすごく博学で、そこらの博学な連中なんか恥ずかしくてぶるぶる震え出すってぐらいのもんだ。科学への関心に加えて、名高い自然写真家であり、シェフであり、登山家であり、稀覯本とロケット・エンジンとアンティークの科学機器と、それからとくに、恐竜の骨の収集家である。彼は世界中の誰よりもたくさんティラノサウルスの化石を発掘したプロジェクトで共同リーダーを務めた。さらに彼は――彼の多趣味はこれと関係ないわけはないわけだが――ものすごくお金持ちだ。１９９９年にマイクロソフトを離れたときはフォーブズのもっとも裕福なアメリカ人４００人のリストに載った。

　同時にミアヴォルドは――お金持ちであり続けられるのはこれがあるからだが――安上がりな人で有名だ。研究所を闊歩してお気に入りの道具や装置を見せびらかすとき、彼が一段と胸を張るのはｅベイや倒産セールで買った物ばかりだ。ミアヴォルドは複雑なことを誰よりも理解できるが、同時に、解決はできる限り安くて簡単でないといけないと固く信じている。

　彼と同志たちが今やっているのは、いろんなプロジェクトに加えてこんなことだ：よりよい内燃機関、航空機の「外面の摩擦抵抗」を減らして燃料効率を上げる方法、そして世界の発電の将来を大きく改善する新しい種類の原子力発電所。彼らのアイディアの多くはずっとそのまんま――アイディアのまんま――だけど、もう人の命を救い始めたものもある。脳動脈瘤の治療をしようという神経外科医がＩＶに患者の脳スキャンのデータを送り、ＩＶはそれを３Ｄプリンタに供給して、プラスティックで動脈瘤の実物大の模型を作るという仕組みだ。模型は一晩で外科医の手元に届く。外科医はそれを使って、患者の頭蓋骨を開ける前に脳動脈瘤をどう攻略するか、詳しい作戦を立てられる。

科学者とエンジニアの小さな集まりが、世界中でも一番難しい部類の問題に、まとめて同時に取り組もうなんて、いい意味でみんなして思い上がってないとやれることじゃない。運よく、ここの人たちはそういうのを十分に備えている。彼らは月へ人工衛星を送り込み、アメリカをミサイル攻撃から守るのを手伝い、計算能力の高さを生かして世界の仕組みを変えた。（ビル・ゲイツはＩＶの投資家の１人であるだけでなく、ときどき発明家の役割も果たしている。蚊を退治するレーザー光線は、マラリアを撲滅しようという彼の慈善活動に応えたものだ）。また、彼らはいろんな分野で科学的研究による決定的な結論を出している。そんな分野の中には気候科学も含まれる。

だから彼らが地球の温暖化について考え始めるのは時間の問題だった。ぼくたちがＩＶを訪れた日、ミアヴォルドは同僚を十数人集めてこの問題とありうる解決策について話し合った。彼らは長い楕円の会議テーブルを囲んで座り、ミアヴォルドは一方の端に座った。

彼らは部屋いっぱいの魔法使いであり、ミアヴォルドはまがうかたなき彼らのハリー・ポッターだ。その後10時間ほどにわたって、信じられない量のダイエット・コークを飲みながら、彼はせかしたりあおったり、口を挟んだり挑みかかったりし続けた。

地球は暖かくなってきている点は部屋にいた全員がそのとおりだと言っている。また、だいたいみんな、人間の活動がそれに何らかの形で関係しているに違いないと考えている。でも、マスコミや政治業界で使われる標準的な地球の温暖化の議論は単純すぎるし話がオーバーだという点も、みんなの意見が一致した。「上から目線で、我らの種族は絶滅するだろう、なんて言う連中」に振り回された説明が多すぎる、ミアヴォルドはそう言っている。

彼もそういうのを信じているだろうか？

「たぶん信じないね」。

『不都合な真実』が話題に上ったときは、会議テーブルから不満のうめき声が湧き上がった。あの映画は「世間を死ぬほど怖がらせる」のが目的だとミアヴォルドは思っている。アル・ゴアは「字面どおりの意味じゃ嘘は言ってない」けれど、アル・ゴアが悪夢のシナリオだと言って描き出す情景は――たとえば海面が上昇してフロリダ州が海中に消えるとか――「まっとうに考えれば、理にかなったどんな期間を想定しても物理的に実現するわけがない。どの気候モデルもそういうことが起きるなんて予測していない」と彼は言う。

でも、科学業界にも責任がある。ローウェル・ウッドによれば、今の世代の気候予測モデルは「半端なく大ざっぱだ」。ウッドはデカくてすばらしくおしゃべりな天体物理学者で歳は60代、イグナティウス・J・ライリーが正気だったらさもあらんというような人だ。大昔、ウッドはミアヴォルドにとって学問の師だった。（ウッド自身は物理学者エドワード・テラー《訳注：アメリカの水爆の父》の愛弟子である）。ウッドこそは宇宙で一番頭のいい人だとミアヴォルドは思っている。ウッドに聞けば実質的にどんなことでもその場でけっこういろんなことを教えてくれる。グリーンランドの氷床コアの溶ける速さ（1年に80立方キロメートル）、前の年に送電を始めた中国の発電所のうち、無許可のものの割合（約20％）、転移性のガン細胞が着床するまでに血液中を移動する回数（「１００万回にも及ぶ」）。

ウッドは、大学、民間企業、それにアメリカ政府で仕事をし、科学に大きな業績を残している。レーザー光線で蚊を退治するＩＶのシステムを考え出したのはウッドだ。もしこのシステムになんとなく見覚えがあるなら、それはローレンス・リヴァモア国立研究所で「スター・ウォーズ」計画のミサイル迎撃システムを構築する仕事をやったのもウッドだからだ。彼は最近、同研究所を退職した。（ソヴィエトの核攻撃と戦ってた人がマラリアを運ぶ蚊を相手にするようになるなんて。これを平和の配当と言わずして何と言う！）。

その日、ＩＶで行われた考えるための会議に、ウッドは極彩色の絞り染めの半そでシャツで現れた。それに合わせたネクタイまで締めていた。

「気候モデルは空間の点で大ざっぱ、時間の点でも大ざっぱだ」と彼は話を続ける。「だから、モデルに取り込めない自然現象がものすごくたくさんある。ハリケーンみたいな馬鹿デカい嵐でさえモデル化できないんだよ」。

そんなふうになるのにはいくつか理由があるとミアヴォルドが説明してくれた。今日のモデルは地球を描くのに升目を用いている。その升目が大きすぎて実際の気候をうまくモデル化できないのだ。もっと細かくてもっと正確な升目にするにはもっといいソフトウェアを使ってモデルを書かないといけないし、それにはもっと高い演算能力がいる。「ぼくたちは今から20年後とか30年後とかの気候変動を予測しようとしている」と彼は言う。「でもそういう仕事をこなせる速いコンピュータができるのに、だいたいそれと同じぐらいの時間がかかるんだよ」。

とはいうものの、最新の気候モデルはどれも同じような予測を出すことが多い。ということは、気候科学者たちは未来を結構うまく扱えてるってことなんじゃないだろうか。

そうじゃないんだとウッドは言う。

「みんな自分でツマミをいじるんだよ」。何のことかというと、モデルのパラメータや係数を調整して「他からかけ離れた結果にならないようにするんだ。他とはぜんぜん違うモデルじゃお金を出してもらえないからね」。つまり、モデルがどれもだいたい同じ結果を出すのは、研究者がそれぞれ利害とは無関係に独自に調べた結果、科学的なコンセンサスができたということではなく、研究助成金の現実に働く経済の仕組みのせいだ。今の気候モデルなんか全部無視していいわけじゃないとウッドは言う。でも、この星の命運を考えるときは、モデルには限界があるってことを相応に認めないといけない。

ウッドやミアヴォルドとその仲間の科学者たちが地球の温暖化を取り囲む通念のことを話すと、無傷で生き残るものなんて、あってもほんの一握りだ。

二酸化炭素を重視してるところは？　「勘違いだな」とウッド。

なんで？

「二酸化炭素は主な温室効果ガスじゃないからだよ。主な温室効果ガスは水蒸気だ」。でも、今の気候モデルでは「水蒸気やいろんなタイプの雲をどうやって扱ったらいいかわからない。この部屋の隅っこにゾウがいるってのにみんな気づかないフリしてるみたいなもんだ。まあ2020年ごろには水蒸気もうまく数値化できるんじゃないかと思うけど」。

ミアヴォルドは、最近発表された、二酸化炭素は近年の温暖化とあんまり関係ないと主張する論文に触れた。むしろ、何十年も前に排出された重い微粒子が太陽をさえぎり、大気圏を冷やしていたのかもしれないと言う。それが1970年代に関心を集めた地球の寒冷化であり、ぼくたちが空気をきれいにし始めたので、トレンドが逆転したのだと論文は言っている。

「だから、ここ数十年の温暖化の大部分は」とミアヴォルドは言った。「実は環、境、の、管、理、が、う、ま、く、い、っ、た、せいかもしれないよ！」

そんなに遠くない昔、子どもたちは学校で、二酸化炭素は自然にできる物質で、植物に不可欠だと習った。ちょうど、ぼくたちには酸素が必要なのと同じだ。今日の子どもたちだと、二酸化炭素は毒だと思ってるかもしれない。そんなことになったのは、過去100年の間に大気中の二酸化炭素の濃度が280ppmから380ppmへと大幅に増えたからだ。

でも、世間のみんなが知らないのは、8000万年ほど前、つまり進化の過程でぼくたち哺乳類の祖先が生まれようとしているころ、二酸化炭素の濃度は少なくとも1000ppmだったことだ。実際、エネルギー効率の高い新しいオフィス・ビルにいるとき、あなたが普通に呼吸している空気にはそれぐらい二酸化炭素が入っている。暖房と換気のシステムの基準を決めたエンジニアたちが、それぐらいがちょうどいいと判断したからである。

だから、二酸化炭素は毒じゃないし、二酸化炭素の濃度が変わったからって、いつも人間の活動のせいだとは限らない。それに、これまで大気中の二酸化炭素が地球の温暖化の引き金になってきたわけでもない。氷床を調べると、過去数百年で二酸化炭素の量は気温が上がった後に上がっている。逆じゃない。

ミアヴォルドの隣に座っているのはケン・カルデイラだ。穏やかな語り口、男の子みたいな顔、その顔に差した後光みたいな縮れっ毛、そんな人である。彼はスタンフォードのカーネギー研究所で生態学の研究室をやっている。カルデイラは世界で一番尊敬されている気候科学者であり、もっとも熱烈な環境保護派も彼の研究を誉めそやす。「海洋酸性化」って言葉を作ったのは彼と彼の共同執筆者だ。海洋酸性化は海が二酸化炭素を吸収しすぎることで起き、珊瑚やなんかの浅い海の生き物が危機にさらされる。また彼は、気候変動に関する政府間パネル（ＩＰＣＣ）にも研究を提供している。ＩＰＣＣは地球の温暖化に警鐘を鳴らした点を評価され、２００７年にアル・ゴアとともにノーベル平和賞を受賞した。（そう、カルデイラはノーベル賞を貰っているのだ）。

パーティでカルデイラに出会ったら、たぶんあなたは彼を熱烈な環境保護派の1人だと思うだろう。大学での専攻はなんと哲学だし、彼の名前（Caldeira）自体が――クレーターみたいな火山の縁、つまりカルデラ（caldera）が変化したもので――自然の世界を思い起こさせる。若いころ（今は53歳である）、彼は行動派の過激な環境保護主義者にしてオールラウンドの平和運動家だった。

地球の温暖化は人間の活動が原因だとカルデイラは完全に確信している。将来の気候が人間に与える影響に関してはミアヴォルドよりも悲観的だ。ぼくたちが今やってるみたいな調子で「二酸化炭素を吐き出しているのは信じられないぐらいバカだ」、カルディラはそう信じている。

でも、戦うべき敵は二酸化炭素ではないかもしれない。とっかかりに、温室効果ガスとして二酸化炭素はあんまり効率がよくない。「二酸化炭素が2倍になっても、地球が放射するエネルギーの2％も捕捉しない」とカルディラは言う。さらに、大気中の二酸化炭素には収穫逓減の法則が働く。大気中の二酸化炭素が1ギガトン増えても、その前に出た1ギガトンほどには放射の影響を受けない。

カルディラは、二酸化炭素の増加が植物に与える影響を調べた研究について話してくれた。植物は水を大地から摂取する。一方食べ物——つまり二酸化炭素——は空気中から摂取する。

「植物は二酸化炭素を手に入れるのに何もそこまでってぐらいたっぷり代償を払う」。ローウェル・ウッドが割って入る。「得た分子に対する手放した分子の割合でいうと、植物は空気中から二酸化炭素を取り入れるために、その100倍の水を汲み上げないといけない。ほとんどの植物は水が足りてない。成長が活発になる時期はとくにそうだ。食べ物を手に入れるために植物は大変な血を流すんだよ」。

だから、二酸化炭素が増えるってことは、植物が生長するために必要な水が少なくて済むってことだ。それじゃ生産性はどうなるだろう？

カルディラの研究によると、二酸化炭素を2倍にして他の要素——水や栄養素やなんか——を全部一定に保ったら、植物の成長は70％高まる。明らかに農業の生産性は跳ね上がる。

「商業用の水栽培の温室で二酸化炭素を増やしているのはそういうわけなんだよ」とミアヴォルドが言う。「そういう温室ではだいたい1400ppmぐらいになってる」。

「2万年前」とカルデイラが語る。「二酸化炭素の濃度はもっと低かったし海面ももっと低かった。で、植物は二酸化炭素が足りなくて窒息死する寸前だった。いまどきの二酸化炭素の水準も海面の水準も気温も、特別でもなんでもない。大災害につながりかねないのは変化のスピードがとても速いことのほうだ。全体としてみて、二酸化炭素がもっとあったほうが植物界にはいいだろう。ただ、増え方が速すぎるんだよ」。

　ＩＶの紳士たちは地球の温暖化の間違った言い伝え《ミーム》をさらに並べあげた。たとえば海面の上昇は「基本的には氷河が溶けているから進んでるわけじゃない」とウッドは言う。そういうのは環境保護派の活動家にとって便利な光景なんだろうが、そういうものではないのだ。現実はずっとイケてない。「海面が上昇しているのは大部分が水の温暖化だ。あれは文字通り、大洋の水が温まって熱膨張を起こしているのだよ」。

　海面は間違いなく上昇している――だいたい過去１万２０００年にわたって最後の氷河期以来ずっと上がり続けているとウッドは言う。大洋は当時から４２５フィート高くなっているけれど、その大部分は最初の１０００年に起きている。20世紀中に海面は8インチも上昇していない。

　それじゃ今後はどうなのかというと、今世紀中に30フィート上がるなんていう――バイバイ、フロリダ！――一部の人が語る壊滅的な予測とは違って、この分野でもっとも権威ある文献は２１００年までに約１・５フィート上昇すると示唆しているとウッドは言う。ほとんどの海岸では、これは１日2回の潮の満ち引きよりもずっと小さい変化だ。「だから、よく言う危機ってのがどのへんにあるのかよくわからない」。

カルディラは、苦しみの表情を浮かべながら、驚くべき環境破壊の原因を一つ挙げた：木だ。そう、木だ。カルディラはとても地球に優しい《グリーンな》生活を送っていて、スタンフォードのオフィスではエアコンじゃなくて霧箱で涼を取っている。でも彼の研究によると、場所によっては木を植えると温暖化が進む。どちらかといえば色の暗い葉っぱのほうが、たとえば青々とした草原や砂でざらざらした砂漠や雪に覆われた一帯よりも、太陽光を吸収するからだ。

それから、地球の温暖化についてあんまり話に出ないこんな事実がある：ここ数年、破滅を心配する声が高まる中、地球の平均気温は、実は下がっている。

会議室を暗くして、ミアヴォルドはOHPのスライドを出させた。今提唱されている地球の温暖化の解決策をIVの人たちがどう見ているかがまとめてあった。スライドはこう謳っていた。

- 足りなさすぎ
- 遅すぎ
- 能天気すぎ

足りなさすぎっていうのは、典型的な環境保護の活動では、あんまりたいした違いにはならないってことを言っている。「解決しないといけない問題があるって信じるなら」とミアヴォルドは言う。「こういう解決策では問題を解決するには足りないんだ。風力発電やなんかの代替エネルギーは格好いいけど、規模がぜんぜん違うんだよ。風力発電地帯は、今のところ基本的に政府の補助でやってるわけだし」。みんなが大好きなプリウスやなんかの低公害車はどう？　「ありゃいいよね」と彼。「でも、輸送はそんなに大きな原因じゃないんだ」。

それから、石炭はとても安いので、発電に石炭を使わないのは経済的には自殺行為である。発展途上国だととくにそうだ。ミアヴォルドは排出権取引にも触れた。排出枠とコストで温室効果ガスの排出量を制限しようという考え方だ。でも、このやり方でも多くは期待できないという。なぜかというと、一つには……

遅すぎだからだ。大気中の二酸化炭素の半減期はだいたい100年で、一部は何千年も大気中に残る。だから人類が今すぐ化石燃料を燃やすのを止めたとしても、すでにある二酸化炭素は数世代にわたって大気中にあり続ける。アメリカ（それに、ひょっとするとヨーロッパ）が一晩で魔法みたいに改宗し、ゼロカーボンの国になったことにしよう。それから、彼らは中国（それに、ひょっとするとインド）を説得して石炭火力発電所とディーゼル車を一つ残らず解体させたことにしよう。大気中の二酸化炭素に関しては、それでもあんまりたいした違いにはならない。ところで、皆さんがゼロカーボン社会っていって夢見心地で頭に浮かべてるやつってとっても……

能天気すぎだ。「みんながいいことだって思ってることのだいたいはたぶん別にいいことじゃない」とミアヴォルドは言う。彼が例として挙げたのは太陽光発電だ。「太陽電池の何が問題かっていうと、黒いことなんだ。太陽の光を吸収しないといけないからね。でも電気に変わるのはたった12％で、残りは熱として再放射されて――地球の温暖化の一端を担うんだよ」。

太陽光発電は広まっていて、なんだかステキなことみたいに思える。でも現実はそう簡単じゃない。石炭火力発電所やなんかの代わりを務めさせようと思ったら太陽光発電所を新しく何千カ所も建てないといけない。それだけ建てるのに使われるエネルギーで、ミアヴォルド言うところの膨大な長期「温暖化債務」ができる。「いつかは温室効果ガスを排出しないすばらしいインフラができるんだろう。でも、必要なだけの太陽光発電所を全部完成させるまでは排出を続けることになる。地球の温暖化は毎年どんどん悪化する。30年から50年ぐらいかかるかもしれない」。

もちろんエネルギー問題を無視していいわけはない。だからこそＩＶや世界中の発明家たちは聖杯の探求を続けている。つまり、安くてきれいなエネルギーだ。

でも大気を中心に考えると、エネルギーの問題は入口のジレンマとでも呼ぶべきものの代表にすぎない。それじゃ出口のジレンマのほうはどうだろう？　これまで排出してきた温室効果ガスだけでも生態系に大惨事をもたらすとしたら？

ミアヴォルドはその可能性も考えている。彼は、たぶん気候の先行きをどんなに悲観している人よりも、そういうシナリオを科学的に重箱の隅まで考えている。グリーンランドや南極で氷床が大規模に崩壊するとか、北極の永久凍土が溶けて膨大なメタンが放出されるとか、それに彼の言葉を借りると「北大西洋の熱塩循環が停止してメキシコ湾流が止まる」とか、そういったシナリオだ。

それじゃ悲観的な人たちの言うとおりだったらどうなるんだろう？　ぼくたちが化石燃料をじゃんじゃん使うせいにせよ、ひょっとして自然に起きた何かの気候サイクルのせいにせよ、地球はほんとに危険なところまで温暖化しようとしているのだとしたら？　ぼくたち、自業自得だってんで、自分の体から出た汁にどっぷり漬かって煮詰まったりはしないよね。だよね？

１９８０年、ミアヴォルドがプリンストンの大学院生だったとき、実家のあるワシントン州のセイント・ヘレンズ山が噴火した。３０００マイル近くも離れたところだというのに、ミアヴォルドは部屋の窓の枠に薄く灰が溜まっているに気づいた。「寮の部屋に火山灰が降ってるんだから火山灰のことを考えずにはいられないだろ？　まあ、どっちみちぼくの部屋はいろんなもので散らかりっぱなしだったけどさ」。

子どものころでさえ、ミアヴォルドは天体物理現象——火山に太陽黒点やなんか——と、それが気候に与えてきた影響の歴史に夢中だった。小氷河期の話を読んで感動し、駄々をこねてニューファンドランド島の北部に家族旅行に連れて行ってもらったほどだ。ここはレイフ・エリクソンと彼のヴァイキングが１０００年前に前線基地を作ったので有名な場所である。

火山と気候は関係があるというのはぜんぜん新しい発想ではない。やはりとても博識なベンジャミン・フランクリンが、この題材を扱ったおそらく歴史上初めての科学的論文を書いている。１７８４年に発表された『気象に関する想像と推測』で、フランクリンは、当時アイスランドで起きた火山の噴火が「ヨーロッパ全部と北アメリカの大部分をずっと覆っている靄」を生み、例年にも増して厳しい冬と涼しい夏をもたらしたと述べている。１８１５年、インドネシアのタンボラ山が途方もない大噴火を起こし、この年は「夏のない年」と呼ばれた。ニューイングランドでは6月だというのに雪が降った。作物は枯れ、飢饉が広がり、食べ物を求めて一揆が起きる世界的な大災害になった。

ミアヴォルドはこう言っている。「ほんとにバカでかい火山は気候に何らかの影響を与える」。火山は四六時中、世界中どこでも噴火する。でも、本当に「バカでかい」噴火は稀だ。だいたい、稀でなかったらたぶんぼくたちは生きてないから地球の温暖化なんて心配してたりもしない。人類学者のスタンレイ・アンブローズは、約7000年前にスマトラ島のトバ湖で超火山が噴火したとき、日光は強くさえぎられ、それで起きた氷河期で人類は絶滅しかけたと主張している。

バカでかい火山の噴火をバカでかい火山の噴火たらしめるものには、どれだけたくさんのものを噴き出すかだけではなくて、噴き出したものがどこへ行くかというのもある。典型的な火山だと、噴き上げる亜硫酸ガスは高くても対流圏内だ。つまり地表に一番近い大気の層の範囲内にとどまる。これは石炭火力発電所の排出する亜硫酸ガスと同じで、どちらもガスは1週間ぐらい空にとどまり、それから酸性雨になって、だいたいは排出された元の地点から数百マイルの範囲で地面に落ちてくる。

でも超火山の場合、亜硫酸ガスはずっと高くまで噴き上げられ、成層圏に達する。成層圏は地表から7マイルほど、南極と北極では6マイルほどのところから上の層だ。この境目の高さより上ではいろんな気象が劇的に変化する。亜硫酸ガスは短期間で地表に落ちてこず、代わりに成層圏の水蒸気を吸収してエアロゾル雲を作る。それがすごい速さで循環して地球のほとんどを覆うようになる。成層圏では亜硫酸ガスは1年以上とどまり、だから地球の気候に影響を与える。

1991年にフィリピン諸島でピナトゥボ山が噴火したときに起きたのがまさしくそれだ。ピナトゥボ山に比べたら、セイント・ヘレンズ山なんてしゃっくりぐらいのものである。ピナトゥボ山の噴火で成層圏に噴き上げられた亜硫酸ガスの量は1世紀以上前に起きたクラカタウ山の噴火以来最大だった。これら二つの噴火の間に科学は大きく進歩した。世界中の科学者の集団が、計測できるデータを片っ端からとらえるべく、現代科学技術の粋を集めた機材で武装して、ピナトゥボ山を見守っていた。ピナトゥボ山が大気に与えた影響は見間違いようもなかった。オゾンが減少し、太陽光がより拡散し、そして、そう、地球の気温は長い間にわたって低くなった。

そのころ、ネイサン・ミアヴォルドはマイクロソフトで働いていたけれど、まだ地球物理的現象に関する科学の文献を追いかけていた。彼はピナトゥボ山の噴火が気候に与える影響と、１年後に出た900ページに及ぶアメリカ科学アカデミー（ＮＡＳ）の報告書、『温室効果による温暖化の政策的含意』に注目した。この報告書には地球工学を扱った１章がある。ＮＡＳは地球工学を「大気の化学的性質の変化が与える効果に対抗し、あるいはそうした効果を抑制するために、私たちの環境を大規模に操作すること」と説明している。

別の言い方をするとこんな感じ：人間の活動がこの惑星を温めてしまったのなら、人間の創意工夫でこの星を冷やすことはできないだろうか？

人間はずっと、天気を操作できないかとあれこれやってきた。だいたいどの宗教にも雨乞いの儀式がある。でも最近は、世俗の人たちがそういうことをやり始めている。1940年代の終わり、ニューヨーク州のスケネクタディ市でジェネラル・エレクトリックの科学者３人がヨウ化銀を使って雲の種を作るのに成功した。３人の１人はバーナード・ヴォネガットという化学者だった。この人の弟は、この計画の広報担当で名前はカート、その後世界的な小説家になった人だ。カート・ヴォネガットは自分の作品に、スケネクタディで拾い集めてきた浮世離れした科学をたくさん登場させている。

1992年のNASの報告書で、それまで頭のおかしい連中や政府の悪人どもの領分だと大向こうに思われていた地球工学の信用は高まった。それでもNASの提案のいくつかは、ヴォネガットの小説の中でさえ突拍子もないものに見える。たとえば、「複合気球スクリーン」計画は空にアルミニウムのめっきを施した気球を何十億個も飛ばして太陽の光を屈折させるアイディア、「スペース・ミラー」計画は光を反射する5万5000個の帆を地表からはるか上空で軌道に乗せようというものだ。

また、NASの報告書は亜硫酸ガスを意図的に成層圏にばら撒くやり方の可能性にも触れている。これはミハイル・ブディコというベラルーシの気候科学者が考案したアイディアだといわれている。ピナトゥボ山の噴火の後、成層圏を漂う亜硫酸ガスが地球を冷やしたのは疑いようもない。でも、火山に頼らなくてもそういうことができたらステキだと思いませんか?

残念ながらこの案は、亜硫酸ガスを成層圏にばら撒く方法の点で、複雑でコストがかかってしかも非現実的だった。たとえば大砲の弾に詰めて空に撃つとか、ジェット戦闘機部隊に高硫黄燃料を積んで飛ばし、排気ガスを成層圏に塗りたくるとか。「あれは科学っていうよりSFだったな」とミアヴォルドは言う。「どの計画も経済的に理がないか現実的に通らないかのどっちかだった」。

問題はもう一つあって、それは、たくさんの科学者が、ケン・カルデイラみたいな自然にやさしい科学者はとくに、そういうアイディア自体を忌み嫌っていたことだった。大気に化学物質をばら撒いたせいで起きた被害を食い止めるのに……大気に化学物質をばら撒くだって? これは環境保護派のありとあらゆる教義に反していた。正気の沙汰とは思えない、毒をもって毒を制する作戦だ。地球の温暖化を信仰の問題みたいに考えていた人たちには、ここまでひどい冒涜はとても思いつかなかっただろう。

でもこのアイディアがダメな一番の理由は、単純に、うまくいかないからだ、カルデイラはそう思った。

１９９８年にアスペンで開かれた気候に関するカンファレンスでローウェル・ウッドが成層圏に亜硫酸ガスを撒くというアイディアについて講演したとき、カルデイラが出した結論がそれだった。でも、彼は科学者で、教義よりもデータを大事にする。仮にその教義が、彼の心に刻み込まれていても、だ。そこで彼はウッドの主張を気候モデルで検証することにした。「地球工学を云々って議論にまとめてケリをつけようと思ったんだ」。

大失敗だった。カルデイラがどれだけ忌み嫌おうと、彼のモデルは、大気中の二酸化炭素が急激に増加した場合でさえ、地球工学で気候を安定化させることができるというウッドの主張を裏付ける結果を出した。カルデイラはそれを論文に書いた。カルデイラは異端になった。想像できる限り最大限に気乗りのしてない地球工学者だ。彼はこのアイディアを、少なくとも追究してみようと考えたのである。

それから10年以上の後に、カルデイラ、ウッド、ミアヴォルド――かつての平和運動家、かつての兵器設計者、そしてかつてのヴァイキング大好き少年――が、かつてのハーレイ・デイヴィッドソンの修理工場で手を組んで、地球の温暖化を止めるべく、自分たちの構想を売り出すことになったのだ。

成層圏に亜硫酸ガスを撒くってアイディアでカルディイラが驚いたのは、地球をほんとに冷やせるってところだけじゃない。どんだけちょっとで済むかってことも驚きだった。1分間に34ガロンほどあればいい。庭に水を撒くホースの強力なやつよりちょっと多いぐらいだ。

温暖化は大部分が極地で起きる現象だ。赤道のあたりよりも緯度の高い地域のほうが4倍も気候の変化に敏感だ。IVの推定によると、亜硫酸ガスを1年に10万トン撒けば北極圏の温暖化を効果的に押し戻せ、北半球全体でも温暖化を抑制できる。

そりゃものすごい量だと思うかもしれないけど、どちらかといえばごくわずかだ。毎年少なくとも2億トンの亜硫酸ガスが大気中にばら撒かれている。だいたい25%が火山、25%が車とか石炭火力発電所とかといった人間の活動、残りがその他波しぶきやなんかの自然現象で出るものだ。だから、地球を変えられるだけの効果を出すのに必要なのは、今の硫黄排出量のたった1%のそのまたたった20分の1で、それをもっと空の高いところへ持っていけばそれだけでいい。そんなのアリ？ ミアヴォルドの答えはこうだ：「てこの原理！」

物理学を、たとえば化学と隔てる秘密の材料がてこの原理だ。サルターの流し台を思い出してほしい。IVが作っているハリケーンを防ぐ装置だ。ハリケーンがあんなにものを壊してまわれるのは、海面から熱エネルギーを集めて物理的な力に変えるからだ。そこには基本的なてこの原理が働いている。サルターの流し台は波の力を使って温かい水をハリケーンの季節の間ずっと海の底へ流し続け、この仕組みに裂け目を入れる。

「トラックとかバスとか発電所とかが亜硫酸ガスを1キログラム対流圏にばら撒くと、成層圏にばら撒くよりもずっとよくないことが起きる」とミアヴォルドは言う。「だからものすごく大きなてこがいるんだ。そういうのがあるとすごいことになる。アルキメデスが言ってるのはそういうことだよ。『私に支点をくれれば地球を動かしてみせよう*』」。

だから、いったん道徳だの漠然とした不安だのを捨ててしまうと、地球の温暖化を押し戻すという営みは、煎じ詰めれば単純な工学の問題だ。どうやったら1分間に34ガロンの亜硫酸ガスを成層圏にばら撒けるだろう？

答え：めちゃくちゃ長いホース。

そういうわけでＩＶはプロジェクトにこんな名前をつけた：「水撒きホースを空高く」。もうちょっとだけ専門的な感じがほしいときはこうだ。「気候安定化のための成層圏上の遮蔽体」。プロジェクトの科学的なご先祖と、この惑星を保護層で包むというやり方を考えると、こんな呼び名のほうがいいかもしれない：ブディコの毛布。

安くて簡単な解決が好きな人なら、こんなにいい話はそうそうないって思うだろう。地上の基地で硫黄を燃やして亜硫酸ガスを作り、液化する。「そのための技術はよく知られている」とウッドは言う。「20世紀のはじめ、亜硫酸ガスはよく使われる冷媒ガスだったからだ」。

＊　ミアヴォルドが引用したアルキメデスの言葉にローウェル・ウッドが物申した。「いや、彼は十分に長いてこをくれって言ったんだろ」。ミアヴォルドが言い返した。「支点もいるんだってば！」（さらに訳注：いやお言葉ですが、アルキメデスは「足場」をくれればって言ったんじゃありませんでした？）

ホースは地上の基地から成層圏まで届く、18マイルほどの長さだが、ものすごく軽い。「直径はほんの数インチで、パイプみたいなデカいもんじゃない」とミアヴォルドは言う。「文字通り、特別な消火ホースだね」。

ヘリウムを詰めた頑丈な風船を100ヤードから300ヤードぐらいの間隔でホースに繋ぐ（「真珠の数珠繋ぎ」、IVではそう呼んでいる）。風船の直径は地上近くのが小さくて25フィート、てっぺん近くのが大きくて100フィートだ。

液化した亜硫酸ガスを100ヤードごとに取り付けたポンプで空へ送る。これもそれぞれ45ポンドと軽めに作る。「ウチのプールのポンプより小さい」とミアヴォルドは言う。バケモノみたいにデカいポンプを地上の基地に一つ置くよりも小さいポンプをたくさん使ったほうが、いくつかの点で優れている。地上に大きなポンプをたくさん置くとものすごく強い圧力をかけないといけないから、ホースももっと重いになる。小さいポンプたくさんだと、いくつか止まっても仕事は止まらない。それに、小さくて規格化されたポンプのほうが安くつく。

ホースの端にはノズルがたくさんついていて、成層圏に無色の液体亜硫酸ガスの霧を噴き出す。成層圏の風は典型的に時速100マイルにもなるので、噴き出された霧はだいたい10日ぐらいで地球全体に行き渡る。それがブディコの毛布を作るのにかかる時間だ。成層圏の大気は北極と南極に向かって自然と螺旋運動をする。また、南極地方や北極地方は地球の温暖化に影響されやすい。だから、ホースは南半球に1本、北半球に1本、そういうのがいいかもしれない。緯度の高い地域で硫黄のエアロゾルを撒くのが理にかなっている。

ミアヴォルドは最近の旅行で、ひょっとすると完璧かもしれない場所に出くわした。ビル・ゲイツとウォーレン・バフェットと一緒に、彼はいろいろなエネルギー生産者を駆け足で回る見学ツアーに参加した。原子力発電所、風力発電地帯、そういった場所だ。行った場所の一つが、カナダのアルバータ州北部にある、アサバスカのオイル・サンドだった。

何十億バレルもの石油がそこで採れるのだが、重くてドロドロで粗い。液体の状態で地殻の下に溜まっているのではなく、糖蜜みたいな感じで地表の土と混ざっている。アサバスカでは石油は地面にドリルで穴を開けて汲み上げるのではない。バカでかいシャベルで地面を削り取って、石油と捨てる成分とを分離するのだ。

捨てる成分の中でも一番多いものの一つが硫黄で、売ろうにも値段がとても安いから、石油会社はその辺にただ積み上げている。「黄色の大きな山ができてて、高さは１００メートル、幅は１０００メートルってそういう感じなんだ！」とミアヴォルド。「それにメキシコのピラミッドみたいな段が付いてるんだ。だから、あの硫黄の山のどれか一つを選んで、その隅っこ一つにちょっとしたポンプの設備を置けば、北半球の温暖化が全部片付くんだよ」。

ミアヴォルドが１００年前に生きていたらどうだっただろうと考えると面白い。ニューヨークやなんかの都市が馬のウンコで窒息しそうになってたころだ。誰もがウンコの山を見て嫌な気分になってるのを尻目に、彼はチャンスだと思ったかもしれない。

全体としてみて、ブディコの毛布はこれでもかってぐらい単純な計画だ。気候一般がどれだけ複雑か、それに、ぼくたちが気候の仕組みをどれだけわかってないかってことを考えると、たぶんこぢんまり始めるのがいいだろう。消火ホース作戦なら、硫黄をほんの数滴たらしてどうなるか見てみることができる。撒く量を増やしたり減らしたりするのは簡単だし、なんならすぐにでも止められる。仕組みに永久に残ったり元に戻せなかったりするところはない。

そしてこの作戦はびっくりするぐらい安い。IVの計算だと「極地を救え」作戦は準備期間が2年間、初期投資がだいたい2000万ドルで、その後は毎年1000万ドルで続けられる。南極と北極を冷やすだけじゃまだ足りないなら、IVは「地球を救え」作戦の絵図も描いている。地上基地を2カ所じゃなくて世界中に5カ所作り、それぞれからホースを3本ずつ空に上げる。これで成層圏にばら撒く亜硫酸ガスは3倍から5倍になる。それだけばら撒いても、今世界中で排出されている亜硫酸ガスの1%にもならない。IVの試算では、この作戦は準備に1億5000万ドルかかり、3年で稼働して、毎年1億ドルでやっていける。

だから、ブディコの毛布は、正味2億5000万ドルで地球の温暖化を押し戻せる。ニコラス・スターンが提案した、毎年1兆2000億ドル使って問題に立ち向かおうって話と比べてみればいい。IVの作戦なんて、なんていうか、タダみたいなもんだ。アル・ゴアの組織が地球温暖化に対する世間の認知度を上げるのにつぎ込んでるお金と比べても、なお5000万ドルも安い。

てなわけで、この章の最初に出した謎かけの答えはこうだ。アル・ゴアとかけてピナトゥボ火山と解く。そのこころは、どちらもこの惑星の冷やし方を示している。でも、割りの良し悪しって点では、二つの間には宇宙1個分ぐらいの隔たりがある。

だからってブディコの毛布に反対する理由がありえないとは言わない。そういうのはやまほどある。そもそも、そんなんでうまくいくのかね？

科学的証拠はｙｅｓと言っている。このやり方は、基本的にはピナトゥボ火山の噴火をコントロールしたうえでモノマネしよう、そういうことだ。ピナトゥボ火山の噴火は徹底的に調査され、あの噴火が寒冷化をもたらしたことを疑う人はいない。

たぶん、科学的にこの作戦を支持する一番強力な議論を行ったのはパウル・クルッツェンだ。オランダの大気化学者で、カルデイラにさらに輪をかけた正真正銘の環境保護派である。クルッツェンは1995年にオゾン層の破壊に関する研究でノーベル賞を貰った。そんな彼が2006年に学術誌『気候変動』にエッセイを書き、温室効果ガスの排出量を減らす努力が「まったくうまくいっていない」ことを嘆き、成層圏に亜硫酸ガスを投入するやり方は「気温を早急に低下させ、また気候へのその他の影響を防ぐ、実行可能な唯一の選択肢である」と認めた。

地球工学を支持したことで、クルッツェンは気候科学業界から異端の烙印を押されてしまった。同業者には彼のエッセイが掲載されないように画策する人までいた。「ドクター・オゾン」として崇め奉られてた人が、いったいなんでこんなたくらみの肩を持つんだ？　環境に与える影響は、災いのほうが恵みよりも大きいだろうに。

クルッツェンは、実はそんなことないという。オゾン層の破壊は最小限で済むと彼の論文は結論づけている。亜硫酸ガスはそのうち極地に沈降するが、どちらかというとても少量なので、極地でも大きな害がある可能性は低い。問題が起きたら亜硫酸ガスの散布は「短期間のうちに止められる…（中略）…それで大気は数年のうちに以前の状態に戻るだろう」と彼は書いている。

地球工学に反対する根本的な理由として、他にも、地球の自然な状態に意図的に手を加えることになるというものがある。これにはミアヴォルドが単純な答えを用意していた。「ぼくらはもうとっくに地球に手を加えているよ」。

ほんの数世紀の間に、ぼくたちは3億年におよぶ生物の蓄積の結果できあがった化石燃料をほとんど燃やしてしまった。それに比べれば空に硫黄をちょっとばら撒くぐらい、穏便な話じゃないかって気がする。ローウェル・ウッドによると、硫黄は成層圏に保護層を張るのに一番いい化学物質ですらない。もっと害の少なそうな他の物質――プラスティック製でアルミめっきを施したとても小さいビーズとか――のほうがもっと効果的に太陽をさえぎれる。それでも、一番受け入れやすいのは硫黄だという。「実行可能だと火山が証明してくれているからだ」とウッドは言う。「それに、害がないこともいっしょに証明してくれている」。

ウッドとミアヴォルドもブディコの毛布が「汚染しても大丈夫っていう言い訳」になってしまうのをとても心配している。ぼくたちは、新しいエネルギーによる解決を作り出せるまで時間を稼いでるのだって考える代わりに、現状に満足しきってしまうかもしれない。でもそれを地球工学のせいにするのは、誰かが運動しなかったりフライド・ポテトをがつがつ食ったりするのを、その人の命を救った心臓外科医のせいにするのとおんなじだよとミアヴォルドは言っている。

庭の水撒きホースってアイディアに反対する最大の理由を一つだけ挙げるとしたら、それはたぶん、簡単すぎ、安すぎってところだろう。ここを書いている今、誰かが――政府でも民間の組織でも、それこそ個人でも――亜硫酸ガスを空中にばら撒くのを禁止する規制の仕組みはまったく存在しない。(もしもそんなものがあったら世界中に8000カ所近くある石炭火力発電所にとっては大問題だ)。それでもミアヴォルドは、誰かがそういうものを勝手に作ったら「大騒ぎになるだろう」と言う。もちろん、誰がそういうものを作るかで話は違ってくるだろう。アル・ゴアだったらノーベル平和賞をもう1個かっさらうことになるかもしれない。ウゴ・チャベスだったら、たぶんすぐさまアメリカのジェット戦闘機が飛んでくる。

それに、ブディコの毛布のツマミを誰が握るかで争いが起きるのは容易に想像がつく。石油の値段が高いと潤う国の政府なら、硫黄を多めにばら撒いてもっと寒くしたいと思うだろうし、植物の育つ季節がもっと長いほうがいい国だってあるだろう。

ローウェル・ウッドが以前、講演したときのことを話してくれた。その講演で彼は、成層圏に保護層を作れば有害な紫外線も取り除けるかもしれないと語った。お客の1人が、紫外線が減るとくる病に罹る人が増えるのでは？と尋ねた。

「ぼくはこう答えた」とウッド。「薬局に行ってビタミンDを処方してもらえば大丈夫です。ああそれから、ビタミンDは他の点でも身体にいいですよ」。

ウッドの機転の利いた切り返しに、IVの会議室でテーブルを囲んだロケット科学者、気候科学者、物理学者、エンジニアはみんなくすくす笑った。それから誰かが、IVは衣の下にブディコの毛布を隠しつつ、くる病予防関係の特許を探してるんじゃないかって聞いた。みんな大笑いした。

でも、これはあんまり冗談になってない。IVが持っている特許の多くとは違って、ブディコの毛布はどう使ったら利益を生み出せるのかはっきりしない。「君がウチの投資家だったら」とミアヴォルドは言う。「こう尋ねるかもしれない。『それで、なんでこんなことやってるんだっけ？』」。実は、IVがやっている中でもっとも時間の取られるプロジェクトの多くは、けっこうな部分がお金も貰わずにやっているものだ。そういうのには、AIDSやマラリアの撲滅をめざすいろんなプロジェクトがある。

「今テーブルのあっちに座ってるのは世界一の慈善活動家なんだよ」。ウッドはくすくす笑い、ミアヴォルドのほうを見て頷きながらそう言う。「やりたくてやってるわけじゃないんだけどさ。でも実際そうなんだ」。

地球の温暖化に対する今の世相をどれだけ苦々しく思っているにせよ、ミアヴォルドは地球の温暖化自体は決して否定しない。（もし地球の温暖化なんて起きてないって思っているなら自分の会社の資源を温暖化の解決にあんなにつぎ込んだりしてないだろう）。それに、ブディコの毛布を今すぐ広げるべきだとも言っていない。彼が言っているのは、むしろ、ああいう技術を研究し、実験して、気候が最悪のシナリオどおりになったらいつでも使えるようにしておくべきだということだ。

「建物に消火用のスプリンクラーをつけるみたいなもんだな」と彼は言う。「一方では、火事を出さないように手を尽くすべきだ。でも、それでも火事が起きたときのために、何か頼れるものを持っとくべきなんだよ」。同じように大事なのは「二酸化炭素を出さないエネルギー源に移れるまで一息つけるところだ」。

また、彼が地球工学を推し進める理由にはもう一つ、近年になって温暖化防止の活動家たちが勢いを増していることがある。

「彼らは真剣に、人類に計り知れない影響、それも悪い影響がありそうなことをたくさん提案してるよね」と彼は言う。「彼らはたいして考えもせずに、膨大な経済的価値を今すぐ一気に二酸化炭素の排出を止めるのにつぎ込みたいなんて思ってる。そんなことをしたら世界経済の大変な足かせになる。何十億人もの貧しい人が先進国の生活水準になかなか、ひょっとすると決して、たどり着けなくなるだろう。この国にいれば、エネルギーと環境のトレードオフを好きなように選ぶなんて贅沢ができる。でも、世界の他の場所にいる人たちは、それで深刻な苦しみを背負うことになるんだよ」。

新しいアイディアの中には、どれだけ便利だろうが、反感を買わずには済まないものがある。すでに書いたように、人間の臓器の市場は――あれば毎年何万人もの命が救われるかもしれないのに――そういう例の一つだ。

時間とともに、そういうアイディアも反感の壁を乗り越えて現実になる。貸したお金で利息を取る。人間の精子や卵子を売る。愛する人の早すぎる死で儲ける。最後の例はもちろん生命保険で、あれは結局そういう仕組みだ。今日では、自分が死んでも家族が暮らしていけるように、生命保険を掛けるのが普通になっている。でも19世紀の中ごろまでは、生命保険は「冒涜」だった。社会学者のヴィヴィアナ・ゼリザーはこう書いている。「死という神聖な現象を野卑でありふれたものに変えてしまう」。

ブディコの毛布も、あまりに不快な仕組みで顧みられることすらないのかもしれない。わざと汚染する？　成層圏をいじくりまわす？　星の気候を思い上がったシアトルの連中の手にゆだねる？　パウル・クルッツェンとかケン・カルデイラとかみたいな気候科学の大物があいう解決を支持しているけどそれは話が別だ。彼らは単なる科学者にすぎない。この争いでほんとの大物っていったら、それはアル・ゴアみたいな人たちだ。

で、そのアル・ゴアは地球工学をどう思ってるんだろう？

「一言で言うと」とゴアは口にしている。「アホくさいと思う」。

水撒きホースを空高くっていうアイディアが空を飛べなくても、IVは別の提案を用意している。同じ科学を使っているけど、もう少し反発は少ないやり方だ。地球を冷やすために成層圏に撒く硫黄の量は、実は既存の石炭火力発電所数ヵ所が吐き出しているのと同じぐらいだ。この二つ目の作戦は、よく考えて選んだ発電所数ヵ所の煙突をもっと高くするだけである。つまり、硫黄を含んだ煙を、数百フィートの高さで空気中にばら撒く代わりに、18マイルほどの高さに届く高い煙突で成層圏にばら撒こうというのだ。そうすれば、差し引きで水撒きホースの仕組みと同じ効果が得られる。

すでにある汚染の源を利用するだけで新たに増やさないところにこの作戦の魅力がある。18マイルもの高さの煙突なんて建てるのは難しいと思うかもしれないけれど、IVはもうやり方を考えている。今ある発電所の煙突に長くて細い熱気球を取り付けて、熱い亜硫酸ガスが自分の浮力で成層圏まで登っていける通り道を作るのだ。この作戦は、当たり前のように「煙突を空高く」作戦と呼ばれている。

そして、この作戦も反発を食らったときに備えて、IVはまったく違うやり方も準備している。この世のものとは思えない作戦だ：空いっぱいに浮かぶ綿菓子みたいな白い雲。

これはジョン・レイサムが思いついた構想だ。彼は最近IVの発明家の詰め所に加わったイギリスの気候科学者である。穏やかでやさしい語り口の人で歳は60代後半、本物の詩人でもある。そういう人だから、大昔、北ウェールズの山の頂に立って日の入りを眺めていたとき、雲がとっても輝いているのを指して8歳になる息子のマイクが言った言葉が彼の耳をとらえた。「曇った鏡だ」。

そのとおり！

「差っぴきで見ると、雲は地球を冷やす役割を果たしている」とレイサムは言う。「大気中に雲がなかったら、地球は今よりずっと暑いところになってただろう」。

雲なら人工でも――たとえばジェット飛行機が作る飛行機雲だって――地球を冷やす効果がある。9・11のテロ攻撃の後、アメリカでは民間飛行機は全部、3日にわたって地上待機を強いられた。4000カ所を上回る国中の測候所のデータを調べた科学者たちは、飛行機雲が急になくなったことで、地表の気温は華氏で2度近く、摂氏で1・1度近く上がったのを発見した。

雲を作ろうと思ったら材料が少なくとも三つ必要だ。上昇気流、水蒸気、そして雲粒と呼ばれる固体粒子である。飛行機が飛ぶときに出す排ガスに混じった粒子は雲粒の役割を果たす。地上にあるものだと、塵や芥の粒が雲粒になる。でも、海上だと雲粒になりやすいものはずっと少ないとレイサムが説明してくれた。だから海の上の雲は水滴が少なく、反射も少ない。海の色は暗いから、太陽の熱をよく吸収する。

レイサムの計算では、海上の雲の反射性がほんの10％から12％高まるだけで、温室効果ガスの水準が今の2倍になっても地球を十分冷やせる。彼の解決法はこうだ：海に自分で雲をもっと作らせよう。

実は、海から上がる塩をたっぷり含んだ水しぶきで雲を作るのにもってこいの雲粒ができる。水しぶきを海面から何ヤードか上までもっていくだけでいい。あとは勝手に雲ができる高さまで自分で上っていく。

IVはそれを起こす方法をいろいろと取り揃えている。今のところ、彼ら一番のお気に入りは風で進むガラス繊維の船だ。スティーヴン・サルターが設計したもので、水中のタービンで水しぶきを上げ続ける。エンジンが付いてないから公害も出さない。必要なものは──海水と空気だけだから──もちろんタダだ。水しぶき（と、もちろん雲の反射）の量は簡単に調整できる。陸地で行われている農業にとっては日光はとても大事だ。それに、そうやって作った雲は陸地にはかからない。陸地で行われている農業にとっては日光はとても大事だ。それに、そうやってお値段はどれぐらいになりそうかというと、最初の試作品には5000万ドルもかからず、あと数十億ドルあれば船を十分にたくさん造って少なくとも2050年まで温暖化を食い止められる。悩ましい問題に対する安くて簡単な解決の歴史の中で、ジョン・レイサムの曇った鏡ほど麗しい例はちょっと思いつかない。地球に優しい人たちの中のグリーンにもウケる地球工学（グリーン）である。

とはいうものの、IVの一番穏便な提案でさえ、ある種の環境保護派からはほとんど支持を受けられないんじゃないかとIVは考えている。でもそれは筋が通らないと彼は言う。

「ああいう怖い話は本当かもしれないとか、本当になる可能性があるとかって信じてるのに、二酸化炭素の排出量を減らすのだけに頼るのはあんまりいいやり方とはいえないのも認めないといけない」。つまり、二酸化炭素による温暖化で終末が訪れると信じながら、同時に新しく排出される二酸化炭素を減らすだけで終末を避けられると信じるのは非論理的である。「ぼくたちが排出量を減らすべくすさまじい努力を重ねても恐ろしいシナリオが実現するかもしれない。そうなったら本当の解決は地球工学しかない」。

アル・ゴアは彼なりの理屈で反論する。「地球を温暖化する汚染物質が大気中に毎日７０００万トンもばら撒かれている。私たちにはそれをどうやって止めたらいいかわからないというのに」と彼は言う。「私たちがそれをぴったり相殺できるはずだなんて、いったいぜんたい、なんでそんなことわかるんだろう？」

でも、心の温かい人道派じゃなくて、身体に冷たい血が流れる経済学者みたいに頭を使うなら、ゴアの言葉は筋が通らないのがわかるはずだ。ぼくたちは大気の汚染をどうやって止めたらいいかわからないんじゃない。ぼくたちは止めたくないのだ。あるいは止める代償を払いたくないのだ。

思い出してほしい。ほとんどの公害はぼくたちの消費が起こす負の外部性だ。工学や物理学がどれだけ難しいか知らないが、人間に振る舞いを変えさせるほうがたぶんずっと難しい。今のところ、１人ひとりにとって、消費を抑えても見返りは小さく、過剰な消費を続けても代償は小さい。ゴアやなんかの環境保護派の人たちは、消費を減らしましょう、公害を減らしましょうと呼びかけている。そりゃ気高い話だ。でも、インセンティヴに関する限り、あんまり力強い話とはいえない。

集団が振る舞いを変えるのは、見てるぶんには面白いのかもしれないけど、理解しようとすると頭がおかしくなるぐらいとらえどころがないものなのである。イグナーツ・ゼンメルワイスに聞いてみればいい。

1847年に戻って、ゼンメルワイスが産褥熱の謎を解いたとき、彼は英雄としてあがめたてまつられた——んだよね、でしょ？

まるっきり逆だ。もちろん、ウィーン総合病院では彼がお医者さんたちに死体解剖を行ったら必ず手を洗いなさいと命じてから、産婦人科での死亡率は大幅に下がった。でも他の場所では、お医者さんたちはゼンメルワイスの発見を無視した。ゼンメルワイスをバカにする人までいた。まさか、あんなひどい病気が手を洗うだけで予防できるわけないだろ！　さらに当時のお医者さんは——誰よりも謙虚とは言えない種族だったわけで——自分たちが病気の原因だなんて受け入れられなかったのだ。

ゼンメルワイスは苛立ち、ときどきそんな苛立ちが辛らつな言葉となって飛び出した。彼は自分を虐げられた救世主だと思うようになり、自分の仮説を批判する人たちを人殺し呼ばわりした。彼らは女の人や赤ん坊を殺していると挑発したのだ。彼の主張はだんだんむちゃくちゃになり、奇行が増え、わいせつな行いや性的に不適切な行動をするようになった。今から考えると、イグナーツ・ゼンメルワイスは頭がおかしくなっていたと言っていいだろう。47歳のときに彼は罠にはめられて精神病棟に押し込まれた。脱出しようともしたが、無理やり拘束され、2週間のうちに亡くなった。そうやって彼の評判は地に落ちたのだった。

でも、だからといって彼が正しくなかったってことにはならない。ゼンメルワイスが亡くなってから、ルイ・パストゥールが細菌説の研究を行い、ゼンメルワイスの仮説を裏付けた。その後、お医者さんは患者さんを治療する前に念入りに手を洗うのが普通になった。

さて、それじゃいまどきのお医者さんはゼンメルワイスの指示に従ってるんだよね？

病院の職員は、手を洗うか消毒するかしないといけないときに、実際に手を洗ったり消毒したりすることは半分もないという調査結果が最近やまほど報告されている。中でもお医者さんたちは最悪で、看護師さんや助手たちよりもだらしがない。

彼らが手を洗ってないのは不思議なことだ。現代の世界では、危ない振る舞いをやめさせるのに一番効果があるのは教育だとぼくたちは信じがちである。これまで行われてきた意識向上キャンペーンはほとんど全部、そういう考え方が裏付けになっている。地球の温暖化からエイズの予防から酔っ払い運転まで、どれもそうだ。そしてお医者さんは病院で一番教育を受けた人たちなのである。

１９９９年に公表された報告書『人は誰でも間違える』で、アメリカ医学研究所は、病院が犯す防げたはずの過ちで、毎年４万４０００人から９万８０００人のアメリカ人が亡くなっていると推定している。この数字は自動車事故や乳ガンよりも多い。また、そういう誤りの中で一番多いものの一つは傷口からの感染だと報告書は言っている。感染を防ぐのに一番効くのはなんだろう？　お医者さんにもっとしょっちゅう手を洗ってもらうのが一番なのだ。

報告を受けて、国中の病院がこの問題を解決しようと乗り出した。ロサンゼルスにあるシーダーズ・シナイ医療センターみたいな世界でも一流の病院でさえ改善が必要だった。清潔な手の割合は65％にすぎなかったのだ。経営陣は委員会を作り、どうしてみんな手を洗わないのか、原因を突き止めることにした。

調べてわかった原因の一つは、お医者さんたちは信じられないぐらい忙しく、手を洗うのに時間を使うってことは、その間は患者さんの治療にあたれないってことだった。ワシントンの救急医療室の革命家、クレイグ・フィーエドによると、彼は1回のシフトで100人以上の患者さんを診ることもしょっちゅうだそうだ。「決まりどおりに患者さんに触るたびに手を洗いに行っていたら、ぼくは時間の半分近くを流しの前に立ってすごすことになる」。

そのうえ、流し台はいつも、ちょっと行ってさっさと洗って、なんてできるようになっているとは限らない。病室だととくに、流し台の前に機材や椅子がバリケードみたいに置いてあったりする。シーダーズ・シナイでは、他のだいたいの病院と同じように、手をきれいにしてもらおうと消毒液のピュレルのボトルをやまほど置いている。でも無視されることはとても多い。

お医者さんが手を洗わないのには心理的な要因が働いているように思える。一つ目は（努めて寛大に）偽りの認識とでも呼べばいいかもしれない。オーストラリアの小児病院で集中治療科を対象に5カ月にわたって行われた調査では、お医者さんたちは自分がどれぐらい頻繁に手を洗うか記録しておいてくれと頼まれた。彼らが自己申告した数字は？　73％だ。完璧とは言えないけど、そんなにひどい数字でもない。

でも、お医者さんたちが知らないところで、実は看護師さんたちが見張っていて、彼らがほんとはどれぐらいの頻度で手を消毒しているか記録していた。結果：たったの9％だ。

シーダーズ・シナイの救急医療室のお医者さんで人事部長も兼ねるポール・シルカが、もう一つ心理的な要因があるのを指摘している。思い上がりだ。「しばらく医療に携わっていると、自尊心がものすごく膨らむ」と彼は言う。「で、こんなことを言う。『おいおい、オレに悪いばい菌なんてついてるわけないいだろ。そりゃ病院で働く他のやつだな』」。

シルカとシーダーズ・シナイの経営陣は、同僚たちに振る舞いを改めさせることにした。彼らはありとあらゆるインセンティヴを試した。ポスターやｅメールでやんわり促したり、お医者さんに毎朝あいさつがわりにピュレルを１本渡したり、手の衛生自警団を作って病棟を巡回したり、ちゃんと手を洗ってるお医者さんに10ドル分のスターバックス・カードを進呈したり、なんて調子だ。病院の中でも一番稼いでる皆さんに10ドルのインセンティヴなんて、振り向いてもくれないんじゃないかと思うかもしれないけど、シルカによると「いらないって言った人は１人もいなかったよ」。

何週間か経って、シーダーズ・シナイの人たちは手の消毒をすることが多くなったけど、まだぜんぜん十分ではなかった。病院の伝染病専門家であるレカ・ムルティがそう報告したのは、昼ごはんを兼ねて開かれた人事諮問委員会でのことだった。委員会のメンバーは20人ほどで、ほとんどは病院の中でも地位の高いお医者さんたちだった。彼らはがっかりしているのを隠そうともしなかった。お昼ごはんが終わったところでムルティはそれぞれに寒天プレート――吸収力の高い寒天の層が入った殺菌済みのシャーレ――を渡し、こう言った。「皆さんの手からいただいたものを、ぜひ培養したいと思います」。

メンバーたちは手のひらをプレートに押し付け、ムルティはそれを研究室に持って帰った。培養してできたものの画像は、シルカによると、「吐き気がしそうなぐらい気持ち悪くて頭に残る絵図だった。ネバネバしたバクテリアのコロニーでいっぱいだった」。

彼らは病院で一番偉い人たちだ。そんな彼らにしてからが、みんなに振る舞いを改めろと言って回っておきながら、自分自身の手でさえちゃんときれいにできないなんて！（なにが輪をかけて不安かって、そんなふうだったのがお昼ごはんの席上だったたってことだ）。

こういう話はみんな絨毯の下に隠してしまいがちだ。でも経営陣はバクテリアでいっぱいの手形の気持ち悪いイメージの力を利用することにした。画像の一つをスクリーン・セイヴァーにして病院中のコンピュータに入れたのだ。お医者さんたちには――命を救う人として訓練を受け、命を救う人として宣誓もした人たちだ――この身の毛もよだつ警告が、他のどんなインセンティヴよりも効いたようだ。シーダーズ・シナイの手洗いルールの履行率は１００％近くに跳ね上がった。

噂が広まって、他の病院もスクリーン・セイヴァーを使ったやり方をマネし始めた。当たり前でしょ？　安くて簡単で、しかも効果抜群なんだし。

ハッピーエンドだ、よかったね。

うん、でも……ちょっと考えてみてほしい。ゼンメルワイスの時代からずっと、やらなきゃいけないってわかってることをお医者さんにやらせるのが、いったいなんでこんなに大変だったんだろう？ルールを守るのにかかるコスト（手を洗うだけ）はこんなにも安く、一方、ルールを破るとかかるかもしれないコスト（人の命）はこんなにも高いのに、振る舞いを改めるのはなんでこんなに難しいんだろう？

ここでもやっぱり、公害と同じように、答えは外部性にある。

お医者さんが手を洗わないとき、危ないのは基本的にはお医者さん自身の命ではない。危ないのはそのお医者さんが次に治療する患者さんの命だ。傷口がパックリ開いていたり、免疫系がうまく働いていなかったりする患者さんはとくにそうである。患者さんが受け取る危険なバクテリアはお医者さんの行動がもたらす負の外部性だ。車を運転する人やエアコンをつける人、石炭を燃やして煙突から煙を出す人ならみんな作り出してる負の外部性、つまり公害と同じである。公害を出す人たちには公害を出さないインセンティヴが足りず、お医者さんには手を洗うインセンティヴが足りない。

そういうわけで、行動変革の科学は難しいのだ。

だから、振る舞いを改めるのは難しいなんて言いつつ、みんなして不潔な手をこまねいているより、改めなくてもうまくいく仕組みとか設計とかインセンティヴとか、そういうのを作ったらどうだろう？

インテレクチュアル・ヴェンチャーズが地球の温暖化に立ち向かおうと頭に思い描いているのがこの手だ。公衆衛生関係の偉い人たちが院内感染を減らすべく、やっと採用したのもそういう手だ。中でも最高傑作はこんな感じ：外来の患者さんの血圧を測るときには、腕に巻く部分は使い捨てのものにする。病院の機材を銀イオン粒子で抗菌加工する。お医者さんがネクタイをするのを禁止する。最後のは、イギリス保健省によると、ネクタイは「めったに洗濯されず」、「患者の治療を行ううえで有益な機能を果たさず」、そして「病原菌が繁殖していることが実証されている」からだ。

だからこそクレイグ・フィーエドは何年も前から蝶ネクタイにしている。それから、彼は仮想現実のインターフェイスを作った。白衣に手袋の外科医が実際にコンピュータに触らなくても画面に写ったX線写真をスクロールできるようにした。コンピュータのキーボードやマウスは、少なくともお医者さんのネクタイと同じぐらい、病原菌の集まるところだからだ。ああ、それから、今度病院に行くことがあったら、テレビのリモコンは触らないほうがいいですよ。まずお日様に当てて殺菌してからじゃないとダメです。

振る舞いを改めてもそれで得をするのが大部分は他の人なら、みんななかなか振る舞いを改めないなんていうのは、たぶんそんなに驚くことじゃないだろう。でも、かかっているのが自分の幸せなら、ぼくたちだってきっと振る舞いを改められるにきまってる。そうだよね？

悲しいことだが答えはｎｏだ。もしそういうことだったら、ダイエットは必ず成功する（そもそもダイエットなんてしなくていいはずだし）。もしそういうことだったら、喫煙者なんてほとんどは元喫煙者になってる。もしそういうことだったら、性教育の授業を受けた人は誰も望まない妊娠なんてしない。でも、わかってるっていうのとやるっていうのは別々のことなのだ。とくに、快感がからんでいるときは。

アフリカでＨＩＶ／ＡＩＤＳの感染率が高いのを考えてみよう。もう何年も、世界中の公衆衛生関係の人たちがこの問題と戦っている。彼らはありとあらゆる手練手管を使って振る舞いを改めろと説く。やれコンドームを使え、やれ手当たり次第にセックスするな、その他その他。でも最近、ベルトラン・オーヴェールというフランスの研究者が南アフリカで臨床試験を行った。結果がとても有望だったから、試験を中断して、新しい予防策をすぐに実行しようということになった。

そんな魔法の処置って、いったいどんなのだろう？

割礼だ。オーヴェールにも他の科学者にも理由はよくわからないのだけれど、割礼をするとＨＩＶが伝染する危険が異性愛の男の場合で60％も減っていたのである。続いてケニヤとウガンダで行われた調査でも、結果はオーヴェールが得たものと一致した。

アフリカ中で皮が切り落とされ始めた。「みんな、自分の振る舞いを標的にした政策には慣れきっていた」。ある南アフリカの衛生関係の役人がそういっている。「でも割礼は手術で手を加える——冷たくて固い鉄の決心だ」。

大人になってから割礼を受けようなんて決心は、どう見てもそれぞれが自分でするものだ。やれとかやるなとか、ぼくたち他人が強いることはできない。でも、いい、ほんとにやるって決めたあなたにはひとことだけアドヴァイスを。お医者さんがあなたのそばに来る前に、そのお医者さんがちゃんと手を洗ったのを確かめましょうね。

Epilogue

終章　サルだってひとだもの

Monkeys Are People Too

経済学で、インフレや不景気、金融ショックといった問題を扱う分野をマクロ経済学という。景気がいいと、マクロ経済学者はヒーローとして崇め奉られる。最近みたいに景気が悪いと悪者扱いだ。で、どっちにしても新聞に載るのはマクロ経済学者なのである。

この本を読んだ後、まったく毛並みの違う経済学者――ミクロ経済学者――が物陰に潜んでいるってことを、あなたがわかってくれればと思う。彼らは個人がどんな選択をするかを解明したいと考えている。何を買うか、みたいなことだけじゃなくて、どれぐらい頻繁に手を洗うかとか、テロリストになるかとか、そういうこともだ。

ミクロ経済学者によっては、研究する相手は人間とは限らないことまである。

キース・チェンは中国移民の息子で、ものすごくよく喋るおしゃれな33歳、髪はツンツンに立てている。中西部の田舎を転々としながら育ったチェンはスタンフォードに入学し、ちょっとの間マルクス主義にかぶれた後、完全に転んで経済学に手を出した。今、彼はイェール大学の経済学部で准教授をしている。

彼の研究テーマは、大昔、古典派経済学の始祖であるアダム・スミスが書いたことに触発されている。「犬が他の犬と、それと意識して、ある骨と別の骨との公平な交換を行っているのを目撃した人は誰もいない。動物が、しぐさや叫びで、他の動物に、これはオレのであれはオマエの、これをやるからあれをよこせなどと伝えているのを目にした人はいない」。

つまり、貨幣による交換を行うのは人類だけだとスミスは信じて疑わなかった。

でも、彼の言ってることって、ほんとなんだろうか？

経済学でも人生でも、疑問っていうのは聞いてみないと答えは決して出ない。どんだけアホみたいな疑問だろうがそういうもんだ。チェンの立てた疑問は単純だ：サルの群れにお金の使い方を教えたらどうなるだろう？

チェンが選んだのはオマキザルだ。アメリカ大陸に棲むかわいらしい茶色のサルで、ちょうど、痩せた1歳の子どもにとても長い尻尾を生やした感じである。「オマキザルの脳は小さくて」とチェンは言う。「考えることといったらメシとセックス、ほとんどそればっかりなんだ」。（ってことは、オマキザルはぼくらの知ってるあの人やこの人、その他大勢とあんまり変わらないって思うんだけど、それはまた別の話）。「オマキザルの食欲はほんとに底なしで、いくらでも食べようとする」とチェンは言う。「マシュマロをやれば1日中食べてる。おなかがいっぱいになると、あっちで吐き出して、もっとよこせって来るんだよ」。

経済学者にとって、そんなオマキザルはすばらしい研究対象だ。

チェンはヴェンカット・ラクシュミナラヤナンと、イェール・ニューヘイヴン病院にある、心理学者のロウリー・サントスが作った実験室で、7匹のオマキザルを相手に仕事をしている。サルの実験室っていえばどこでもそうだけど、オマキザルには名前が付いている。ここではジェイムズ・ボンドの映画のキャラクターの名前だ。サルはメスが4匹、オスが3匹で、ボスザルの名前はフェリックスだ。CIAの工作員、フェリックス・ライターからとった。フェリックスはチェンのお気に入りだ。

サルは大きな開放型の檻で一緒に暮らしている。檻の一方の隅にはもっと小さい檻が付いていて、それが実験室になっている。1度に1匹ずつサルがそこに入って実験に参加する。チェンがお金として選んだのは1インチの銀色の円盤で、真ん中に穴が開いたコインだった。「ちょっと中国のお金みたいな感じ」と彼は言う。

最初の仕事は、お金には価値があるんだよとサルに教えることだった。これにはちょっと苦労した。あなたがオマキザルにコインを渡したとする。サルは臭いをかいで、こいつは食べられない（それにセックスもできない）とわかったら投げ捨ててしまう。それを何回も繰り返すと、サルはあなたにコインを投げつけてくる。それもおもいっきり。

そこでチェンと仲間たちはサルにコインを渡して、それからごちそうを見せた。コインを研究員に返すたびに、サルはごちそうがもらえる。何カ月もかかったけれど、サルはやっと、コインでおいしいものが買えるのがわかった。

やってみると、サルにはそれぞれ、ごちそうにとても強い好き嫌いがあるのがわかった。お盆にコインを12枚載せてサルに見せ——予算制約だ——それからたとえば、1人の研究員が四角いゼリー、別の研究員が切ったリンゴを見せる。サルは、ごちそうのうち好きなほうを選んでそのごちそうを持っている研究員にコインを渡し、研究員は自分の持っているごちそうをサルに与える。

それからチェンは、サルの経済に価格ショックと所得ショックを持ち込んだ。フェリックスが一番好きなエサはゼリーで、コイン1枚でいつもゼリーを三つ買えていたとしよう。それが突然、コイン1枚ではゼリーが二つしか買えなくなったら、フェリックスはどうするだろう?

フェリックスも他のサルも合理的な反応を見せたのでチェンは驚いた。サルたちは、あるエサの値段が上がると買う量を減らし、値段が下がると買う量を増やしたのだ。経済学の一番基礎的な原理——右下がりの需要曲線——は、人間だけじゃなくてサルにも成り立ったのだ。

合理的な行動が確認できたので、今度はオマキザルが非合理的な行動をとるか試してみることにした。チェンは賭け事を二つ用意した。一つ目の賭けは、オマキザルにぶどうを一つ見せ、コイントスの結果で、そのままぶどう一つか、それとももう一つぶどうが貰えるかが決まるというゲームだ。二つ目の賭けは、最初オマキザルにぶどうを二つ見せ、やっぱりコイントスの結果で、ぶどうを二つともそのまま貰えるか、それとも一つは取り上げられて一つしか貰えないかが決まるというゲームだ。

どちらのゲームでもサルは平均では同じ数のぶどうを受け取る。でも、一つ目の賭けはひょっとしたら儲かるかも、二つ目の賭けはひょっとしたら損をするかも、という形《フレーム》をとっている。

オマキザルはどうしただろう?

そもそもサルはそんなに賢くないわけだから、賭け事で作戦を考えるなんて、あいつらの脳みそじゃ無理だろう、あなたはそう思うかもしれない。もしそうなら、最初にぶどうを一つ見せるほうの研究員より、二つ見せるほうの研究員を選ぶはずだ、そういう予想が成り立つ。ところが起きたことはまるっきり正反対だった！　ぶどうを二つ持ったほうの研究員はときどき一つを引っ込めることがあり、ぶどうを一つ持ったほうの研究員はときどきオマケにもう一つくれることがあるのをひとたび理解すると、サルたちはぶどう一つの研究者のほうを圧倒的に好むようになった。合理的なサルならどっちでもいいと思うはずだが、この非合理的なサルたちは心理学者が「損失回避」と呼ぶ心理にとらわれてしまっている。彼らはあたかも、ぶどう一つが転がり込むことの喜びよりも、ぶどう一つを失うことの痛みのほうが大きいかのように行動した。

さっきまではサルは人間と同じぐらい理にかなったお金の使い方をしているみたいだった。でも、この実験で、サルと人間の間には越えられない壁があるのがはっきりした。

というか、したんだよね？

実は、人間――たとえばデイ・トレーダーやなんか――を相手に同じような実験をやってみると、人間もほとんど同じような割合で同じ類の非合理的な行動をするのがわかる。オマキザルを使って得たデータを見る限り、「株式市場の投資家のほとんどは統計的にサルと見分けがつかない」とチェンは言う。

だから、人間と、ああいう脳みそが小さくて食うかヤるかばっかりのサルは、あいかわらずそっくりだ。そしてそれから、似ているっていうからにはまだ証拠がいるぞとでも言うように、実験室で強烈な事件が起きた。

あるときフェリックスがすばやく実験用の檻に入ってきた。そこまではそれまで何度もやってきたのと同じだった。でもこの日フェリックスは、なんでそんなことしたのかチェンにはぜんぜんわからなかったけれど、お盆の上に載った12枚のコインを集めてエサを買わなかった。代わりにヤツは、お盆のコインをまとめてひったくり、みんなが暮らす檻へ放り投げ、投げたコインを大急ぎで追っかけた――銀行強盗、続いて脱獄ってとこだろうか。

檻の中は大変な騒ぎになった。床にはコインが12枚、それを7匹のサルが取り合っている。チェンたち研究員が檻の中に入ってコインを集めようとしたけれど、サルたちはどうしても返してくれなかった。なにせ、コインには価値があるのをサルたちは知っているのだ。結局、人間たちはエサで釣ってコインを返してもらうはめになった。これでサルたちはもう一つ大事な教訓を学んだ：犯罪はおいしい。

大騒ぎの間に、チェンは視界の隅っこであるものを見かけた。1匹のオスザルが、コインを人間に渡してぶどうだかりんご1切れだかを貰わず、代わりに別のサルに近づいてコインを渡した。コインを貰ったのはメスだ。前にやった研究で、チェンはサルに思いやりがあるのを発見していた。サルが自分から思いやりのある行動をしたのを、このときチェンは目の当たりにしたんだろうか？

ちょっとの間、グルーミングをしてると思ったら――ジャンジャジャーンッ！――2匹はセックスを始めた。

チェンが見たのは思いやりでもなんでもなかった。彼が見たのは、おそらく科学史上初めて観測された、サルの売春だった。

　そしてそれから、サルたちがお金のなんたるかを本当にわかっていた証拠がもう一つ現れた。セックスが終わるやいなや――ほんの8秒ほどで終わった。だってほら、サルだもん――コインを受け取ったメスのサルは、すぐさまそれをチェンのところへ持ってきてぶどうを買った。

　この顛末でチェンの頭がすごい速さで回り始めた。それまで、彼ら研究者は1度に1匹だけを対象にしてお金の実験をやっていた。これは了見が狭かった。サルの暮らしに直接にお金を持ち込んだらどうなるだろう？　調べられることは無尽蔵だ。

　ああ、チェンが夢に見たサルの資本主義は、決して実現しなかった。サルの実験室を監督している偉い人たちが、オマキザルにお金を教えたら彼らの社会構造が取り返しもつかないほど損なわれるのではないかと恐れたからだ。

　たぶん彼らは正しい。

　お金を手にしてからそう経たないうちに売春を始めるんだから、彼らの世界はすぐに、サルの殺し屋やサルのテロリストに振り回され、公害をばら撒くサルが出てきて地球の温暖化に一役買い、サルのお医者は手を洗わない、なんてことになるだろう。もちろんそんなサルたちの子孫には、そういう問題を解決するのも出てくるだろう。でも、解決しないといけない問題はなくならない――たとえば、頭の固いサルもいて、どうしてもって言って聞かないのが、子どもたちは車に乗るときは必ずチャイルドシートに座らせろなんて……

謝辞

まず、ぼくたち2人共同で、この本に出てくる話をぼくたちに語ってくれた皆さんに感謝する。本文に名前が出てきた人1人当たり、だいたい他に5人から10人、いろんな形で支援してくれた人がいる。皆さん、ありがとう。それから、この本ではいろんな学者や研究者の人たちの業績に触れた。そういう皆さんにも大きな恩義を感じる。

ウィリアム・モリス・エンデヴァーのスザンヌ・グラックみたいなエージェントは他にいない。彼女に担当してもらえて、ぼくたちは本当に運がいい。彼女にはすばらしい同僚がたくさんいる。トレイシー・フィッシャー、ラファエラ・デ・アンヘリス、キャスリン・サマーヘイズ、エリン・マローン、サラ・チェグラルスキー、キャロリーネ・ドノフリオ、そしてエリック・ゾーンといった人たちだ。この人たちやWMEの他の皆さんは、これまでも今も、大きな助けになってくれている。

ウィリアム・モロウ／ハーパーコリンズのすばらしい編集者のヘンリー・フェリス、それにディー・ディー・デ・バートロは、文句のつけようもなくとてもよく働き、そのうえ陽気な人だ。他にも感謝したい人はたくさんいる。中でもブライアン・マレイ、マイケル・モリスン、リアーテ・

シュテーリク、リン・グレイディ、ピーター・ハバード、ダニー・ゴールドシュタイン、そしてフランク・オールバニーズ、それから他の会社に移った人たち、とくにジェイン・フリードマンとリサ・ギャラガーには感謝している。ペンギンUKのウィル・グッドラッドとステファン・マクグラスには、お茶と同情とその他その他をありがとうと言いたい（ペンギンUKはイギリスで子ども向けのすばらしい本も出している。ぼくたちの子孫のためにありがとう）。

『ニューヨーク・タイムズ』は、紙面とぼくたちのブログで、この本用のアイディアをためしに旗竿に掲げて、みんながなんて言うか様子を伺う、なんてことをやらせてくれた。ジェリー・マルツォラティ、ポール・タフ、アーロン・レティカ、アンディ・ローゼンタール、デイヴィッド・シップレイ、サーシャ・コレン、ジェイソン・クラインマン、ブライアン・アーンスト、そしてジェレミー・ツィラーにはとくに感謝している。

ナンバー・セブンティーンの女の人たちへ：おもしろい！　まだまだこれからだからね。

ハリー・ウォーカー・エージェンシーは、今まで想像したこともなかったぐらいすごい人たちにたくさん会わせてくれた。それに、あそこの人たちと仕事をするのはとても楽しい。ドン・ウォーカー、ベス・ガルガノ、シンシア・ライス、キム・ニズベット、ミリャーナ・ノヴコヴィッチ、他のみんなも、ありがとう。

リンダ・ジンスは今回も、名前の付け方に関しちゃ彼女の右に出る人はいないのを証明してくれた。

そして、わざわざ時間をとってまで、巧妙なアイディアにうっとりするようなアイディア、怪しいアイディアにムカつくアイディアを送ってぼくたちをけしかけてくれた読者の皆さんには、特別に感謝しています。ありがとう。

それぞれの謝辞

論文の共著者や同僚たち、それからぼくのために時間を使い、経済学と人生について今ぼくが知っていることをぼくに教えてくれたすべての人たちに、心から感謝している。彼らのすばらしい考えがこの本には詰まっている。妻のジャネットと4人の子どもたち、アマンダ、オリヴィア、ニコラス、ソフィのおかげで毎日が楽しい。アンドリューが生きていたらと心から思っているけれど。両親にも感謝している。2人は、人と違っていていいんだよって教えてくれた。そして誰よりも、親友で共著者のスティーヴン・ダブナーに感謝したい。彼はすばらしい物書きにして創造の天才だ。

S. D. L.

スティール・ヴェンカテッシュ、アリー、クレイグ・フィーエド、イアン・ホースレイ、ジョー・デ・メイJr.、ジョン・リスト、ネイサン・ミアヴォルド、それにローウェル・ウッドみたいな人たちのことを考えると、物書きになって本当によかったと毎日思わずにはいられない。彼らは洞察や驚きがいっぱいで、そういうのを教わるのはとても楽しい。スティーヴ・レヴィットは一緒に働く相手として最高で、しかもすばらしい経済学の先生でもある。レーナ・タンティストーン、レーチェル・フェルシライザー、ニコール・トゥルトゥロー、ダニエル・ホルツは調査助手としてすばらしい能力を発揮してくれた。とくにライアン・ヘイゲンはこの本のために優れた仕事をしてくれたし、いつか自分でもすばらしい本を書くことだろう。ぼくの非凡な妻、エレンと最高の授かり物、その名もソロモンとアニヤへ：おまえらみんな死ぬほどイカしてるぜ。

S. J. D.

訳者あとがき

のっけから大成功したオタクたちのその後

どの業界にも言えることなんだろうが、一発目で大成功を収めると二発目というのは難しい。最初は何も期待されてないところからスタートなんで、何をやっても許されるところがあるけど、初手の勢いで華々しく盛り上がったところで当然のごとくハードルは上がり、世間はとんでもないことを期待する。対する作り手のほうは、一発目の成功でそれまでやれなかったことに手が届くようになり、二発目に向けていろいろやっているうちにだんだんやりたいことが固まってきて、うまくいくと二発目か三発目あたりではテーマも収束し、出たとこ勝負で何でもありの一発目よりもタイトに研ぎ澄まされた「作品」ができ上がったりする。ただ、それを世間が一発目と同じ、あるいはそれ以上に評価してくれるかというと、それはまた別の問題だったりもする。ぼくの中学時代のアイドル、パティ・スミスなんかがそう。『超ヤバい経済学』も、一作目の『ヤバい経済学』より「社会問題」に首を突っ込み、テーマや問題意識がもっとはっきり出ている。たぶんそのせいもあって、『ヤバい経済学』よりも叩かれることが多くなり、そしてたぶん、ぼくも含めた読者がやるべきことも、もっとはっきりしている：まずは読め。話はそれからだ。

Freakonomics が発売された直後から大騒ぎを巻き起こしたのは2005年（日本語版の『ヤバい経済学』は2006年）であり、それを受けてミクロ経済学を日常に持ち込む本が相次いで出た。本家（？）のスティーヴン・ダブナーとスティーヴン・レヴィットは、本のウェブサイトをニューヨーク・タイムズに譲渡し、最近では2人以外の人たち（イアン・エアーズ、ダニエル・ハマーメッシュ、スディール・ヴェンカテッシュなど）も準レギュラーとして盛んに書き込んでいる。2010年春には映画 *Freakonomics: The Movie* がトライベッカ・フィルム・フェスティバルでトリを務めた。この映画はオムニバスのドキュメンタリーの形式で、5つの題材を5組のチームがそれぞれ取り上げている。「高校生にワイロを払えば成績は上がるか」など、『ヤバい経済学』にはなかった題材も含まれている（みたいだ。ぼくもまだ見てないんで）。これは（おそらく）『ヤバい経済学』のヒーローの一人、ローランド・フライヤーの仕事に基づいている。もちろんダブナーとレヴィットも登場する。配給はマグノリア・ピクチャーズで、この日本語版が世に出るころには公開されているはずだ。

続編を書く、タイトルは *Superfreakonomics* だとダブナーが発表したのは2007年4月だった。本文にも出てくるように、その後いくらかの紆余曲折があり、最終的に発売されたのは2009年の10月だった。『ヤバい経済学』のときは発売直後からだったが、今回は発売前から喧々諤々の大騒ぎが起きている。そのあたりの話は後ほど。とりあえず中身に入る前に、『超ヤバい経済学』を手にした誰もが思ったのは「レヴィット君ってこんなにスポーティでハンサムでパワフルな人だったっけ」ってことじゃなかっただろうか。『ヤバい経済学』に載った写真で、櫛とか使ってなさそうな髪形でオタクな感じのはにかんだ笑みを浮かべてたレヴィットが、『超ヤバい経済学』のカバーでは、日に焼けて髪の毛もやや整えた顔に、パワーとアグレッシヴさをうっすら漂わせた笑みを浮かべている。大ベストセラーの力とはオタクをパワフルで鋭敏な男に変えてしまうほど強力なものなのかもしれない。

ぼくはネタバレの話をするのは嫌だし、とくに「邪拳」の「種明かしは一回きり」だと誰かも言っていた。だから『ヤバい経済学』のときと同じように、できるだけ本書には出てこないネタを書く。

2010年2月にラジオ版ヤバい経済学（Freakonomics Radio）の配信がポッドキャストで始まった。これは大まかに、ヤバい経済学ブログみたいな小ネタを音声でやろうという試みである。現在（2010年8月）まで配信は11回を数えている。3月24日分のタイトルは「経済学者が権力を握ったらこの世はどうなる?」だった。アドレスは http://freakonomics.blogs.nytimes.com/2010/03/24/freakonomics-radio-what-would-the-world-look-like-if-economists-were-in-charge/。中身はこんな感じ。レヴィットの「経済学者ってのはだいたい、研究室に座って『誰もオレに耳を貸しやがらねぇ』なんてぶつぶつ言ってるもんだ」というコメントに端を発して、こんな疑問を検討する。経済学者は政治や利害やなんかを一切合財無視してデータに頼って客観的な判断とそれに基づく最適な政策をひねり出せるらしい。それなら彼らに政権を与えたらどうなるだろう？　ミルトン・フリードマンの『選択の自由』を真に受けたエストニアの人が同国の首相になり、税率の一本化やなんかの政策をやろうとした顛末

（マーガレット・サッチャーにフリードマンの言う通りやろうと思いますと言って「きみ勇気あるわねえ、若いよ」なんて言われている）などに続いて、第1章のヒロインであるアリーが登場する。本文を読んで、たぶん誰もがアリーってどんな人だろうと頭に思い描いたんじゃないかと思う。ポッドキャストの彼女は柔らかい声、ちょっと南部なまりでモタり気味に話す。髪の色や出身も合わせると、まさしくブロンド・ジョークを聞いたぼくたち野郎どもが思い描いて笑いながらも萌え、一方女の人たちが「あーあー、このタイプねぇ」と言って、なんでなんだかぼくにはわからないけどこめかみに#マークを作る、まさしくあのタイプの喋り方である。さらに、彼女はヤバい経済学ブログにも登場して、読者の皆さんからの質問に答えている（たとえば「お客さんを好きになってしまったことがありますか？」という質問に対する答えは「うん」だそうです、皆さん）。顔は隠してあるけれど、ステキなお身体（ちゃんと下着を着けてる）の写真もブログで見ることができる。アドレスは次の通り。http://freakonomics.blogs.nytimes.com/2010/02/10/superfreakonomics-book-club-allie-the-escort-answers-your-questions/。この声、このお身体で「前から壊れてたのよ、直してなくてごめんね」だの「ちょっとだけ許しちゃうほうかな」だの言われてみろ。オレなんざそれだけでおかわり3杯は楽勝でいける。

『ヤバい経済学』に続いて本書にも登場するスディール・ヴェンカテッシュは、２００８年に*Gang Leader For A Day*というタイトルで、『ヤバい経済学』が取り上げた研究の回想を出している（ナマの宣伝：日本語版は２００９年に『ヤバい社会学』というタイトルで出ています）。また、パラマウントがこの本の映画化権を取得している。ヴェンカテッシュはシカゴだけでなく、勤め先のコロンビア大学があるニューヨークでも売春の調査を行っていて、１９９０年代にニューヨークで行われた街の浄化は、街から売春を一掃したのではなく通りから売春婦を追い払っただけであり、売春の客引きはインターネットやバーなどで行われる、より「屋内」の営みになったという興味深い調査結果を報告している。加えて、彼は数本のドキュメンタリー映画を制作し、現在もいくつかを撮影中である。

終章に登場するキース・チェンの研究は、２００５年から２００８年に『ニューヨーク・タイムズ・マガジン』に連載されていた「ヤバい経済学コラム」の第1回が取り上げている。イェールの彼のサイトへいくと、サルが実験で協力し合う様子が見られる。アドレスは次の通り。

http://www.som.yale.edu/faculty/keith.chen/datafilm.htm。

選好を中心とした実験系のミクロ経済学・行動経済学がチェンの専門である。たとえば、イソップの有名な「ちっ。あの葡萄はすっぱいに違いない」というキツネの心理を、社会心理学で認知的不協和という。この心理は実験で何度も確認され、現在では行動経済学（というか行動ファイナンス）でも盛んに使われている。確認に使われる実験は大まかにこんな感じ。被験者にいろんな色のM&Mのチョコレートを見せて、好みに合わせて、1、2、3、4、5のスコアをつけさせる。被験者が同じスコア（たとえば4点）をつけた色を3個（たとえば赤、青、緑）取り出し、そのうち2個をランダムに選んで（赤と青だったとする）、どちらが好きか選ばせる（赤だったとする）。さらに、被験者が選ばなかったほうの色（青）と、残りの色の2個（青と緑ということになる）を被験者に見せて、どちらが好きか、再度選ばせる。やってみると、半分を大きく上回る人が緑を選ぶという。同じスコア

（4点）でも、より細かいスケールで見ると3つの間には差がある可能性が高い。たくさんの中から同じスコアをつけられた3個の間で、どれがどれより好きかは、多数の被験者を集計してみればランダムに近いはずだ。だから半分を超える人が1回目に選ばなかった色（青）を2回目にも選ばなかったということは、人は、本当は緑より青のほうが好きな場合でも、1回目の選択で（赤と比べて）青を選ばなかったという事実にとらわれてしまい、緑と比べた場合にも、青を選ぶのを躊躇してしまうということだ。したがって人の選好には合理的でないところがある、合理的経済人はやっぱり間違っている、というのが従来の結論だった。

キース・チェンは2008年に発表した論文で、研究者たちは実験結果の解釈を根本的に間違っている、彼らはモンティ・ホール問題に間違った答えを出していると主張した。モンティ・ホール問題は確率論の有名な例題で、大まかに言えば「それぞれ3分の1ずつの確率であたりであるくじを引く。プレイヤーはまず選択肢3個のうちから1個を選ぶ。それから、くじの主催者側が出てきて、残った2個のくじのうち、はずれである1個を取り除く。くじを開ける前に、プレイヤーは最初に選んだくじを、残った1個のくじと変えてもよいと言われる。さて、変えたほうがいいか、変えないほうがいいか？」という問題であり、一見どちらでも当たりの確率は同じ2分の1であるように見えるが、実は最初に選んだくじが当たりである確率は3分の1、最後に残ったくじが当たりである確率は3分の2になる。これは（ポール・エルデシュみたいな天才も含めて）数学者でも（少なくとも最初は）間違えがちなぐらい直感に反した難しい問題だが、最初の選択肢を100個にして、2回目の選択の前に98個を取り除く、という形にすると少しは実感しやすい。変えなかったときの当たりの確率は

100分の1、変えたときの当たりの確率は100分の99になる。もっと厳密な証明がほしければベイズの定理で考えてみてください。

モンティ・ホール問題を認知的不協和の実験に当てはめると、青と緑のどちらが好きかが不確実な場合、67%以上の人が緑を選ばないと認知的不協和が検出されたとは言えない。さて、チェンが人間の子どもとオマキザルで実験を行ったところ、子どもは63%、オマキザルは60%の割合で（ここの例でいえば）緑のM&Mを選んだ。

Superfreakonomics の発売直前、大騒動が巻き起こったのは、アマゾンのなか見！　検索で第5章を見た人たちが「事実と違う」とか「他人の論文や発言を文脈を無視して引用している」とかと批判を始めたためだった。たとえばClimate Progressブログのジョー・ロムは気候科学のデータの扱いやケン・カルデイラの発言を引用した部分、ポール・クルーグマンはマーティン・ワイツマンの論文に言及した部分を強く批判している。ダブナーとレヴィットもそうした批判に反論を繰り返した。アメリカ向けのアマゾン・ドットコムで本書のレビューを見ると、「不買運動を起こそうぜ！」なんて書き込みまであったりする。最終的に、ケン・カルデイラからの提案を受けて、次の版では1カ所原文を変更するとの発表がなされた。この日本語版ではその変更を反映した。具体的には234ページの次のくだりである。

日本語版：でも、戦うべき敵は二酸化炭素ではないかもしれない。

原書初版：でも、カルデイラの研究によると、戦うべき敵は二酸化炭素ではない。

その後、カルデイラは自分のウェブサイトのトップで「戦うべき敵は二酸化炭素です！」と宣言し、『超ヤバい経済学』に書かれた自分の発言の一部は「文脈に沿わない引用のされ方をしている」と述べているが、同時に「著者たちに悪意はない」、「変更を提案した部分以外では、『超ヤバい経済学』に出てくる自分の発言に事実と違っていたり間違っていたりする部分はない。同じ事実に基づいていても、彼らと自分では結論が違っていていいし、自分の考えはミアヴォルドやウッドとも大きく違っている」とも言っている。また、ジョー・ロムに著者たちと共に批判されたミアヴォルドは、ヤバい経済学ブログへの投稿で、自分と著者たちを擁護し、反論を行っている。そんな激論のさなかの2009年11月にいわゆるクリメイトゲイトが起き、イースト・アングリア大学の気候研究班のメールや文書をハッカーが入手、内容が一見、気候変動研究者が論文用のデータを操作しているかのように見えたため、あちこちで激論が交わされた。第三者による調査の結果、気候科学者たちはやましいことなどしていないのが明らかになったが、その一方で、気候科学にも業界内政治が横行しているのが垣間見えた。

このあとがきを書くために、前述の批判や反論、その他さまざまなウェブサイトを見て回り、改めて第5章を読んでみたが、ぼくが受けた印象は「単なる語り口の問題じゃないの?」だった。『ヤバい経済学』でもこの『超ヤバい経済学』でも、ダブナーとレヴィットは一貫してこんなふうに話を進めていく。まず何かの問題を取り上げ、その問題の解釈や解決について、いくつかの立場があることを示し、それぞれの立場やそこに立つ人の主張を、一部は引用で、一部は地の文で説明する。ここでは、それがたくさんある中の立場の一つにすぎないことは、意図的にあまり強調しない。むしろ、それ以外に答えはない、という書き方をする。そのうえで、データや事実を使ってその立場の出した結論をひっくり返してみせる。そんな語り口に振り回されてしまった人が多いんじゃないか？ あとは……温暖化問題に意識的な人たち（の一部）を茶化しているところ？ 前述のクルーグマンも、「どっかの国の国技が八百長だみたいな話と違って地球の温暖化は真剣な問題だ！」と書いていた。筒井康隆さんの『ベトナム観光公社』が（たしか直木賞のときの選評で）「世の中には茶化してはいけないものがある」と批判されたのを思い出した。そりゃつっこむところを間違ってるって気がする。ま、ぼくが追認バイアスに陥っている可能性も十分にあるけど。

では本書が読者を振り回した挙句にたどり着く、温暖化に関する結論は、第5章で引き合いに出される論文や研究者たちとどれぐらい違っているんだろう？ そういう疑問にレヴィットが2009年10月29日のエントリ「超ヤバい経済学地球温暖化クイズ」で答えている。これは、本書の第5章を書くにあたってダブナーとレヴィットが立てた疑問を「地球温暖化の科学」、「経済学」、および「テクノロジー」の三つに分類したものだ。彼らの仕事の仕方が垣間見られるのと、たくさんの人が混乱した（とぼくは思う）章なんで、頭の整理にお役に立つかもしれないと思い、ここに書いておく。読んでいて話が見えなくなったりこいつらの言ってることはおかしいと思ったら、見てみてください。では、次の各問に「ウソ」、「本当」で答えてください。

地球温暖化の科学クイズ

1　過去１００年で地球は大幅に温暖化した。

2　ぼくたちがいますぐ二酸化炭素の排出量を永久に今の水準で安定化させたとしても、あるいは、排出量を大幅に削減したとしても、気候モデルの予測によれば、地球は今後何十年も温暖化を続ける。

3　1991年にピナトゥボ山が噴火したとき、亜硫酸ガスが成層圏に何百万トンも噴き上げられた。科学者たちは、噴火の煙で太陽光の一部が反射され、その結果、地球の気温は一時的に低下した。

4　成層圏に噴き上げられた亜硫酸ガスの半減期は比較的短く（1年のオーダー）、ピナトゥボ山の噴火が起こした寒冷化の効果は数年のうちに消えた。

5　暗い色の表面は明るい色の表面よりも太陽光を吸収しやすい。だから、他の条件が同じなら、表面が明るい色のほうが温暖化効果は小さい。そのほうが太陽光を反射して宇宙に戻しやすいからである。

6　雲の色は白や灰色であり、海の色は青い。だから海より雲のほうが色は明るい。

気候科学者の誰に聞いても、クイズの答えは6問ともｙｅｓだと言うだろう。

地球温暖化の経済学クイズ

1　地球の温暖化が世界の崩壊を招いたら、それはとても悪いことだ。

2　将来、激変が起きるかどうかはとても不確実だが、それでもなお、激変を避ける方法を開発するべく、今のうちに投資をしておくのがいい。

3　経済学者たちは、二酸化炭素の排出量を減らすためのコストを年1兆ドル以上と見積もっている。

これらについても、答えはいずれもｙｅｓだろうとレヴィットは言っている。

地球温暖化のテクノロジー・クイズ

1　地球を冷やすのに十分なだけの亜硫酸ガスを継続して成層圏にばら撒けるテクノロジーが存在する。このテクノロジーを実装するためのコストは数億ドルである。

2　太陽光発電でうごく船で海水を大気中に散布し、それを雲粒として海上を覆う雲を増やすテクノロジーが存在する。このテクノロジーを実装するためのコストは数億ドルである。

これらについても、やはり答えはいずれもｙｅｓである。

こうした疑問に基づき、レヴィットとダブナーが立てた第5章のメイン・テーマはこうだった：地球を大急ぎで冷やさないといけないとしたら、一番いい方法はなんだろう？　それじゃ、彼らを批判している人たちが追究している疑問は？　そんな検討の後にレヴィットがこのエントリで書いている結論はこうだった。「ぼくたちと、ぼくたちを批判する人たちでは、考えている問題が違う」。

もちろん、大急ぎで冷やすとよくないことだって起きる。海洋酸性化はその一つだが、それについてはこんなことも言える（望月のオリジナルではなく、最近読んだ本に書いてあったことだ。諸般の事情で本のタイトルは書かないけど）。ぼくたちは何らかの形で地球を汚染せざるを得ないとする。

さまざまな汚染物質があり、そのどれが一番ひどい結果を招くか、あるいは招く可能性があるか、さらに、最悪の場合どれぐらいひどいことになるか、いずれも不確実である。このとき、たとえば汚染物質は10種類であるとして

作戦1：汚染物質のどれか一つを選んでばら撒く。

作戦2：すべての汚染物質を作戦1の10分の1にあたる分量ずつ、全部ばら撒く。

シナジーは働かず、各汚染物質の害は規模に対して逓増的だと仮定すると、作戦2に期待される結果は（大ざっぱに言えば）最悪でも作戦1に期待される結果と同程度（どの汚染物質も同じぐらいひどい結果を招く場合）、うまくいけばばら撒く前とほとんど変わらない状態にならないか？ もちろん一番いいのは、汚染なんかしないことであるのも間違いないんだけど。

ダブナーはブログで、こうした騒動について「そうそう、これがやりたかったんだよ。序章で書いたみたいに、ぼくたちは話を始めようとしてるんで、話を締めくくろうとしてるんじゃないんだから」と言っている。だから、読者の皆さんも、読んだうえで、地球の温暖化問題（も、他の問題も）に対するこの本の答えを検討してくれたらとてもいいと思う。仮に、この本の考えに真っ向から対立し、徹底的な批判をどこかでやるにしても。それが著者たちの思い描いたことだから。

こういう、題材があちこちに飛び、その多くが日常の話の本だと、ぼくではギャグや文脈や適切な訳語がわからないことがある。そういうときに頼りになる人たちがいるのはとても幸せなことだ。最後にそんな皆さんにお礼を申し上げる。翻訳をやっていて一番よく行き当たる問題は、人の名前をど

うカタカナで表現するか、である。英語系の名前だと、ぼくでもある程度、だいたいこう読むんだろうという勘が働くものの、他の言語の名前だとイマイチである。河津知明さんや望月敬三さんは、そういうときにはとくに頼りになる人たちだ。その点では、尾崎暢子さんも本人の気づかないところで手助けしてくれている。宝田めぐみさんは翻訳原稿を読んで、アメリカの日常の文脈で理解するべき部分を指摘してくれ、また、より適切な表現を提案してくれた。鈴木桂さんは、初期の完成度の低い原稿を読んでダメ出しをしてくれた。柳町麻子さんは、図書館その他で本書に登場する経済学を中心とする専門用語の定義や訳語を調べてくれた。菊地茜さんはいくつかの概念や行為について「最近の若い人」はどう表現するかを説明してくれたうえ、適切な訳語を提案してくれた。東洋経済新報社の編集者で本書を担当してくださった矢作知子さんは、ぼくが最後まで困った訳語を、社内のあちこちで聞いて回ってくれた。ありがとう矢作さん、御社のオヤジさんたちや若い男の子たちに「援交してる女の子を見下して言うときになんて呼びますか」って聞いて回ってくれて。矢作さんが「セクハラ！」って言われなくて本当によかった。ぼくなんか怖くて怖くてとても職場の人たちに聞けなかったけど。この本が完成にたどり着けたのは、ひとえに皆さんのおかげです。いつもありがとう。それにもかかわらず、この訳書に間違いや不適切な表現があったら、それはこうした皆さんのせいでも、もちろんダブナーとレヴィットのせいでもなく、ぼくの責任である。

２０１０年８月

望月　衛

訳者紹介

大和投資信託審査部．京都大学経済学部卒業，コロンビア大学ビジネススクール修了．CFA，CIIA．投資信託などのリスク管理や金融商品の評価・分析に従事．訳書に，『ヤバい社会学』（東洋経済新報社），『ブラック・スワン』（ダイヤモンド社），『富・戦争・叡知』（日本経済新聞出版社）などがある．

超ヤバい経済学

2010年10月6日　発行

訳　者　望《もち》月《づき》　衛《まもる》
発行者　柴生田晴四

〒103-8345
発行所　東京都中央区日本橋本石町1-2-1　東洋経済新報社
電話　東洋経済コールセンター03(5605)7021　振替00130-5-6518

印刷・製本　丸井工文社

Printed in Japan　ISBN 978-4-492-31406-7　http://www.toyokeizai.net/

索引 Index

カ行

サ行

タ行

ナ行

ハ行

マ行

ヤ行

ラ行

ワ行

付注　Notes

説明のためのノート

▶p.iii
訳注 「文字通りの意味だと思った読者もいて」：すみません、訳者もその１人です。つまり、元は「あらゆるものの裏側」云々である原書のサブタイトルを、ヘタに気を利かせて「世の裏側」にしてしまったのは望月衛です。この部分、原書ではサブタイトルが二つ目のウソだと言っているのですが、「世の裏側」じゃウソにはなりません。幸い、序章のタイトルはそのままに「あらゆるものの裏側」にしてたので、この訳書ではそちらが二つ目のウソだという内容に変更しました。

序章　経済学が「ヤバい」とは

▶p.1–4
千鳥足は危ない：千鳥足の相対的な危険性に注意しろと教えてくれたのは才気あふれる経済学者のケヴィン・マーフィである。**酔っ払い運転の危険性の背景**についてはSteven D. Levitt and Jack Porter, "How Dangerous Are Drinking Drivers?" *Journal of Political Economy* 109, no. 6 (2001)を参照。/ **▶p.2** 面倒なばかりの中央政府の役人組織を作っておいて何のいいことがあるかっていうと、何百もの役所に何万人もの人を雇って限りなく統計データを集めさせ、整理整頓させられるってことだ。道路交通安全局（NHTSA）はそういう役所の一つで、交通安全に関する決定的で価値あるデータを提供している。**距離で測った酔っ払い運転の割合**については"Impaired Driving in the United States," NHTSA, 2006を参照。/ **▶p.3 千鳥足の死**については "Pedestrian Roadway Fatalities," NHTSA, DOT HS 809 456, April 2003を見よ。/ **▶p.3 酔っ払い運転の死**については "Traffic Safety Facts 2006," NHTSA, DOT HS 810 801, March 2008を参照。/ **▶p.3「田舎道のど真ん中で寝てしまったりする」**：William E. Schmidt, "A Rural Phenomenon: Lying-in-the-Road Deaths," *The New York Times*, June 30, 1986./ **▶p.3** ここでも本書の他の箇所でも、**アメリカにおける運転が可能な年齢の人口**、人口の統計やその他の特性については、

多くがアメリカ国勢調査局のデータに基づいている。/ **▶p.4「友だちだったら友だちを……」**：まったくの偶然で、ぼくたちは最近、この標語の本家本元、「友だちだったら友だちに酔っ払い運転なんかさせない」を作った人の１人に出会った。彼女の名前はスーザン・ワーシュバ・ゼリンという。1980年代の初め、彼女はリーバー・カッツ・パートナーズというニューヨークの広告会社に勤めていた。彼女のお客にアメリカ運輸省がいて、酔っ払い運転撲滅キャンペーンを担当することになった。この仕事は無料奉仕だった。「大事なことを相談するときのお客側の窓口は運輸長官のエリザベス・ドールだった」と彼女は回想する。「友だちだったら友だちに酔っ払い運転なんかさせない」は、最初キャンペーン内部向けの戦略的要領だったのだが、とても頭に残りやすいので、キャンペーンの標語に採用された。

▶p.4–10

インドの女の人を救うありえないもの：この節はRobert Jensen and Emily Oster, "The Power of TV: Cable Television and Women's Status in India," *Quarterly Journal of Economics*, forthcomingから多くを引用している。**インドの生活水準**についてより詳しくはthe United Nations Human Development Report for India; "National Family Health Survey (NFHS-3), 2005-06, India," The International Institute for Population Sciences and Macro Intl.; および "India Corruption Study 2005," Center for Media Studies, Transparency International, Indiaを参照。/ **▶p.4 インドでは女の子が望まれていないこと**、および性別を特定して女の子だったら中絶するために超音波診断装置が使われていることについてはNFHS-3 report; Peter Wonacott, "India's Skewed Sex Ratio Puts GE Sales in Spotlight," *The Wall Street Journal*, April 19, 2007; およびNeil Samson Katz and Marisa Sherry, "India: The Missing Girls," *Frontline*, April 26, 2007を参照。/ **▶p.5 インドでは持参金の風習が現在も続けられている**点についてはSiwan Anderson, "Why Dowry Payments Declined with Modernization in Europe but Are Rising in India," *Journal of Political Economy* 111, no. 2 (April 2003); Sharda Srinivasan and Arjun S. Bedi, "Domestic Violence and Dowry: Evidence from a South Indian Village," *World Development* 35, no. 5 (2007); およびAmelia Gentleman, "Indian Brides Pay a High Price," *The International Herald Tribune*, October 22, 2006を見よ。/ **▶p.5 スマイル・トレインの話**は著者によるスマイル・トレインのブライアン・マラニーのインタビューに基づく。Stephen J. Dubner and Steven D. Levitt, "Bottom-Line Philanthropy," *The New York Times Magazine*, March 9, 2008も参照。/ **▶p.5 インドの「喪われた女性たち」**について、より詳しくはAmartya Sen, "More Than 100 Million Women Are Missing," *The New York Review of Books*, December 20, 1990; Stephan Klasen and Claudia Wink, "Missing Women: Revisiting the Debate," *Feminist Economics*, Issue 2-3, Vol. 9, 2003. およびSwami Agnivesh, Rama Mani,

and Angelika Koster-Lossack, "Missing: 50 Million Indian Girls," *The New York Times*, November 25, 2005を見よ。加えて、Stephen J. Dubner and Steven D. Levitt, "The Search for 100 Million Missing Women," *Slate*, May 24, 2005も参照。この記事は、エミリー・オスターが発見した喪われた女性たちとB型肝炎の関係について述べている。さらにSteven D. Levitt, "An Academic Does the Right Thing," Freakonomics blog, *The New York Times*, May 22, 2008も参照。こちらは、オスターの肝炎に関する結論が間違っていたと報告している。/ **▶p.6 中国における男児崇拝**：Therese Hesketh and Zhu Wei Xing, "Abnormal Sex Ratios in Human Populations: Causes and Consequences," *Proceedings of the National Academy of Sciences*, September 5 , 2006; およびSharon LaFraniere, "Chinese Bias for Baby Boys Creates a Gap of 32 Million," *The New York Times*, April 10, 2009を参照。/ **▶p.6 花嫁を焼き殺す、妻を殴る等の家庭内暴力**についてはVirendra Kumar, Sarita Kanth, "Bride Burning," *The Lancet* 364, supp. 1 (December 18, 2004); B. R. Sharma, "Social Etiology of Violence Against Women in India," *Social Science Journal* 42, no. 3 (2005); "India HIV and AIDS Statistics," AVERT, www.avert.org/indiaaids.htmで閲覧可能; およびKounteya Sinha, "Many Women Justify Wife Beating," *The Times of India*, October 12, 2007を参照。/ **▶p.6「コンドームはインド向けに最適化されてはいない」**：Rohit Sharma, "Project Launched in India to Measure Size of Men's Penises," *British Medical Journal*, October 13, 2001; Damian Grammaticus, "Condoms 'Too Big' for Indian Men," *BBC News*, December 8, 2006; およびMadhavi Rajadhyaksha, "Indian Men Don't Measure Up," *The Times of India*, December 8, 2006./ **▶p.7「私の娘、私の宝」**はFahmida Jabeen and Ravi Karkara, "Government Support to Parenting in Bangladesh and India," Save the Children, December 2005が描いている。

▶p.10–15

馬のウンコに溺れる：Joel Tarr and Clay McShane, "The Centrality of the Horse to the Nineteenth-Century American City," *The Making of Urban America*, ed. Raymond Mohl (Rowman & Littlefield, 1997) に所収; Eric Morris, "From Horse Power to Horsepower," *Access*, no. 30, Spring 2007; およびAnn Norton Greene, *Horses at Work: Harnessing Power in Industrial America* (Harvard University Press, 2008)を参照。加えて、著者によるモリス、マクシェイン、およびコロンビア大学でロナルド・H・ラウターシュタイン寄付医療社会科学講座担当教授を務めるデイヴィッド・ロスナーのインタビューにも基づく。/ **▶p.14 気候変動は「私たちの知っている地球を実質的に破壊する」**：Martin Weitzman, "On Modeling and Interpreting the Economics of Catastrophic Climate Change," *The Review of Economics and Statistics* 91, no. 1 (February 2009). / **▶p.14　訳注 ヨーゼフ・シュ**

ンペーター：オーストリア生まれの経済学者。ハーヴァード大学教授時代の弟子筋にはポール・サミュエルソン、都留重人などがいる。資本主義の原動力としての創造的破壊という概念で、（経済学業界よりも）実業界やマスコミ業界での評価が高い。／ **▶p.15 馬のウンコ強奪事件**については『ボストン・グローブ』でケイ・ラザーが2度にわたって記事にしている。“It's Not a Dung Deal,” June 26, 2005; および“Economics Professor Set to Pay for Manure,” August 2, 2005. **▶訳注**：ワイツマン教授が何のためにウンコを盗んでいたかというと……普通に花壇の肥料だそうな。

▶p.15–18

「ヤバい経済学」って、何？：ヤバい経済学者の始祖、ゲイリー・ベッカーは、本、論文、記事を多数書いており、幅広く一般の人が読める内容だ。例として、*The Economic Approach to Human Behavior, A Treatise on the Human Family, and Human Capital*がある。また、彼のノーベル賞受賞講演、“The Economic Way of Looking at Life,” Nobel Lecture, University of Chicago, December 9, 1992; および *The Nobel Prizes/Les Prix Nobel 1992: Nobel Prizes, Presentations, Biographies, and Lectures*, ed. Tore Frängsmyr (The Nobel Foundation, 1993)も参照。／ **▶p.17 「この本でぼくたちがやろうとしているのは、そんな正しい疑問を立てることだ」**：高名な統計学者のジョン・テューキーはかつてこう言ったと言われている。「正しい疑問に大ざっぱな答えを出すほうが、間違った疑問に厳密な答えを出すよりもずっといい」。／ **▶p.17 おっぱい1つと金玉1個**：こんなことを思いつく未来学者のワッツ・ワッカーに脱帽。

▶p.18–20

サメの襲撃騒動：『タイム』誌の特集記事は2001年7月30日号に掲載されている。その中のTimothy Roche, “Saving Jessie Arbogast.” を参照。／ **▶p.19 サメの襲撃に関する統計**のもっとも信頼できる出所は、フロリダ大学のフロリダ自然史博物館が蓄積したThe International Shark Attack Fileである。／ **▶p.19 ゾウの襲撃による死**：*People and Wildlife, Conflict or Co-existence*, ed. Rosie Woodroffe, Simon Thirgood, and Alan Rabinowitz (Cambridge University Press, 2005). ゾウによる人間の襲撃について、より詳しくはCharles Siebert, “An Elephant Crackup?” *The New York Times Magazine*, October 8, 2006を参照。／**▶p.20 訳注 ジョーズ**：スティーヴン・スピルバーグの名を広めた1975年の映画。バカでかい人食い鮫が人を次々と食い殺すスリラー。

▶p.21

訳注 フランクリン・デラノ・ルーズベルト：歴史上で唯一、アメリカ大統領を４期務めた人。1945年4月12日、4期目の途中、第二次世界大戦の勝利を目前に、脳卒中で死亡。

第1章　立ちんぼやってる売春婦、デパートのサンタとどうしておんなじ？

▶p.23–24

ラシーナをご紹介します：彼女はスディール・ヴェンカテッシュの実地調査に参加したたくさんの売春婦の1人である。詳しい説明はこの章で後に行う。また、Steven D. Levitt and Sudhir Alladi Venkatesh, "An Empirical Analysis of Street-Level Prostitution," working paperでも詳しく説明されている。

▶p.24–25

女はつらいよ：歴史的な平均寿命についてはVern Bullough and Cameron Campbell, "Female Longevity and Diet in the Middle Ages," *Speculum* 55, no. 2 (April 1980)を参照。/ **▶p.24 魔女として殺される**：Emily Oster, "Witchcraft, Weather and Economic Growth in Renaissance Europe," *Journal of Economic Perspectives* 18, no. 1 (Winter 2004). / **▶p.24 胸にアイロン**：Randy Joe Sa'ah, "Cameroon Girls Battle 'Breast Ironing,'" *BBC News*, June 23, 2006. カメルーンでは26%もの女の子が、年頃が近づくと、だいたいは母親の手でこの処置を施される。/ **▶p.25 中国の女性の窮状**：アメリカ国務省の "2007 Country Reports on Human Rights Practices" を見よ。; 纏足が長期的に与える影響についてはSteven Cummings, Xu Ling, and Katie Stone, "Consequences of Foot Binding Among Older Women in Beijing, China," *American Journal of Public Health* 87, no. 10 (1997)を参照。

▶p.25–27

劇的に改善した女の一生：高等教育を受ける女性が増えている点はアメリカ教育省の教育統計センターが発行した次の報告書2本から導出した。*120 Years of American Education: A Statistical Portrait* (1993); および*Postsecondary Institutions in the United States: Fall 2007, Degrees and Other Awards Conferred: 2006 - 07, and 12-Month Enrollment: 2006–07* (2008). / **▶p.25 アイヴィ・リーグの女性でも稼ぎで男に負けている**：Claudia Goldin and Lawrence F. Katz, "Transitions: Career and Family Lifecycles of the Educational Elite," *AEA Papers and Proceedings*, May 2008. / **▶p.26 太った女性は給料が安い**：Dalton Conley and Rebecca Glauber, "Gender, Body Mass and Economic Status," National Bureau of Economics Research working paper, May 2005. / **▶p.26 歯並びの悪い女性**：Sherry Glied and Matthew Neidell, "The Economic Value of Teeth," NBER working paper, March 2008. / **▶p.26 生理の価格**：Andrea Ichino and Enrico Moretti, "Biological Gender Differences, Absenteeism and the Earnings Gap," *American Economic Journal: Applied Economics* 1, no. 1 (2009). / **▶p.26 タイトル**

IXが女の人向けに雇用を創出し、男がそれをさらっていく：Betsey Stevenson, "Beyond the Classroom: Using Title IX to Measure the Return to High School Sports," The Wharton School, University of Pennsylvania, June 2008; Linda Jean Carpenter and R. Vivian Acosta, "Women in Intercollegiate Sport: A Longitudinal, National Study Twenty-Seven-Year Update, 1977–2004"；およびChristina A . Cruz, *Gender Games: Why Women Coaches Are Losing the Field* (VDM Verlag, 2009)を参照。WNBAにおける男女格差についてはMike Terry, "Men Dominate WNBA Coaching Ranks," *The Los Angeles Times*, August 2, 2006を見よ。

▶p.27–31

戦前の売春：この節はさまざまな公文書や文献に基づいている。たとえば*The Social Evil in Chicago* (またの名をthe Chicago Vice Commission report), American Vigilance Association, 1911; George Jackson Kneeland and Katharine Bement Davis, *Commercialized Prostitution in New York City* (The Century Co., 1913); Howard Brown Woolston, *Prostitution in the United States*, vol. 1, *Prior to the Entrance of the United States into the World War* (The Century Co., 1921); および*The Lost Sisterhood: Prostitution in America, 1900–1918* (The Johns Hopkins University Press, 1983)。エヴァリー・クラブについて、より詳しくはKaren Abbottのすばらしい著作、*Sin in the Second City* (Random House, 2007)を見よ。

▶p.30

おつとめするのはお客じゃなくて売人：Ilyana Kuziemko and Steven D. Levitt, "An Empirical Analysis of Imprisoning Drug Offenders," *Journal of Public Economics* 88 (2004)。加えて、アメリカ量刑委員会の*2008 Sourcebook of Federal Sentencing Statistics*を参照。

▶p.31–53

シカゴの立ちんぼ売春婦：この節は大部分がSteven D. Levitt and Sudhir Alladi Venkatesh, "An Empirical Analysis of Street-Level Prostitution," working paper.に基づいている。

▶p.33–34

福祉事務所の役人に嘘をつく：César Martinelli and Susan Parker, "Deception and Misreporting in a Social Program," *Journal of European Economics Association* 7, no. 4 (2009). この論文を教えてくれたのはジャーナリストのティナ・ローゼンバーグである。

▶p.37

プロ相手に童貞捨てる、いまとむかし：Charles Winick and Paul M. Kinsie, *The Lively Commerce: Prostitution in the United States* (Quadrangle Books, 1971)は、P. H. Gebhardがthe December 1967 meeting of the American Association for the

Advancement of Scienceで報告した論文に言及している。加えて、Edward O. Laumann, John H. Gagnon, Robert T. Michael, and Stuart Michaels, *The Social Organization of Sexuality: Sexual Practices in the United States* (The University of Chicago Press, 1994)も参照。

▶p.38

訳注　バスティアの『ろうそく職人の陳情書』：*Sophismes économiques*に所収。

▶p.40–42

フェラチオがこんなに安くなったのはなぜ？：Bonnie L. Halpern-Felsher, Jodi L. Cornell, Rhonda Y. Kropp, and Jeanne M. Tschann, "Oral Versus Vaginal Sex Among Adolescents: Perceptions, Attitudes, and Behavior," *Pediatrics* 115 (2005); Stephen J. Dubner and Steven D. Levitt, "The Economy of Desire," *The New York Times Magazine*, December 11, 2005; Tim Harford, "A Cock-and-Bull Story: Explaining the Huge Rise in Teen Oral Sex," *Slate*, September 2, 2006. / **▶p.41 「脱出の容易さ」**はブリティッシュ・コロンビア大学のマイケル・リカート博士が著者によるインタビューで使った表現である。加えて、Michael Rekart, "Sex-Work Harm Reduction," *Lancet* 366 (2005)も参照。

▶p.43

価格差別化：ドクター・レオナルドの人間用の散髪器とペット用の散髪器について、より詳しくはDaniel Hamermesh, "To Discriminate You Need to Separate," Freakonomics blog, *The New York Times*, May 8, 2008を見よ。**▶p.43 訳注ドクター・レオナルドのオンライン・ヘルスケア・カタログ**：今（2010年6月）見てみると、高いほうのバーバー・マジックが「品切れ」になっている。安いほうのトリム・ア・ペットを品切れにしていないのは大変興味深い。

▶p.45

売春夫のお客はエイズ感染者の割合が高い：K. W. Elifson, J. Boles, W. W. Darrow, and C. E. Sterk, "HIV Seroprevalence and Risk Factors Among Clients of Female and Male Prostitutes," *Journal of Acquired Immune Deficiency Syndromes and Human Retrovirology* 20, no. 2 (1999).

▶p.46–50

ピンパクト>リンパクト：Igal Hendel, Aviv Nevo, and Francois Ortalo-Magne, "The Relative Performance of Real Estate Marketing Platforms: MLS Versus FSBOMadison.com," *American Economic Review*, forthcoming; およびSteven D. Levitt and Chad Syverson, "Antitrust Implications of Outcomes When Home Sellers Use Flat-Fee Real Estate Agents," *Brookings-Wharton Papers on Urban Affairs*, 2008を参照。

▶p.54–55

フェミニズムと教職：1910年における女性の職業は1910年の国勢調査に基づく。/ **▶p.54 先生になる女性の割合**：Claudia Goldin, Lawrence F. Katz, and Ilyana Kuziemko, "The Homecoming of American College Women: The Reversal of the College Gender Gap," *Journal of Economic Perspectives* 20, no. 4 (Fall 2006). 追加の計算で論文を補完してくれたクツィエンコに感謝する。/ **▶p.54 女性が手にする仕事の機会が何倍にも増えた**：Raymond F. Gregory, *Women and Workplace Discrimination: Overcoming Barriers to Gender Equality* (Rutgers University Press, 2003). / **▶p.54「名もなき英雄」**としての粉ミルク：Stefania Albanesi and Claudia Olivetti, "Gender Roles and Technological Progress," National Bureau of Economic Research working paper, June 2007. / **▶p.55 先生の質の低下**：Marigee P. Bacolod, "Do Alternative Opportunities Matter? The Role of Female Labor Markets in the Decline of Teacher Supply and Teacher Quality, 1940 - 1990," *Review of Economics and Statistics* 89, no. 4 (November 2007); Harold O. Levy, "Why the Best Don't Teach," *The New York Times*, September 9, 2000; および John H. Bishop, "Is the Test Score Decline Responsible for the Productivity Growth Decline," *American Economic Review* 79, no. 1 (March 1989).

▶p.57 訳注　もっとも優秀にしてもっとも聡明な：元は1972年にジャーナリストのハルバースタムが書いた本のタイトル。ケネディが政権に集めたアメリカで「もっとも優秀にしてもっとも聡明な」人材たちが、いかにしておろかにもヴェトナム戦争を起こすに至ったかを描いたノンフィクション。なお、第4章に登場するロバート・マクナマラもそんな人材の1人。

▶p.55–57

経営トップでも女の人は稼ぎが少ない：Justin Wolfers, "Diagnosing Discrimination: Stock Returns and CEO Gender," *Journal of the European Economic Association* 4, nos. 2-3 (April-May 2006); およびMarianne Bertrand, Claudia Goldin, and Lawrence F. Katz, "Dynamics of the Gender Gap for Young Professionals in the Financial and Corporate Sectors," National Bureau of Economic Research working paper, January 2009.

▶p.57–58

女の人が子どもを愛するように、男の人はお金を愛する？：現金のインセンティヴに対する性差の実験はRoland G. Fryer, Steven D. Levitt, and John A. List, "Exploring the Impact of Financial Incentives on Stereotype Threat: Evidence from a Pilot Study," *AEA Papers and Proceedings* 98, no. 2 (2008)で報告されている。

▶p.58–61

性別を変えたらお給料は上がる？：Kristen Schilt and Matthew Wiswall, "Before and After: Gender Transitions, Human Capital, and Workplace Experiences," *B.E.*

Journal of Economic Analysis & Policy 8, no. 1 (2008). この節に出てくるその他の情報は、著者によるベン・バレスとデアドラ・マクロスキーのインタビューに基づく。Robin Wilson, "Leading Economist Stuns Field by Deciding to Become a Woman," *Chronicle of Higher Education*, February 16, 1996; およびShankar Vedantam, "He, Once a She, Offers Own View on Science Spat," *The Wall Street Journal*, July 13, 2006も参照。

▶p.61–70

アリーみたいな女の人がもっといないのはどうして？：説明のためのノートで書いたように、ぼくたちは「共通の知り合い」のおかげでアリーに出会った。彼女のほんとの名前はアリーじゃない。でも彼女について、それ以外は全部本当だ。過去数年、ぼくたち２人は彼女ととても長い時間を一緒にすごした（服は全部着たままですからね）。この節は膨大なインタビュー、彼女の帳簿、そしてシカゴ大学でのレヴィットの講座「犯罪の経済学」で彼女がゲストとして何度か行ったレクチャーに基づいている。学生の中には、彼女のレクチャーはシカゴ大学に入って以来受けた授業の中でダントツで最高だったって人もいた。アリーの洞察の深さをはっきりと証明するものであり、レヴィットや他の教授にとってはこっぴどいダメ出しである。Stephen J. Dubner, "A Call Girl's View of the Spitzer Affair," Freakonomics blog, *The New York Times*, March 12, 2008も参照。**▶p.62 訳注　今月のお庭賞**：コミュニティが、見た目を美しくするために、コミュニティから庭のきれいなお家を毎月選んで表彰するプログラム。殺伐とした大都会にはなく、退屈で娯楽の少ない田舎にあるものの象徴の一つ。／**▶p.66 訳注　ご褒美ワイフ**：功なり名を遂げお金もできた男が、それを誇示するかのように若くて金髪で美しい奥さんを娶ると他人はそれをひがんでこういう言い方をする。

▶p.70

不動産ブームに不動産屋さんが群がる：Stephen J. Dubner and Steven D. Levitt, "Endangered Species," *The New York Times Magazine*, March 5, 2006.

第2章　自爆テロやるなら生命保険に入ったほうがいいのはどうして？

▶p.71–74

断食月その他が胎児に与える影響：**出産前の日中の断食**に関する部分はDouglas Almond and Bhashkar Mazumder, "The Effects of Maternal Fasting During Ramadan on Birth and Adult Outcomes," National Bureau of Economic Research working paper, October 2008に基づく。／**▶p.72 出産前の運命のルーレットは馬の運命も左右する**：Bill Mooney, "Horse Racing; A Study on the Loss of Foals," *The New York Times*, May 2, 2002; およびFrank Fitzpatrick, "Fate Stepped in for

Smarty," *The Philadelphia Inquirer*, May 26, 2004を見よ。/ **▶p.73「スペイン風邪」効果**：Douglas Almond, "Is the 1918 Influenza Pandemic Over? Long-Term Effects of *In Utero* Influenza Exposure in the Post-1940 U.S. Population," *Journal of Political Economy* 114, no. 4 (2006); およびDouglas Almond and Bhashkar Mazumder, "The 1918 Influenza Pandemic and Subsequent Health Outcomes: An Analysis of SIPP Data," *Recent Developments in Health Economics* 95, no. 2 (May 2005)を参照。/ **▶p.74 アルバート・アアブ vs. アルバート・ジズモア**：Liran Einav and Leeat Yariv, "What's in a Surname? The Effects of Surname Initials on Academic Success," *Journal of Economic Perspectives* 20, no. 1 (2006); およびC. Mirjam van Praag and Bernard M.S. van Praag, "The Benefits of Being Economics Professor A (and not Z)," Institute for the Study of Labor discussion paper, March 2007を参照。

▶p.74–78

大はやりの誕生日と相対年齢効果：Stephen J. Dubner and Steven D. Levitt, "A Star Is Made," *The New York Times Magazine*, May 7, 2006; K. Anders Ericsson, Neil Charness, Paul J. Feltovich, and Robert R. Hoffman, *The Cambridge Handbook of Expertise and Expert Performance* (Cambridge University Press, 2006); K. Anders Ericsson, Ralf Th. Krampe, and Clemens Tesch-Romer, "The Role of Deliberate Practice in the Acquisition of Expert Performance," *Psychological Review* 100, no. 3 (1993); Werner Helsen, Jan Van Winckel, and A. Mark Williams, "The Relative Age Effect in Youth Soccer Across Europe," *Journal of Sports Sciences* 23, no. 6 (June 2005); およびGreg Spira, "The Boys of Late Summer," *Slate*, April 16, 2008. 文中の注で書いたように、最初、ぼくたちは『超ヤバい経済学』の１章を費やして、人は才能をどうやって手に入れるかについて書こうと思っていた。つまり、誰かが何かについてとてもうまいとして、どうしてその人はそれがそんなにうまいんだろう？ でも最近、その題材を扱った本が何冊も出たので計画を変更した。この捨てた章のために、たくさんの人が時間を使い、考えを聞かせてくれた。捨てたからといって、彼らに対する恩が消えるわけじゃない。アンダース・エリクソンはとても協力してくれたし、ワーナー・ヘルゼン、ポーラ・バーンズレイ、ガス・トンプソン他たくさんの皆さんが助けてくれた。日本出身のフード・ファイターのチャンピオン、小林尊には、彼が提供してくれた時間と洞察にとくに感謝している。加えて、ニューヨークに来たとき、彼はパパヤ・キングとヘブリュー・ナショナルのホットドッグを試してくれた。彼はホットドッグはそれほど好きじゃないって言っていたが、1分間に8個とか10個とか食べるときは別だそうである。せっかくのお休みに、あれじゃお仕事しにきたのと変わらないというのに、小林はとても愛想よくしてくれた。

▶p.78‒80

テロリストになるのはだあれ？：Alan B. Krueger, *What Makes a Terrorist* (Princeton University Press, 2007)（『テロの経済学：人はなぜテロリストになるのか』藪下史郎訳、東洋経済新報社、2008年）; Claude Berrebi, "Evidence About the Link Between Education, Poverty and Terrorism Among Palestinians," Princeton University Industrial Relations Section working paper, 2003; および Krueger and Jita Maleckova, "Education, Poverty and Terrorism: Is There a Causal Connection?" *Journal of Economic Perspectives* 17, no. 4 (Fall 2003)を見よ。／**▶p.78 訳注　ヒズブッラー**：イスラーム教シーア派の政治組織。レバノンを活動の拠点とし、過激派としての活動がよく知られている。「ヒズブッラー」とはアラビア語で「神の党」。／ **▶p.79 テロリストの目的**についてより詳しくはMark Juergensmeyer, *Terror in the Mind of God* (University of California Press, 2001)（『グローバル時代の宗教とテロリズム：いま、なぜ神の名で人の命が奪われるのか』古賀林幸・櫻井元雄訳、立山良司監修、明石書店、2003年）を見よ。／**▶p.79‒80 テロを定義するのは難しい**："Muslim Nations Fail to Define Terrorism," Associated Press, April 3, 2002.

▶p.80‒83

テロが安くて簡単なのはなぜ？：**ワシントンDC都市圏での殺人件数**は、連邦捜査局が地元の警察から入手した犯罪統計を集め、公開している。統計上、ワシントンDC都市圏に含まれるのは、ＤＣ自体に加え、メリーランド州、ヴァージニア州、ウェストヴァージニア州のＤＣを取り囲む郡である。**ワシントンの狙撃事件**についてより詳しくはJeffrey Schulden et al., "Psychological Responses to the Sniper Attacks: Washington D.C., Area, October 2002," *American Journal of Preventative Medicine* 31, no. 4 (October 2006)を見よ。／**▶p.81 空港のセキュリティ検査の影響**に関するデータは連邦交通統計局から入手した。／**▶p.81‒82 9/11の経済的被害**：Dick K. Nanto, "9/11 Terrorism: Global Economic Costs," *Congressional Research Service*, 2004.／**▶p.82 9/11以降、交通事故死が増えた**：Garrick Blalock, Vrinda Kadiyali, and Daniel Simon, "Driving Fatalities after 9/11: A Hidden Cost of Terrorism," Cornell University Department of Applied Economics and Management working paper, 2005; Gerd Gigerenzer, "Dread Risk, September 11, and Fatal Traffic Accidents," *Psychological Science* 15, no. 4 (2004); Michael Sivak and Michael J. Flannagan, "Consequences for Road Traffic Fatalities of the Reduction in Flying Following September 11, 2001," *Transportation Research* 7, nos. 4-5 (July-September 2004);　およびJenny C. Su et al., "Driving Under the Influence (of Stress): Evidence of a Regional Increase in Impaired Driving and Traffic Fatalities After the September 11 Terrorist Attacks," *Psychological Science* 20, no. 1

(December 2008)を見よ。/ **▶p.83 日付をさかのぼってストック・オプションを割り当てる**：Mark Maremont, Charles Forelle, and James Bandler, "Companies Say Backdating Used in Days After 9/11," *The Wall Street Journal*, March 7, 2007. / **▶p.83 警察の資源がテロ対策に振り向けられる**：Selwyn Raab, *Five Families: The Rise, Decline and Resurgence of America's Most Powerful Mafia Empires* (Macmillan, 2005); Janelle Nanos, "Stiffed," *New York*, November 6, 2006; Suzy Jagger, "F.B.I. Diverts Anti-Terror Agents to Bernard Madoff $50 Billion Swindle," *The Times* (London), December 22, 2008; およびEric Lichtblau, "Federal Cases of Stock Fraud Drop Sharply," *The New York Times*, December 24, 2008を参照。/ **▶p.83 インフルエンザと飛行機での移動**：John Brownstein, Cecily Wolfe, and Kenneth Mandl, "Empirical Evidence for the Effect of Airline Travel on Interregional Influenza Spread in the United States," *PloS Medicine*, October 2006. / **▶p.83 DCにおける犯罪の減少**：Jonathan Klick and Alexander Tabarrok, "Using Terror Alert Levels to Estimate the Effect of Police on Crime," *Journal of Law and Economics* 48, no. 1 (April 2005). / **▶p.83 カリフォルニアじゃマリファナで大儲け**："Home-Grown," *The Economist*, October 18, 2007; およびJeffrey Miron, "The Budgetary Implications of Drug Prohibition," Harvard University, December 2008. /**▶p.83 訳注 カリフォルニア産マリファナ**：カリフォルニアでももちろんマリファナはご法度。上記の記事によると、この年の4月から記事が書かれた（おそらく）10月で、カリフォルニア州の警察が刈り取った麻は290万本、お金に換算すると100億ドル。

▶p.83–93

病院を治す男：この節は基本的に著者によるクレイグ・フィーエドとマーク・スミス他、彼らのチームのメンバーたちに対するインタビューに基づく。加えて、Rosabeth Moss Kanter and Michelle Heskett, "Washington Hospital Center," *Harvard Business School*, July 21, 2002, N9-303-010 ～ N9-303-022もとても役に立った。これは4部からなるハーヴァード・ビジネススクールのケース教材である。/ **▶p.84 専門分野としての救急医療**：Derek R. Smart, *Physician Characteristics and Distribution in the U.S.* (American Medical Association Press, 2007). / **▶p.84–85 E.R.の統計**：Eric W. Nawar, Richard W. Niska, and Jiamin Xu, "National Hospital Ambulatory Medical Care Survey: 2005 Emergency Department Summary," *Advance Data from Vital and Health Statistics*, Centers for Disease Control, June 29 2007を見よ。また、連邦医療研究品質局から入手できる情報と次の報告書も参照。Pamela Horsleys and Anne Elixhauser, "Hospital Admissions That Began in the Emergency Department, 2003," およびHealthcare Cost and Utilization Project (H-CUP) Statistical Brief No. 1., February 2006. / **▶ p.86 訳注　あのものすごく騒**

がしい1960年代：カリフォルニア大学バークレイ校は当時盛んだった学生運動の中心地。/ **▶p.87 訳注　セグウェイ**：立ち乗りの電動二輪車。2001年に発売されるまでは噂が飛び交って大変な盛り上がりをみせた。/ **▶p.89「最初の60分で何をするかが大事な分野なんだよ」**：Fred D. Baldwin, "It's All About Speed," *Healthcare Informatics*, November 2000. / **▶p.90「認知的ドリフト」**：R. Miller, "Response Time in Man-Computer Conversational Transactions," *Proceedings of the AFIPS Fall Joint Computer Conference*, 1968; およびB. Shneiderman, "Response Time and Display Rate in Human Performance with Computers," *Computing Surveys*, 1984を見よ。

▶p.93–103

ERで最高のお医者さんは誰で、最低のお医者さんは誰？：この節は基本的にMark Duggan and Steven D. Levitt, "Assessing Differences in Skill Across Emergency Room Physicians," working paperに基づいている。/ **▶p.93–94 お医者さんの成績表が与える悪影響**：David Dranove, Daniel Kessler, Mark McClellan, and Mark Satterthwaite, "Is More Information Better?" *Journal of Political Economy* 111, no. 3 (2003). /**▶p.95 訳注　レベル1外傷センター**：外傷患者に対して最高水準の治療を提供する能力を持った外科部門。外傷センターには対応能力に応じてレベル1からレベル5のランクがあり、レベル1が最高。/**▶p.97 訳注　SOB**：普通SOBと言えばson of a bitch、つまり「おまえのかーちゃんでべそ」の略。母親の悪口は本人の悪口よりも激しい怒りを買うこと多し。/ **▶p.103 お医者さんのストライキが命を救う？**：Robert S. Mendelsohn, *Confessions of a Medical Heretic* (Contemporary Books, 1979); およびSolveig Argeseanu Cunningham, Kristina Mitchell, K. M. Venkat Narayan, and Salim Yusuf, "Doctors' Strikes and Mortality: A Review," *Social Science and Medicine* 67, no. 11 (December 2008)を見よ。

▶p.103–106

死ぬのを先延ばしにする方法：ノーベル賞を取る：Matthew D. Rablen and Andrew J. Oswald, "Mortality and Immortality," University of Warwick, January 2007; およびDonald MacLeod, "Nobel Winners Live Longer, Say Researchers," *The Guardian*, January 17, 2007を参照。**殿堂入りする**：David J. Becker, Kenneth Y. Chay, and Shailender Swaminathan, "Mortality and the Baseball Hall of Fame: An Investigation into the Role of Status in Life Expectancy," iHEA 2007 6th World Congress: Explorations in Health Economics paperを参照。**年金保険を買う**：Thomas J. Phillipson and Gary S. Becker, "Old-Age Longevity and Mortality-Contingent Claims," *Journal of Political Economy* 106, no. 3 (1998)を参照。**信仰を持つ**：Ellen L. Idler and Stanislav V. Kasl, "Religion, Disability, Depression, and the Timing of Death," *American Journal of Sociology* 97, no. 4 (January 1992)を参

照。**国を愛する**：David McCullough, *John Adams* (Simon & Schuster, 2001)を参照。**相続税を逃れる**：Joshua Gans and Andrew Leigh, "Did the Death of Australian Inheritance Taxes Affect Deaths?" *Topics in Economic Analysis and Policy* (Berkeley Electronic Press, 2006).

▶p.106–109

化学療法の真実：この節の一部はガン専門医およびガン研究者に対するインタビューに基づいている。トーマス・J・スミス、マックス・ウィチャ、ピーター・D・アイゼンバーグ、ジェローム・グループマンの他、エイミー・グラツィアとヴァン・アンデル研究所が2007年に開いた非公式のカンファレンスである「ガン治療に求められること」（レイフ・フルストが招いてくれた）の参加者数名の皆さんに感謝する。加えて、Thomas G. Roberts Jr., Thomas J. Lynch Jr., Bruce A. Chabner, "Choosing Chemotherapy for Lung Cancer Based on Cost: Not Yet," *Oncologist*, June 1, 2002; Scott Ramsey et al., "Economic Analysis of Vinorelbine Plus Cisplatin Versus Paclitaxel Plus Carboplatin for Advanced Non-Small-Cell Lung Cancer," *Journal of the National Cancer Institute* 94, no. 4 (February 20, 2002); Graeme Morgan, Robyn Wardy, and Michael Bartonz, "The Contribution of Cytotoxic Chemotherapy to 5-year Survival in Adult Malignancies," *Clinical Oncology* 16 (2004); Guy Faguet, *The War on Cancer: An Anatomy of Failure, a Blueprint for the Future* (Springer Netherlands, 2005); Neal J. Meropol and Kevin A. Schulman, "Cost of Cancer Care: Issues and Implications," *Clinical Oncology* 25, no. 2 (January 2007); およびBruce Hillner and Thomas J. Smith, "Efficacy Does Not Necessarily Translate to Cost Effectiveness: A Case Study in the Challenges Associated with 21st Century Cancer Drug Pricing," *Journal of Clinical Oncology* 27, no. 13 (May 2009)を参照。／**▶p.109「死にたくないという、心の底からの変わらぬ願い」**：トーマス・スミスは記憶に頼ってこの言葉を引用し、自分の同僚のトーマス・フィヌケインがThomas Finucane, "How Gravely Ill Becomes Dying: A Key to End-of-Life Care," *Journal of the American Medical Association* 282 (1999)でそう書いていたと教えてくれた。でもスミスは頭の中で、元のフィヌケインの言葉をちょっとかっこよく作り変えて覚えていたようだ。フィヌケインの言葉はこうだった。「死にたくないという、広く見られる心の底からの願い」。

▶p.109

ガンで死ぬところまで長生きするようになった：Bo E. Honore and Adriana Lleras-Muney, "Bounds in Competing Risks Models and the War on Cancer," *Econometrica* 76, no. 6 (November 2006).

▶p.110

戦争って思ったほど危なくない？：国防総省の国防人材データセンターの報告書、

"U.S. Active Duty Military Deaths 1980 through 2008 (as of April 22, 2009)," から導出した。このデータの存在を教えてくれた読者のアダム・スミス（ほんとなんだってば）に感謝する。

▶p.111

訳注 シーシュポス：ギリシャ神話の登場人物。神々に果敢かつ巧みに立ち向かったために、罰として地獄の最下層タルタロスで巨大な岩を山の頂まで押し上げる苦行を課された。岩は頂の直前で勝手に山を転がり落ちるので、シーシュポスは永久にこの苦行を繰り返している。シーシュポスの岩といえば、無意味な営みが果てしなく続くことのたとえ。

▶p.110-121

テロリストの捕まえ方：この節はSteven D. Levitt and A. Danger Powers, "Identifying Terrorists Using Banking Data," working paperと、著者によるイアン・ホースレイ（仮名）のインタビューに基づく。インタビューは基本的にロンドンで行われた。/ **▶p.113 イギリスにおける銀行詐欺**：支払い決済サービス協会（APCS）から入手したデータに基づく。/ **▶p.116 ガン検査における擬陽性**：Jennifer Miller Croswell et al., "Cumulative Incidence of False-Positive Results in Repeated, Multimodal Cancer Screening," *Annals of Family Medicine* 7 (2009). / **▶p.116 マイク・ローウェル**：Jimmy Golen, "Lowell: Baseball Held to Higher Standard," The Associated Press, January 18, 2008. / **▶p.116 訳注　カル・リプケン**：2001年に引退したボルティモア・オリオールズの内野手。連続試合出場、連続イニング出場、連続フルイニング出場などのメジャーリーグ記録を持つ。/ **▶p.117 テロ容疑者の釈放**：Alan Travis, "Two-Thirds of U.K. Terror Suspects Released Without Charge," *The Guardian*, May 12, 2009.

第３章　身勝手と思いやりの信じられない話

▶p.123-126

キティ・ジェノヴェーゼと「38人の目撃者」：キティ・ジェノヴェーゼに関するこの節と本章の終わりの節は、ジョセフ・デ・メイJr.が提供してくれた時間と情報に多くを負っている。彼はジェノヴェーゼ殺しに関する記録を集め、証拠を保存し、www.kewgardenshistory.comで提供している。加えて、アンドリュー・ブローナー、マイク・ホフマン、ジム・レイゼンバーガー、チャールズ・スコラー、ジム・サロモン、そしてハロルド・タクーシアンなど、たくさんの人がインタビューや手紙のやり取りの形でこの事件に関する情報を提供してくれた。感謝する。さらに、この殺人については多数の本や記事が書かれており、それらの一部からもたくさん引用させてもらった。具体的には、Martin Gansberg, "37 Who Saw Murder Didn't Call

the Police: Apathy at Stabbing of Queens Woman Shocks Inspector," *The New York Times*, March 27, 1964; A.M. Rosenthal, *Thirty-Eight Witnesses: The Kitty Genovese Case* (Melville House, 2008; 当初の出版は1964, McGraw-Hill); Elliot Aronson, *The Social Animal*, 5th ed. (W.H. Freeman and Co., 1988); Joe Sexton, "Reviving Kitty Genovese Case, and Its Passions," *The New York Times*, July 25, 1995; Malcolm Gladwell, *The Tipping Point* (Little, Brown, 2000)(『ティッピング・ポイント：いかにして「小さな変化」が「大きな変化」を生み出すか』高橋啓訳、飛鳥新社、2000年); Jim Rasenberger, "Nightmare on Austin Street," *American Heritage*, October 2006; Charles Skoller, *Twisted Confessions* (Bridgeway Books, 2008); Rachel Manning, Mark Levine, and Alan Collins, "The Kitty Genovese Murder and the Social Psychology of Helping: The Parable of the 38 Witnesses," *American Psychologist* 62, no. 6 (2007)などがある。/ **▶p.123 その日のクイーンズの天気**はアメリカ国立気象局から入手した。/ **▶p.126 ジェノヴェーゼとホロコースト**：Maureen Dowd, "20 Years After the Murder of Kitty Genovese, the Question Remains: Why?" *The New York Times*, March 12, 1984を参照。ダウドはペンシルヴァニア州立大学の心理学の教授であるR・ランス・ショットランドのこんな発言を引用している。「キティ・ジェノヴェーゼ殺しほど、一つの事件が社会行動の側面について社会心理学者の注意を引きつけた例はおそらく他にはないだろう」。/ **▶p.126 ジェノヴェーゼ殺しに関するビル・クリントンの発言**は、1994年3月10日にニューヨーク市で開かれたアメリコープ市民安全フォーラムで行われた。

▶p.127–132

アメリカにおける犯罪とテレビ：この節は基本的にSteven D. Levitt and Matthew Gentzkow, "Measuring the Impact of TV's Introduction on Crime," working paperに基づいている。また、Matthew Gentzkow, "Television and Voter Turnout," *Quarterly Journal of Economics* 121, no. 3 (August 2006); およびMatthew Gentzkow and Jesse M. Shapiro, "Preschool Television Viewing and Adolescent Test Scores: Historical Evidence from the Coleman Study," *Quarterly Journal of Economics* 123, no. 1 (February 2008)も参照。/ **▶p.128–129 芋の子洗う刑務所とACLUの「実験」**：Steven D. Levitt, "The Effect of Prison Population Size on Crime Rates: Evidence from Prison Overcrowding Litigation," *Quarterly Journal of Economics* 11, no. 2 (May 1996).

▶p.130

訳注　**『ビーヴァーにおまかせ』**：アメリカの都市郊外に住む中流家庭の少年、ビーヴァー・クレヴァーを主人公とするホーム・コメディ。

▶p.133

訳注　**証券化商品**：金融ハイテク商品の一種で、2007年に始まる金融危機の発端に

なった。

▶**p.133**

家族の思いやり？：Gary Becker, "Altruism in the Family and Selfishness in the Marketplace," *Economica* 48, no. 189, New Series (February 1981); およびB. Douglas Bernheim, Andrei Shleifer, and Lawrence H. Summers, "The Strategic Bequest Motive," *Journal of Political Economy* 93, no. 6 (December 1985)を参照。

▶**p.134–136**

アメリカ人は気前がいいので有名：ここに挙げた数字はインディアナ大学の慈善活動研究センターから入手した。1996年から2006年でアメリカ全体の寄付は1390億ドルから2950億ドル（インフレ調整後）へと増加した。GDPに対する割合も1.7%から2.6%へと増加したことになる。David Leonhardt, "What Makes People Give," *The New York Times*, March 9, 2008も参照。/▶ **p.134 訳注　善きサマリア人**：ルカによる福音書にあるサマリア人のたとえより。解釈はいくつかあるらしいが、本文の文脈に合う解釈は次の通り。ユダヤ人が山中で強盗に襲われ半死半生になった。ユダヤ人から忌み嫌われていたサマリア人の男が、彼を助け、手当てをし、泊まる場所の宿賃まで払っていった。このことから、他の人が災難に遭っているとき、義務も利害もなく自ら救いの手を差し伸べる人を指す。/ ▶**p.136 災害支援の寄付とテレビでの報道**について、より詳しくはPhilip H. Brown and Jessica H. Minty, "Media Coverage and Charitable Giving After the 2004 Tsunami," *Southern Economic Journal* 75, no. 1 (2008)を見よ。

▶**p.136–137**

実験室実験の価値：ガリレオの加速度実験はGalileo Galilei, *Dialogue Concerning Two New Sciences*, 翻訳：Henry Crew and Alfonso de Salvio, 1914で述べられている。**一番重要なのは実験だとするリチャード・ファインマンの発言**は、彼の著書、*Lectures on Physics*, ed. Matthew Linzee Sands (Addison- Wesley, 1963)に見られる。

▶**p.137–141**

最後通牒と独裁者：広く知られている形の**最後通牒ゲーム**を扱った最初の論文はWerner Guth, Rolf Schmittberger, and Bernd Schwarze, "An Experimental Analysis of Ultimatum Bargaining," *Journal of Economic Behavior and Organization* 3, no. 4 (1982)である。こうしたゲームの変遷の背景を説明した論文にはSteven D. Levitt and John A. List, "What Do Laboratory Experiments Measuring Social Preferences Tell Us About the Real World," *Journal of Economic Perspectives* 21, no. 2 (2007)がある。加えて、Daniel Kahneman, Jack L. Knetsch, and Richard Thaler, "Fairness as a Constraint on Profit Seeking: Entitlements in the Market," *American Economic Review* 76, no. 4 (September 1986); Robert Forsythe, Joel L. Horowitz, N. E. Savin, and Martin Sefton, "Fairness

in Simple Bargaining Experiments," *Games and Economic Behavior* 6, no. 3 (May 1994); Colin F. Camerer, *Behavioral Game Theory* (Princeton University Press, 2003); およびJohn A. List, "Dictator Game Giving Is an Experimental Artifact," working paper, 2005も参照。

▶p.141–143

臓器移植：1954年12月にボストンのピーター・ベント・ブリガム病院でジョセフ・マレイが行った手術が、**腎臓移植後に患者が長く生存した、最初の成功例**になった。Nicholas Tilney, *Transplant: From Myth to Reality* (Yale University Press, 2003)がこの手術について述べている。/ **▶p.141「ドーナーサイクリスト」**：Stacy Dickert-Conlin, Todd Elder, and Brian Moore, "Donorcycles: Do Motorcycle Helmet Laws Reduce Organ Donations?" Michigan State University working paper, 2009. / **▶p.141 ヨーロッパの法律における「推定的同意」**：Alberto Abadie and Sebastien Gay, "The Impact of Presumed Consent Legislation on Cadaveric Organ Donation: A Cross Country Study," *Journal of Health Economics* 25, no. 4 (July 2006). / **▶p.142 イランにおける腎臓移植制度**についてはAhad J. Ghods and Shekoufeh Savaj, "Iranian Model of Paid and Regulated Living-Unrelated Kidney Donation," *Clinical Journal of the American Society of Nephrology* 1 (October 2006); およびBenjamin E. Hippen, "Organ Sales and Moral Travails: Lessons from the Living Kidney Vendor Program in Iran," Cato Institute, *Policy Analysis*, no. 614, March 20, 2008が説明している。/ **▶p.142–143 バリー・ジェイコブズ博士とアル・ゴア下院議員のやりとり**は、1983年10月17日に開かれた健康・環境小委員会のH.R.4080に関する公聴会で行われた。

▶p.143–150

ジョン・リスト、ゲームを変える人：この節は基本的に著者によるジョン・A・リストのインタビュー、そして彼が書いたものすごくたくさんの論文に基づいている。そうした論文のうちいくつかはスティーヴン・D・レヴィットと共同で書かれている。具体的には、List, "Does Market Experience Eliminate Market Anomalies?" *Quarterly Journal of Economics* 118, no. 1 (2003); Glenn Harrison and List, "Field Experiments," *Journal of Economic Literature* 42 (December 2004); List, "Dictator Game Giving Is an Experimental Artifact," working paper, 2005; List, "The Behavioralist Meets the Market: Measuring Social Preferences and Reputation Effects in Actual Transactions," *Journal of Political Economy* 14, no. 1 (2006); Levitt and List, "Viewpoint: On the Generalizability of Lab Behaviour to the Field," *Canadian Journal of Economics* 40, no. 2 (May 2007); Levitt and List, "What Do Laboratory Experiments Measuring Social Preferences Tell Us About the Real World," *Journal of Economic Perspectives* 21, no. 2 (2007); List, "On the

Interpretation of Giving in Dictator Games," *Journal of Political Economy* 115, no. 3 (2007); List and Todd L. Cherry, "Examining the Role of Fairness in High Stakes Allocation Decisions," *Journal of Economic Behavior and Organization* 65, no. 1 (2008); Levitt and List, "Homo Economicus Evolves," *Science*, February 15, 2008; Levitt, List, and David Reiley, "What Happens in the Field Stays in the Field: Professionals Do Not Play Minimax in Laboratory Experiments," *Econometrica* (forthcoming, 2009); Levitt and List, "Field Experiments in Economics: The Past, the Present, and the Future," *European Economic Review* (forthcoming, 2009)など。他の研究者も、実験室で見られる思いやりは実は実験自体が作り出した不自然な結果なのではないかと疑い始めている点に注意。たとえばNicholas Bardsley, "Experimental Economics and the Artificiality of Alteration," *Journal of Economic Methodology* 12, no. 2 (2005)を見よ。/ **▶p.154「大学2年生の連中」**と「科学のお役に立ちたい連中」だけ：R. L. Rosenthal, *Artifact in Behavioral Research* (Academic Press, 1969). / **▶p.154「認められたいという欲求が強く」**：Richard L. Doty and Colin Silverthorne, "Influence of Menstrual Cycle on Volunteering Behavior," *Nature*, 1975. / **▶p.155 ボスが手を洗ってるのを見かけたら**：Kristen Munger and Shelby J. Harris, "Effects of an Observer on Hand Washing in a Public Restroom," *Perceptual and Motor Skills* 69 (1989). / **▶p.155「正直者の箱」の実験**：Melissa Bateson, Daniel Nettle, and Gilbert Roberts, "Cues of Being Watched Enhance Cooperation in a Real-World Setting," *Biology Letters,* 2006を参照。同じ線で、もう一つ巧妙に仕組まれた実地実験を考えてみよう。アドリアーン・R・ソートヴェントという若い経済学者がオランダの教会30カ所で行った実験だ。これらの教会では、口の閉じた袋を人から人へ、列から列へと回して献金を集める。ランダムに選んだ教会で、ソートヴェントは集め方を変えさせてもらい、数カ月にわたり口の閉じた袋を口の開いた籠に変えた。監視が強まると献金のパターンが変化するかを見ようとしたのだ。(口の開いた籠だと、自分に回ってくるまでにどれだけ集まっているかとか、隣の人がいくら入れたかとかが見える)。やってみると実際に変化が現れた。口の開いた籠だと善男善女の献金は増えた。たとえば口の閉じた袋よりも小額の硬貨が少なかった。ただ、興味深いことに、しばらく口の開いた籠を使っていると、そうした効果はだんだん消えていった。Soetevent, Adriaan R. "Anonymity in Giving in a Natural Context―― a Field Experiment in 30 Churches," *Journal of Public Economics* 89 (2005)を参照。/ **▶p.156「バカなロボット」**：A.H. Pierce, "The Subconscious Again," *Journal of Philosophy, Psychology, & Scientific Methods* 5 (1908). / **▶p.156「強いられた協力」**：Martin T. Orne, "On the Social Psychological Experiment: With Particular Reference to Demand Characteristics and Their Implications," *American Psychologist* 17, no. 10 (1962). / **▶p.156 ナチの高官たちは**

どうして命令に従ったのか：Stanley Milgram, "Behavioral Study of Obedience," *Journal of Abnormal and Social Psychology* 67, no. 4 (1963). / **▶p.157 スタンフォードの監獄実験**：Craig Haney, Curtis Banks, and Philip Zimbardo, "Interpersonal Dynamics in a Simulated Prison," *International Journal of Criminology and Penology* 1 (1973).

▶p.157–159

「不純な思いやり」：アメリカ市民は寄付で世界一："International Comparisons of Charitable Giving," Charities Aid Foundation briefing paper, November 2006. それに見合った税金による強いインセンティヴについてはDavid Roodman and Scott Standley, "Tax Policies to Promote Private Charitable Giving in DAC Countries," *Center for Global Development*, working paper, January 2006を参照。/ **▶p.157 「不純な」、「ちょっとした満足感のための」思いやり**：James Andreoni, "Giving with Impure Altruism: Applications to Charity and Ricardian Equivalence," *Journal of Political Economy* 97 (December 1989); およびAndreoni, "Impure Altruism and Donations to Public Goods: A Theory of Warm-Glow Giving," *Economic Journal* 100 (June 1990)を見よ。/ **▶p.158 物乞いの経済学**：Gary S. Becker, "Spouses and Beggars: Love and Sympathy," *Accounting for Tastes* (Harvard University Press, 1998)に所収。/ **▶p.158 臓器移植の順番待ちリスト**：この情報はアメリカ保健福祉省の臓器移植斡旋ネットワークのウェブサイトwww.optn.orgから入手した。さらに詳しい資料をニューヨーク州立大学バッファロー校の経済学者フリオ・ホルヘ・エリアスが作成している。Becker and Elias, "Introducing Incentives in the Market for Live and Cadaveric Organ Donations," *Journal of Economic Perspectives* 21, no. 3 (Summer 2007)を見よ。加えてStephen J. Dubner and Steven D. Levitt, "Flesh Trade," *The New York Times Magazine*, July 9, 2006も参照。/ **▶p.158–159 イランでは順番待ちリストなんてない**：Benjamin E. Hippen, "Organ Sales and Moral Travails: Lessons from the Living Kidney Vendor Program in Iran," Cato Institute, *Policy Analysis*, no. 614, March 20, 2008; およびStephen J. Dubner, "Human Organs for Sale, Legally, in . . . *Which* Country?" Freakonomics blog, *The New York Times*, April 29, 2008を参照。

▶p.160–167

キティ・ジェノヴェーゼふたたび：事件の再検証にあたってぼくたちが使った情報の出所については、この章の付注の冒頭を参照。この再訪の節は、おおむねジョセフ・デ・メイ Jr.とマイク・ホフマンのインタビュー、およびA.M. Rosenthal, *Thirty-Eight Witnesses*に基づいている …… ローゼンタールの『ニューヨーク・タイムズ』での仕事人生が終わりに近づいたころ、ぼくらの1人（ダブナー）は彼と一緒に働く機会があった。人生が終わりに近づいても（彼は2006年に亡くなっている）彼は相変

わらず強引なジャーナリストで、バカには容赦がなく、反対意見には耳も貸さないと一部に言われるほどかたくなな考えを持った人だった。2004年、ローゼンタールはニューヨークのフォーダム大学でジェノヴェーゼ殺しの40周年に開かれた討論会に参加した。そのとき彼は、自分がどうしてこの事件にこだわったかについて、独特の説明を語った。「ジェノヴェーゼの事件に、なぜ私はあれほどひどい衝撃を受けたのだろう？ こう申し上げる。私には姉が5人おり、私は末っ子だった。愛情にあふれたすばらしい姉たちだった。しかし姉の1人は殺された。まだ若かったベスが、元旦の2日前の晩に家へ帰ろうとヴァン・コートランド・パークの小道を歩いているとき、茂みからヘンタイが飛び出して自分自身を露出したのだ。彼女はショックを受けて家までの1マイルを走って逃げた。寒かったのに汗びっしょりだった。ベスは具合が悪くなり、2日のうちに亡くなった。私は今でもいとしいベスのことを思い、ベスが亡くなったのはあの犯罪者のせいだ、ベスは彼に殺されたのだと感じている。キティ・ジェノヴェーゼを殺した化け物と同じだ」…… ジェノヴェーゼ殺しについて語るとき、論客たちは、2世紀前にエドモンド・バークが言った有名な言葉を、埃を払って引用した。「悪が勝つのに必要なのはただ一つ、善良な人間が何もしないことだ」。このせりふはあの晩に起きたことを完璧に要約しているように思えた。しかし、『イェール引用句辞典』(**訳注**：Yale University Pressの発行する辞典。さまざまな人の、よく引用される発言を集めたもの。*Yale Book of Quotations*《Yale University Press, 2006》) の編集者、フレッド・シャピロがどれだけ探しても、バークの著作にこの1文は見つからなかった。ということは、この有名な一言は――マーク・トウェインやオスカー・ワイルドのものだと言われている言葉の半分ほどもそうみたいだが――38人の目撃者って話と同じように、でっちあげのようだ。

第4章　お悩み解決いたします――安く簡単に

▶p.169

母親の死亡率：近年の数値は "Maternal Mortality in 2005: Estimates Developed by WHO, UNICEF, UNFPA, and the World Bank," World Health Organization, 2007を参照。古い数値はIrvine Loudon, "Maternal Mortality in the Past and Its Relevance to Developing Countries Today," *American Journal of Clinical Nutrition* 72, no. 1 (July 2000)を参照。

▶p.170–175

イグナーツ・ゼンメルワイスの救いの手：イグナーツ・ゼンメルワイスの話は長年にわたっていろんなところで語られているが、おそらく一番感動的なのはSherwin B. Nuland, *The Doctor's Plague: Germs, Childbed Fever, and the Strange Story of Ignatz Semmelweis* (Atlas Books, 2003)だろう。あんなにもすばらしいのはニューラ

ンド自身がお医者さんだからかもしれない。この本からはたくさん引用させていただいた。彼に心から感謝する。Ignatz Semmelweis, "The Etiology, Concept, and Prophylaxis of Childbed Fever," 翻訳：K. Codell Carter (University of Wisconsin Press, 1983; 当初の出版は1861)も参照。ノート：産褥熱（puerperal fever）の元になったpuerpera はラテン語で子どもを産んだ女性を指す。/▶**p.174 訳注　死体粒子**はゼンメルワイスが仮説として作った、死体内部にある目に見えない物質。これが体内に入ると人は死に至るとゼンメルワイスは考えた。

▶**p.176–178**

意図せざる結果：概観についてはStephen J. Dubner and Steven D. Levitt, "Unintended Consequence," *The New York Times Magazine*, January 20, 2008を参照。/▶**p.176 障害を持つアメリカ人法**についてはDaron Acemoglu and Joshua D. Angrist, "Consequences of Employment Protection? The Case of the Americans with Disabilities Act," *Journal of Political Economy* 109, no. 5 (2001)を見よ。/▶**p.176 絶滅の危機に瀕する種の保存に関する法律**についてはDean Lueck and Jeffrey A. Michael, "Preemptive Habitat Destruction Under the Endangered Species Act," *Journal of Law and Economics* 46 (April 2003); およびJohn A. List, Michael Margolis, and Daniel E. Osgood, "Is the Endangered Species Act Endangering Species?" National Bureau of Economic Research working paper, December 2006を参照。/▶**p.177 ゴミ回収料を逃れる**：「**シアトル・ストンプ**」だの**シャーロッツヴィルの森にゴミを捨てる**だのといった流儀については、Don Fullerton and Thomas C. Kinnaman, "Household Responses to Pricing Garbage by the Bag," *American Economic Review* 86, no. 4 (September 1996)を参照。**食べ物をトイレに流すドイツ流**についてはRoger Boyes, "Children Beware: The Rats Are Back and Hamelin Needs a New Piper," *The Times* (London), December 17, 2008を参照。**裏庭でゴミを燃やすダブリン流**についてはS.M. Murphy, C. Davidson, A.M. Kennedy, P.A. Eadie, and C. Lawlor, "Backyard Burning," *Journal of Plastic, Reconstructive & Aesthetic Surgery* 61, no. 1 (February 2008)を参照。/▶**p.177 律法の逆効果**：Solomon Zeitlin, "Prosbol: A Study in Tannaitic Jurisprudence," *The Jewish Quarterly Review* 37, no. 4 (April 1947)を参照。(教えてくれたレオン・モリスに感謝する)。

▶**p.178–179**

鉗子の出し惜しみ：James Hobson Aveling, *The Chamberlens and the Midwifery Forceps* (J. & A . Churchill, 1882); Atul Gawande, "The Score: How Childbirth Went Industrial," *The New Yorker*, October 2, 2006; およびStephen J. Dubner, "Medical Failures, and Successes Too: A Q&A with Atul Gawande," Freakonomics blog, *The New York Times*, June 25, 2007を参照。

▶p.179–180

食べ物がいっぱい、人もいっぱい："The World at Six Billion," *United Nations*, 1999; Mark Overton, *Agricultural Revolution in England: The Transformation of the Agrarian Economy*, 1500–1850 (Cambridge University Press, 1996); およびMilton Friedman and Rose Friedman, *Free to Choose* (Harvest, 1990; 当初の出版は1979)(『選択の自由：自立社会への挑戦』西山千明訳、日本経済新聞社、2002年）を参照。パーデュー大学の農業経済学教授、ウィル・マスターズからの情報は、著者によるインタビューに基づく。マスターズは農業経済の理論を巧みに詩文で語る才能の持ち主だ。彼の才能がどれだけすばらしいかについてはStephen J. Dubner, "Why Are Kiwis So Cheap?" Freakonomics blog, *The New York Times*, June 4, 2009を参照。

▶p.180–182

鯨を考えよう：捕鯨の栄枯盛衰を美しく描いたものにEric Jay Dolin, *Leviathan: The History of Whaling in America* (W.W. Norton & Company, 2007)がある。加えてCharles Melville Scammon, *The Marine Mammals of the Northwestern Coast of North America: Together with an Account of the American Whale-Fishery*, 1874; Alexander Starbuck, *History of the American Whale Fishery From Its Earliest Inception to the Year 1876*, 著者の自費出版、1878; およびPaul Gilmour, "Saving the Whales, Circa 1852," Letter to the Editor, *The Wall Street Journal*, December 6, 2008を参照。

▶p.182–184

ポリオの謎：David M. Oshinsky, *Polio: An American Story* (Oxford University Press, 2005)はこの題材を扱った本当に優れた文献だ。加えて "The Battle Against Polio," *NewsHour with Jim Lehrer*, PBS, April 24, 2006も参照。/ **▶p.182 ポリオとアイスクリームを間違って結びつけた顚末**はジョージ・ワシントン大学の統計学者デイヴィッド・アラン・グライヤーがSteve Lohr, "For Today's Graduate, Just One Word: Statistics," *The New York Times*, August 5, 2009で語っている。/ **▶p.184 訳注　小銭の行進**：この名前（March of Dimes）は、当時人気のあったニュース映画シリーズ、時の行進（The March of Time）をもじって芸人のエディ・カンターがつけたもの。/ **▶p.184 ポリオ・ワクチンで節約できたコスト**の推定についてはKimberly M. Thompson and Radboud J. Duintjer Tebbens, "Retrospective Cost-Effectiveness Analysis for Polio Vaccination in the United States," *Risk Analysis* 26, no. 6 (2006); およびTebbens et al., "A Dynamic Model of Poliomyelitis Outbreaks: Learning from the Past to Help Inform the Future," *American Journal of Epidemiology* 162, no. 4 (July 2005)を参照。/ **▶p.184–185 医学業界における安くて簡単な解決策**についてはMarc W. Kirschner, Elizabeth Marincola, and Elizabeth Olmsted Teisberg, "The Role of Biomedical Research in Health Care Reform,"

Science 266 (October 7, 1994); およびEarl S. Ford et al., "Explaining the Decrease in U.S. Deaths from Coronary Disease, 1980–2000," *New England Journal of Medicine* 356, no. 23 (June 7, 2007)を参照。

▶p.185

殺人カー：**1950年代の車の数**については "Topics and Sidelights of the Day in Wall Street: Fuel Consumption," *The New York Times*, May 25, 1951を参照。**業界が安全性を懸念していた**点については "Fear Seen Cutting Car Traffic, Sales," *The New York Times*, January 29, 1952を参照。

▶p.185–190

ロバート・マクナマラとシートベルトのおかしな話：この節はたくさんの出所から得た情報に基づいている。そのうちの一つは著者によるマクナマラのインタビューであり、これは彼が亡くなる少し前に行われた。Harry Kreisler, *Conversations with History*, Institute of International Studies, University of California, Berkeleyのシリーズ中、"A Life in Public Service: Conversation with Robert McNamara," April 16, 1996の部分も参照。; さらに、*The Fog of War: Eleven Lessons from the Life of Robert S. McNamara*, Errol Morris監督, 2003, Sony Pictures Classics (『フォッグ・オブ・ウォー：マクナマラ元米国防長官の告白』ソニー・ピクチャーズ・エンタテインメント、2005年) ; Richard Alan Johnson, *Six Men Who Built the Modern Auto Industry* (MotorBooks/MBI Publishing Company, 2005); および Johnson, "The Outsider: How Robert McNamara Changed the Automobile Industry," *American Heritage*, Summer 2007も見よ。/ **▶p.187. 訳注　BUV**：basic utility vehicle。発展途上国向けを中心とした、基本的な機能に絞ってコストを抑え、構造を単純かつ丈夫な設計にした車。/ **▶p.189 シートベルト着用率の変遷**：Steven D. Levitt and Jack Porter, "Sample Selection in the Estimation of Air Bag and Seat Belt Effectiveness," *The Review of Economics and Statistics* 83, no. 4 (November 2001). を参照/ **▶p.189 シートベルトに救われた人命の数**については Donna Glassbrenner, "Estimating the Lives Saved by Safety Belts and Air Bags," National Highway Traffic Safety Administration, paper no. 500; および "Lives Saved in 2008 by Restraint Use and Minimum Drinking Age Laws," NHTSA, June 2009を見よ。/ **▶p.189 走行距離は全体で1年間にだいたい3兆マイル**：データはアメリカ交通統計局から入手した。/ **▶p.189 他の大陸の道は危ない**："Road Safety: A Public Health Issue," World Health Organization, March 29, 2004. / **▶p.190 命を救うコスト、シートベルト vs. エアバッグ**：Levitt and Porter, "Sample Selection in the Estimation of Air Bag and Seat Belt Effectiveness," *The Review of Economics and Statistics* 83, no. 4 (November 2001).

▶p.190–201

チャイルドシートってどれだけいいもの？：この節は基本的にSteven D. Levitt, “Evidence That Seat Belts Are as Effective as Child Safety Seats in Preventing Death for Children,” *The Review of Economics and Statistics* 90, no. 1 (February 2008); Levitt and Joseph J. Doyle, “Evaluating the Effectiveness of Child Safety Seats and Seat Belts in Protecting Children from Injury,” *Economic Inquiry*, forthcoming; およびLevitt and Stephen J. Dubner, “The Seat- Belt Solution,” *The New York Times Magazine*, July 10, 2005に基づく。**子ども用安全シートの歴史**の概観についてはCharles J. Kahane, “An Evaluation of Child Passenger Safety: The Effectiveness and Benefits of Safety Seats,” National Highway Traffic Safety Administration, February 1986を見よ。/ **▶p.198「小児用安全装置の高名な研究者たち」**：Flaura K. Winston, Dennis R. Durbin, Michael J. Kallan, and Elisa K. Moll, “The Danger of Premature Graduation to Seat Belts for Young Children,” *Pediatrics* 105 (2000); およびDennis R. Durbin, Michael R. Elliott, and Flaura K. Winston, “Belt-Positioning Booster Seats and Reduction in Risk of Injury Among Children in Vehicle Crashes,” *Journal of the American Medical Association* 289, no. 21 (June 4, 2003)を参照。

▶p.201–202

ハリケーンに関する統計：**世界全体でのハリケーンによる死亡**のデータはルーヴァン・カトリック大学が保有するEmergency Events Databaseから入手した。アメリカでの死亡者数はアメリカ海洋気象局のハリケーン研究部から入手した。**アメリカ単独での経済的損害**についてはRoger Pielke Jr. et al., “Normalized Hurricane Damage in the United States: 1900–2005,” *Natural Hazards Review*, February 2008を参照。**大西洋数十年規模振動**について、詳しくはStephen Gray, Lisa Graumlich, Julio Betancourt, and Gregory Pederson, “A Tree-Ring Based Reconstruction of the Atlantic Multidecadal Oscillation Since 1567 A.D.,” *Geophysical Research Letters* 21 (June 17, 2004); Mihai Dima, “A Hemispheric Mechanism for the Atlantic Multidecadal Oscillation,” *Journal of Climate* 20 (October 2006); David Enfield, Alberto Mestas-Nuñez, and Paul Trimble, “The Atlantic Multidecadal Oscillation and Its Relation to Rainfall and River Flows in the Continental U.S.,” *Geophysical Research Letters* 28 (May 15, 2001); およびClive Thompson, “The Five-Year Forecast,” *New York*, November 27, 2006を参照。

▶p.203–207

「大胆な頭を持ったネイサンという人」：この節は著者によるネイサンとその仲間たちのインタビューに基づく。読者の皆さんは、第5章で彼らをもっと知ることになる。ニール・スティーヴンスン――そうそう、走馬灯みたいに幻想的な小説を書く、あの作家さんです（**訳注**：スティーヴンスンはボストン・サイバーパンクのSF作家。

ボストン大学で物理学と地理学を専攻。作品には『スノウ・クラッシュ』、『ダイヤモンド・エイジ』など）——はとくに力になってくれた。彼は具体策について詳しく説明してくれたうえ、コンピュータ・シミュレーションも見せてくれた。ここで説明したハリケーン退治の手法は、Jeffrey A. Bowers et al., "Water Alteration Structure Applications and Methods," U.S. Patent Application 20090173386, July 9, 2009としても知られている。この「et al（他）」の1人はウィリアム・H・ゲイツIII世という人だ（訳注：あのビル・ゲイツです）。特許の申請書類の要約にはこんなふうに書いてある。「環境の改変を含む手法を一般的に描写する。この手法は、波の誘発する沈降によって水を水中深くへ沈める機能を持つ少なくとも１隻の船舶の配置場所の決定を含む。この手法はまた、少なくとも1隻の船舶の決定された場所への配置を含む。さらにこの手法は、配置に反応した水面近辺の水の移動の生成を含む」。

第5章　アル・ゴアとかけてピナトゥボ火山と解く。そのこころは？

▶p.209–210

北極と南極の氷を溶かせばいい！：地球寒冷化に関する節についてはHarold M. Schmeck Jr., "Climate Changes Endanger World's Food Output," *The New York Times*, August 8, 1974; Peter Gwynne, "The Cooling World," *Newsweek*, April 28, 1975; Walter Sullivan, "Scientists Ask Why World Climate Is Changing; Major Cooling May Be Ahead," *The New York Times*, May 21, 1975を参照。過去100年における地表の気温については"Climate Change 2007: Synthesis Report," U.N. Intergovernmental Panel on Climate Change (IPCC).を参照。

▶p.211

ジェイムズ・ラヴロック：この章におけるラヴロックの引用はすべて*The Revenge of Gaia: Earth's Climate Crisis and the Fate of Humanity* (Basic Books, 2006)（『ガイアの復讐』竹村健一訳、中央公論新社、2006年）より。ラヴロックは科学者であり、おそらくガイア仮説の提唱者としてもっともよく知られている。この仮説によれば、地球は本質的に人間と同じような（ただし多くの点で人間より優れた）生命体である。彼はこの題材で本を数冊書いており、その1冊が基盤を成す*Gaia: The Practical Science of Planetary Medicine* (Gaia Books, 1991)（『ガイア：生命惑星・地球』糸川英夫監訳、NTT出版、1993年）である。

▶p.211

牛は公害を撒き散らすひどい動物：温室効果ガスとしての**メタン**が二酸化炭素の何倍強力かという計算は、カーネギー研究所の気候科学者ケン・カルデイラがIPCCの第3次評価報告書に基づいて行った。**反芻動物のほうが輸送業界より温室効果ガス**

を出している：“Livestock's Long Shadow: Environmental Issues and Options,” Food and Agriculture Organization of the United Nations, Rome, 2006; および Shigeki Kobayashi, “Transport and Its Infrastructure,” IPCC Third Assessment Report, September 25, 2007、第5章を見よ。

▶p.211–212

善意でいっぱいの「ロカヴォア」運動：Christopher L. Weber and H. Scott Matthews, “Food-Miles and the Relative Climate Impacts of Food Choices in the United States,” *Environmental Science and Technology* 42, no. 10 (April 2008)を見よ。加えてJames McWilliams, “On Locavorism,” Freakonomics blog, The New York Times, August 26, 2008; およびマクウィリアムスの近刊*Just Food* (Little, Brown, 2009)も参照。/ **▶訳注　ロカヴォア**：肉食動物はcarnivore、草食動物hervibore、だから地元産（local）ばかり食べる動物はlocavore、ということでこの名前がついた模様。

▶p.212

もっとカンガルーを食べよう：“Eco-friendly Kangaroo Farts Could Help Global Warming: Scientists,” Agence France-Press, December 5, 2007.

▶p.212–216

「類がないほど頭の痛い問題」としての地球の温暖化：「恐ろしいシナリオ」についてはMartin L. Weitzman, “On Modeling and Interpreting the Economics of Catastrophic Climate Change,” *The Review of Economics and Statistics* 91, no. 1 (February 2009)を見よ。/ **▶p.214 スターンの警告**：Nicholas Herbert Stern, *The Economics of Climate Change: The Stern Review* (Cambridge University Press, 2007). / **▶p.214 不確実性の及ぼす影響**について書かれた文献は膨大にある。不確実性がいとこのリスクと比べてどうの、という点に関してはとくにそうだ。行動経済学を最終的に生み出した功績は、イスラエルの心理学者であるエイモス・トヴァースキーとダニエル・カーネマンに与えられている。彼らは人がプレッシャーの下でどう意思決定をするか研究し、不確実性があると人は判断を「深刻かつシステマティックに誤る」のを発見した。（*Judgment Under Uncertainty: Heuristics and Biases*, ed. Daniel Kahneman, Paul Slovic, and Amos Tversky [Cambridge University Press, 1982]所収の “Judgment Under Uncertainty: Heuristics and Biases” を参照）。リスクと不確実性の違いに関しては、ぼくたちも、原子力発電の不安を扱った『ニューヨーク・タイムズ・マガジン』のコラムで書いた(“The Jane Fonda Effect,” September 16, 2007)。「（経済学者のフランク・ナイトは）意思決定の重要な要素二つを区別した。リスクと不確実性だ。二つの根本的な違いは、リスクはどれだけ大きかろうと計測可能であり、一方不確実性は計測不能である点だとナイトは述べている。人はリスクと不確実性をどう評価するだろう？ エルスバーグの

パラドックスとして知られる現象を描き出した有名な実験を考えてみよう。壷が二つある。一つ目の壷には赤い球50個と黒い球50個が入っていると聞かされる。二つ目の壷にも赤い球と黒い球が合わせて100個入っているが、それぞれいくつかはわからない。壷から球を引いて赤い球を出さないといけないとしたら、どっちの壷を選びますか? ほとんどの人は一つ目の壷を選ぶ。つまり彼らは計測不能な不確実性よりも計測可能なリスクを好むということだ。(この状態を経済学者は曖昧性回避と呼んでいる)。いまどきは、核エネルギーのリスクのほうが、地球の温暖化の不確実性より好ましいと見られているってことだろうか?」 / **▶p.215–216 アル・ゴアの「We」運動**:www.climateprotect.orgを見よ。また、Andrew C. Revkin, "Gore Group Plans Ad Blitz on Global Warming," *The New York Times*, April 1, 2008も参照。/ **▶p.216 邪教徒ボリス・ジョンソン**:"We've Lost Our Fear of Hellfire, but Put Climate Change in Its Place," *The Telegraph*, February 2, 2006. / **▶p.216「生き物のほとんど住めないところだった」**:Peter Ward, *The Medea Hypothesis: Is Life on Earth Ultimately Self-Destructive?* (Princeton University Press, 2009)(『地球生命は自滅するのか?:ガイア仮説からメデア仮説へ』長野敬・赤松眞紀訳、青土社、2010年);およびDrake Bennett, "Dark Green: A Scientist Argues That the Natural World Isn't Benevolent and Sustaining: It's Bent on Self-Destruction," *The Boston Globe*, January 11, 2009を見よ。/ **▶p.216 人間の活動と二酸化炭素排出**:Kenneth Chang, "Satellite Will Track Carbon Dioxide," *The New York Times*, February 22, 2009; 二酸化炭素排出に関するNASAの見解について、詳しくはhttp://oco.jpl.nasa.gov/science/ を見よ。

▶p.217–218

石炭の採掘が生む負の外部性:アメリカにおける炭鉱員の死亡についてはアメリカ労働省の鉱山安全保健局 "Coal Fatalities for 1900 Through 2008";およびJeff Goodell, *Big Coal: The Dirty Secret Behind America's Energy Future* (Houghton Mifflin, 2007)を参照。黒肺塵症による死亡者数は労働安全衛生研究所より入手した。中国政府によると、**同国における炭鉱での死亡者数**は2006年が4,746人、2007年が3,786人、2008年が3,215人だった。これらの数字は過少である可能性が高い。"China Sees Coal Mine Deaths Fall, but Outlook Grim," Reuters, January 11, 2007; および "Correction: 3,215 Coal Mining Deaths in 2008," *China.org.cn*, February 9, 2009を参照。

▶p.220–222

ロージャック:Ian Ayres and Steven D. Levitt, "Measuring Positive Externalities from Unobservable Victim Precaution: An Empirical Analysis of LoJack," *Quarterly Journal of Economics* 113, no. 8 (February 1998)を見よ。/**▶p.220 訳注 ザ・クラブの仕組み**:ザ・クラブはハンドルに固定する仕組みの長い棒で、車を盗

んで運転していこうにも棒が邪魔でハンドルが回せない。フロントガラスからもそんなものがハンドルについているのが丸見えであり、だから車泥棒に「この車はそう簡単には盗めないぞ」との明確なメッセージが伝わる。

▶p.222

りんごの木とミツバチ：J. E. Meade, "External Economies and Diseconomies in a Competitive Situation," *Economic Journal* 62, no. 245 (March 1952); およびSteven N. S. Cheung（張五常）, "The Fable of the Bees: An Economic Investigation," *Journal of Law and Economics* 16, no. 1 (April 1973)を参照。張は論文でこんな名言を吐いている。「事実は、翡翠と同じように、手に入れようとすれば高くつき、そのうえ本物かどうか確かめるのは難しい」。この名言がたどった数奇な運命についてはStephen J. Dubner, "Not as Authentic as It Seems," Freakonomics blog, *The New York Times*, March 23, 2009を参照。

▶p.222–224

ピナトゥボ火山：ピナトゥボ火山の噴火をドラマティックに描いたものの一つにBarbara Decker, *Volcanoes* (Macmillan, 2005)がある。また噴火が地球の気候に与えた影響についてはRichard Kerr, "Pinatubo Global Cooling on Target," *Science*, January 1993; P. Minnis et al., "Radiative Climate Forcing by the Mount Pinatubo Eruption," *Science*, March 1993; Gregg J. S. Bluth et al., "Stratospheric Loading of Sulfur from Explosive Volcanic Eruptions," *Journal of Geology*, 1997; Brian J. Soden et al., "Global Cooling After the Eruption of Mount Pinatubo: A Test of Climate Feedback by Water Vapor," *Science*, April 2002; およびT.M.L. Wigley, "A Combined Mitigation/Geoengineering Approach to Climate Stabilization," *Science*, October 2006を見よ。

▶p.225–253

インテレクチュアル・ヴェンチャーズ（IV）と地球工学：この節は基本的に、2008年の初めにぼくたちがワシントン州ベルヴューにあるインテレクチュアル・ヴェンチャーズの研究所を訪ねたときのこと、そしてその後、ネイサン・ミアヴォルド、ケン・カルデイラ、ローウェル・ウッド、ジョン・レイサム、ビル・ゲイツ、ロッド・ハイド、ニール・スティーヴンスン、パブロス・ホルマン他の皆さんと行ったインタビューややりとりに基づいている。IVにいる間に他にもいろんな人が話をしてくれた。シェルビー・バーンズ、ウェイト・ギブス、ジョン・ギリアンド、ジョーディン・ケア、キャセイ・テグリーン、そしてチャック・ウィットマー……。ネイサンの息子で大学生ぐらいの歳の**コナー・ミアヴォルドとキャメロン・ミアヴォルド**も参加してくれた。彼らはすでに発明商売に足を突っ込んでいる。「着用・持ち運び可能な人体保護システム」、つまり人間エアバッグだ。特許の申請書類にはこう書いてある。「システム100の利用法として、身体を動かすのに不自由な人を、

予想される転倒や衝突に対して保護することができる。また別の利用法として、システム100は運動選手が従来用いてきた身体保護パッド、ヘルメット、および/または防具の代替に用いることができる。また別の利用法として、システム100は自転車に乗る人、スケートボードをする人、スケートをする人、スキーをする人、スノウボードをする人、そりに乗る人、および/またはその他さまざまな運動等の活動に従事する人が着用することができる」…… **彼らのお父さんに関する興味深い読み物**として、さらに次のようなものがある。Ken Auletta, "The Microsoft Provocateur," *The New Yorker*, May 12, 1997; "Patent Quality and Improvement," 2005年4月28日にアメリカ下院司法委員会の裁判所・インターネット・知的財産小委員会でミアヴォルドが行った証言; Jonathan Reynolds, "Kitchen Voyeur," *The New York Times Magazine*, October 16, 2005; Nicholas Varchaver, "Who's Afraid of Nathan Myhrvold," *Fortune*, July 10, 2006; Malcolm Gladwell, "In the Air; Annals of Innovation," *The New Yorker*, May 12, 2008; Amol Sharma and Don Clark, "Tech Guru Riles the Industry by Seeking Huge Patent Fees," *The Wall Street Journal*, September 18, 2008; Mike Ullman, "The Problem Solver," *Washington CEO*, December 2008. . . . **ミアヴォルド自身、文章がうまいので有名だ。**基本的には社内向けにたくさん出された、長くて挑発的でものすごく詳細にわたるメモはとくにそうだ。ミアヴォルドがマイクロソフトで書いたメモの一部に関するとてもいい記事に、前掲のAulettaがある。たぶん、今までに彼が書いた中で一番すばらしいメモは、2003年に今の会社で書いた社内向けの文書だろう。タイトルは『すばらしい発明とは』である。いつの日か、世間一般の人たちが読めるようにあのメモが公開されればと思う。/ ▶**p.225 蚊をレーザー光線で狙撃する**：もっとすばらしく書かれた詳細についてはRobert A. Guth, "Rocket Scientists Shoot Down Mosquitoes with Lasers," *The Wall Street Journal*, March 14–15, 2009を参照。/ ▶**p.226**「ネイサンより賢い人なんて1人も知らない」：前掲のAulettaを参照。/ ▶**p.227 ティラノサウルスの化石**：前掲のGladwellを参照。また、この部分は古生物学者のジャック・ホーナーとの手紙のやりとりにも基づいている。彼は恐竜の骨の発掘でミアヴォルドと働いている。/ ▶**p.228 彼らはいろんな分野で科学的研究による決定的な結論を出している。そんな分野の中には気候科学も含まれる**：たとえばEdward Teller, Lowell Wood, and Roderick Hyde, "Global Warming and Ice Ages: I. Prospects for Physics-Based Modulation of Global Change," 22nd International Seminar on Planetary Emergencies, Erice (Sicily), Italy, August 20–23, 1997; Ken Caldeira and Lowell Wood, "Global and Arctic Climate Engineering: Numerical Model Studies," *Philosophical Transactions of the Royal Society*, November 13, 2008を見よ。/ ▶**p.228 その後10時間ほどにわたって**：休憩時間の間、興味があることをちょっとミアヴォルドに聞いてみると、たとえば、実際のところ恐竜が滅びたのは小惑星の衝

突が原因ですかなんて尋ねると、彼は対立するいろんな仮説や、最終的に勝った仮説の背後にある論理（と言っておくべき注意）や負けた仮説の弱点の背後にある誤り（とちょっとした真実）の歴史を長い逸話を連ねて語り、よくこっちを楽しませてくれる。ちなみに、この質問に関する彼の答えを短く言うと、yesだ。/ **▶p.229 ウッド自身は物理学者エドワード・テラーの愛弟子**：地球工学の探究を語り、同時にローウェル・ウッドとケン・カルデイラの横顔を描いたすばらしい記事に、Chris Mooney, "Can a Million Tons of Sulfur Dioxide Combat Climate Change?" *Wired*, June 23, 2008がある。/**▶p.229 訳注　イグナティウス・J・ライリー**：John Kennedy Toole, *A Confederacy of Dunces* (LSU Press, 1980)の主人公。訳者が思うに、ウッドと似ている点は変人で創造力と想像力が高すぎて素人目にはほとんど妄想の域に達していること、それに太っているところか。/ **▶p.230「100万回にも及ぶ」**：前掲のGladwellを参照。/**▶p.230 訳注　「スター・ウォーズ」計画**：1983年に発表されたアメリカの戦略防衛構想の通称。スパイ衛星やレーザー衛星を駆使した迎撃システムでソ連をはじめとする敵の長距離核ミサイルを早い段階で撃墜し、自国を防衛しようという構想。発表したのがあのロナルド・レーガン（「悪の帝国」！）だったことも手伝って、映画『スター・ウォーズ』でも見て本気になったんじゃないのか、といった揶揄をこめてこの通称で呼ばれる。資金面からも技術面からも大きな困難にぶちあたり、加えて政治面からもその後の米ソの緊張緩和で意義を失い、中止に至る。ローウェル・ウッドはエドワード・テラーとともに構想の核となるレーザー光線の部分を担当した。/ **▶p.232　ミアヴォルドが触れた、最近発表された論文**：Robert Vautard, Pascal Yiou, and Geert Jan van Oldenborgh, "Decline of Fog, Mist and Haze in Europe Over the Past 30 Years," *Nature Geoscience* 2, no. 115 (2009); およびRolf Philipona, Klaus Behrens, and Christian Ruckstuhl, "How Declining Aerosols and Rising Green house Gases Forced Rapid Warming in Europe Since the 1980s," *Geophysical Research Letters* 36 (2009). / **▶p.232 新しいオフィス・ビルであなたが普通に呼吸している空気中の二酸化炭素**：アメリカ暖房冷凍空調学会のガイドラインより。/ **▶p.233 二酸化炭素は毒じゃない**：大気中の二酸化炭素が現在どう認識されているかを鋭く概観したものに、William Happer, "Climate Change," アメリカ環境・公共事業委員会での証言、February 25, 2009がある。また、エネルギー省の二酸化炭素情報分析センターからもデータを入手した。/ **▶p.233 二酸化炭素の量は気温が上がった後に上がっている**：Jeff Severinghaus, "What Does the Lag of CO_2 Behind Temperature in Ice Cores Tell Us About Global Warming," *RealClimate*, December 3, 2004. / **▶p.233「海洋酸性化」**：Ken Caldeira and Michael E. Wickett, "Oceanography: Anthropogenic Carbon and Ocean pH," *Nature* 425 (September 2003); およびElizabeth Kolbert, "The Darkening Sea," *The New Yorker*, November 20, 2006. / **▶p.233 行動派の過激な**

環境保護主義者：カルデイラの経歴について述べた興味深い記事に、前掲のMooneyがある。/ **▶p.234 カルデイラは、二酸化炭素の増加が植物に与える影響を調べた研究について話してくれた**：Caldeira et al., "Impact of Geoengineering Schemes on the Terrestrial Biosphere," *Geophysical Research Letters* 29, no. 22 (2002). / **▶p.234 環境破壊の原因としての木**：Caldeira et al., "Climate Effects of Global Land Cover Change," *Geophysical Research Letters* 32 (2005); および Caldeira et al., "Combined Climate and Carbon-Cycle Effects of Large-Scale Deforestation," *Proceedings of the National Academy of Sciences* 104, no. 16 (April 17, 2007). / **▶p.237 大気中の二酸化炭素の半減期**：Archer et al., "Atmospheric Lifetime of Fossil Fuel Carbon Dioxide," *Annual Review of Earth and Planetary Sciences* 37 (2009) / **▶p.238「メキシコ湾流が止まる」**：Thomas F. Stocker and Andreas Schmittner, "Influence of Carbon Dioxide Emission Rates on the Stability of the Thermohaline Circulation," *Nature* 388 (1997); およびBrad Lemley, "The Next Ice Age," *Discover*, September 2002. / **▶p.239 ニューファンドランド島の北部に家族旅行**：古代ノルウェイ人が入植したこの地はランス・オ・メドー（くらげの入り江）と呼ばれている。/**▶ p.239 訳注　ニューファンドランド島の北部**：レイフ・エリクソンは西暦1000年ごろにアメリカ大陸に到達した。彼らヴァイキングは、当時まだ暖かかったカナダに入植したが、入植者たちは14世紀に起きた小氷河期に滅亡したと考えられている。/ **▶p.239 ベンジャミン・フランクリンの火山に関する推測**：Benjamin Franklin, "Meteorological Imaginations and Conjectures," *Memoirs of the Literary and Philosophical Society of Manchester*, December 22, 1784; およびKaren Harpp, "How Do Volcanoes Affect World Climate?" *Scientific American*, October 4, 2005. / **▶p.239「夏のない年」**：Robert Evans, "Blast from the Past," *Smithsonian*, July 2002を参照。/ **▶p.240 トバ湖の超火山**：Stanley H. Ambrose, "Late Pleistocene Human Population Bottlenecks, Volcanic Winter, and Differentiation of Modern Humans," *Journal of Human Evolution* 34, no. 6 (1998). / **▶p.241 ヴォネガット兄弟の雨乞い**：William Langewiesche, "Stealing Weather," *Vanity Fair*, May 2008. / **▶p.242 これはミハイル・ブディコというベラルーシの気候科学者が考案したアイディアだといわれている**：M. I. Budyko, "Climatic Changes," American Geophysical Society, Washington, D.C., 1977を参照。できすぎの話だが、ケン・カルデイラは博士課程修了後にレニングラードにあったブディコの研究所で研究を行い、そこで未来の奥さんに出会っている。/ **▶p.249–250 科学的にこの作戦を支持するたぶん一番強力な議論**：Paul J. Crutzen, "Albedo Enhancement by Stratospheric Sulfur Injections: A Contribution to Resolve a Policy Dilemma?" *Climatic Change*, 2006. / **▶p.251 規制の仕組みはまったく存在しない**：さらに詳しくは "The Sun Blotted Out from the Sky," Elizabeth Svoboda,

Salon.com, April 2, 2008を参照。/ **▶p.251 訳注 ウゴ・チャベス**：第53代ベネズエラ大統領。社会主義的政策と反米の立場、さらにカラフルかつはじけまくった言動で国際社会に名をとどろかせている。/ **▶p.253 新しいアイディアの中には反感を買わずには済まないものがある**：反感を買わずには済まない研究の大御所はハーヴァードの経済学者アルヴィン・E・ロスだ。彼の仕事はマーケット・デザイン・ブログで見ることができる。加えてStephen J. Dubner and Steven D. Levitt, "Flesh Trade," *The New York Times Magazine*, July 9, 2006; およびViviana A. Zelizer, "Human Values and the Market: The Case of Life Insurance and Death in 19th Century America," *American Journal of Sociology* 84, no. 3 (November 1978)を参照。/ **▶p.254** ここも含め、**アル・ゴアの言葉**はLeonard David, "Al Gore: Earth Is in 'Full-Scale Planetary Emergency,'" *Space.com*, October 26, 2006から引用した。/ **▶p.255「曇った鏡」作戦**：John Latham, "Amelioration of Global Warming by Controlled Enhancement of the Albedo and Longevity of Low-Level Maritime Clouds," *Atmospheric Science Letters* 3, no. 2 (2002). / **▶p.255 飛行機雲**：David J. Travis, Andrew M. Carleton, and Ryan G. Lauritsen, "Climatology: Contrails Reduce Daily Temperature Range," *Nature*, August 8, 2002; Travis, "Regional Variations in U.S. Diurnal Temperature Range for the 11–14 September 2001 Aircraft Groundings: Evidence of Jet Contrail Influence on Climate," *Journal of Climate* 17 (March 1, 2004); およびAndrew M. Carleton et al., "Composite Atmospheric Environments of Jet Contrail Outbreaks for the United States," *Journal of Applied Meteorology and Climatology* 47 (February 2008)を参照。/ **▶p.257 個々人に振る舞いを変えさせることで地球の温暖化と戦う**：この企ての難しさは、少なくとも間接的に、大統領をめざしていた2008年のバラク・オバマが描き出している。討論会の準備をしていたとき、彼が、討論会っていうのはものすごく底が浅くなることがあるとぶつぶつ文句を言っているテープが流出した。「で、(NBCニュースの) ブライアン・ウィリアムズが個人的に (環境のために) やったことはありますかって聞くんだ。で、私は、普通に『えーと、木を何本か植えましたね』って言ったんだよ。そしたら彼は『個人的になさったことをお尋ねしたいのです』って言うんだ。こっちは頭ん中でこうだよ。『ああ、ほんとのこと言うとね、ブライアン、オレが家でフ××クみたいに電球変えても温暖化は止まらんのよ。みんながなんかやらんとダメなんだって』」。"Hackers and Spending Sprees," *Newsweek* web exclusive, November 5, 2008より。

▶p.258–264

汚れた手と死を呼ぶ医者：ゼンメルワイスの悲しい最期についてはSherwin B. Nuland, *The Doctor's Plague: Germs, Childbed Fever, and the Strange Story of Ignatz Semmelweis* (Atlas Books, 2003)を見よ。/ **▶p.259「最近やまほど報告され**

た調査結果」：Didier Pittet, "Improving Adherence to Hand Hygiene Practice: A Multidisciplinary Approach," *Emerging Infectious Diseases*, March–April 2001を見よ。/ **▶p.259『人は誰でも間違える』**：Linda T. Kohn, Janet Corrigan, and Molla S. Donaldson, *To Err Is Human: Building a Safer Health System* (National Academies Press, 2000)（『人は誰でも間違える：より安全な医療システムを目指して』医学ジャーナリスト協会訳、日本評論社、2000年）。書いておかないといけないのは、世の病院はすでに何年も前からお医者さんにもっと手を洗わせようと努力していたことだ。1980年代、アメリカ国立衛生研究所は小児病棟での手洗いを奨励しようとキャンペーンを張った。キャンペーン・グッズにはTベアっていう名前のクマのぬいぐるみもあった。子どもたちにもお医者さんにも、Tベアは大人気だった。でも、Tベアが大好きだったのは彼らだけじゃなかった。配り始めてから1週間、病棟からTベアを数十個持ってきて調べたところ、どのクマさんも、あたらしいおともだちがこんなにたくさんできて、その中からすくなくとも1種類をつれていた：黄色ブドウ球菌に大腸菌、緑膿菌、肺炎桿菌、その他の皆さんだ。/ **▶p.260–262 シーダーズ・シナイ医療センター**：Stephen J. Dubner and Steven D. Levitt, "Selling Soap," *The New York Times Magazine*, September 24, 2006. ぼくたちにこの話を教えてくれたのはシーダーズ・シナイで泌尿器科のお医者さんをしているレオン・ベンダー博士だ。/ **▶p.260 オーストラリアの小児病院での調査**：J. Tibbals, "Teaching Hospital Medical Staff to Handwash," *Medical Journal of Australia* 164 (1996)を参照。/ **▶p.263「最高傑作はこんな感じ」**：血圧測定器の腕に巻く部分を使い捨てにするアイディアはKevin Sack, "Swabs in Hand, Hospital Cuts Deadly Infections," *The New York Times*, July 27, 2007を参照。銀イオン粒子による抗菌加工についてはCraig Feied, "Novel Antimicrobial Surface Coatings and the Potential for Reduced Fomite Transmission of SARS and Other Pathogens," unpublished manuscript, 2004を参照。ネクタイについては "British Hospitals Ban Long Sleeves and Neckties to Fight Infection," Associated Press, September 17, 2007を参照。

▶p.264–265

皮が切り落とされ始めた：Ingrid T. Katz and Alexi A. Wright, "Circumcision -- A Surgical Strategy for HIV Prevention in Africa," *New England Journal of Medicine* 359, no. 23 (December 4, 2008)。加えて、著者によるカッツのインタビューにも基づいている。

終章　サルだってひとだもの

▶p.267–273

Stephen J. Dubner and Steven D. Levitt, "Monkey Business," *The New York*

Times Magazine, June 5, 2005; Venkat Lakshminarayanan, M. Keith Chen, and Laurie R. Santos, "Endowment Effect in Capuchin Monkeys," *Philosophical Transactions of the Royal Society* 363 (October 2008); および*Neuroeconomics: Decision Making and the Brain*, ed. Paul Glimcher, Colin Camerer, Ernst Fehr, and Russell Poldrack (Academic Press, Elsevier, 2009)の１章である、M. Keith Chen and Laurie Santos, "The Evolution of Rational and Irrational Economic Behavior: Evidence and Insight from a Non-Human Primate Species"を参照。/ **▶p.268「目撃した人は誰もいない」**：Adam Smith, *An Inquiry into the Nature and Causes of the Wealth of Nations*, ed. Edwin Cannon（University of Chicago Press, 1976; 当初の出版は1776）（『国富論：国の豊かさの本質と原因についての研究（上・下）』山岡洋一訳、日本経済新聞出版社、2007年）を参照。/ **▶p.271 デイトレーダーも損失回避的**：Terrance Odean, "Are Investors Reluctant to Realize Their Losses?" *Journal of Finance* 53, no. 5 (October 1998).